당신도 명리의 고수가 될 수 있다

사　주　명　리
四柱命理
완전정복

1

기초
완성
명리입문

Daum cafe 무공사주심리상담학회 동영상강의　　지은이 무공(無空)

사주명리 완전정복 1 기초완성 -당신도 명리의 고수가 될 수 있다.

초 판 발행 2019년 06월 01일
4 쇄 2023년 01월 01일

지은이 무공無空 김낙범
펴낸이 김민철

펴낸곳 도서출판 문원북
주 소 서울시 마포구 토정로 222 한국출판콘텐츠센터 422
전 화 02-2634-9846 / 팩 스 02-2365-9846
메 일 wellpine@hanmail.net
카 페 cafe.daum.net/samjai
블로그 blog.naver.com/gold7265

ISBN 978-89-7461-419-5
규 격 152mmx225mm
책 값 25,000원

당신도 명리의 고수가 될 수 있다

사 주 명 리

四柱命理
완전정복

문원북 BOOK

자동차를 운전하기 위하여서는 운전하는 방법만 배우면 됩니다. 어려운 각종 이론과 기술을 배우지 아니하여도 자동차를 운전할 수 있기 때문입니다.

사주팔자를 통변하기 위하여서는 통변하는 방법만 배우면 됩니다.
어려운 각종 이론과 기술을 배우지 아니하여도 사주팔자를 통변할 수 있기 때문입니다. 사주팔자를 공부하면서 고전을 펼치자 제일 먼저 어려운 한자라는 난관에 부닥치게 됩니다. 그래서 한자 공부를 하고 나서 다시 고전을 펼쳐들고 공부를 하게 되지만 어려움에 포기하는 경우가 많습니다.

사주명리에 관한 서적은 고전이나 현대의 출판물이나 모두 이론과 비법을 제시하고 있어 처음 공부하는 이들에게는 매우 어렵게 느껴지는 것입니다. 그래서 스승이 없으면 이해하지도 못할 지경에 이르는 것입니다.

자동차 운전을 처음 배울 때 자동차를 만드는 이론을 배우지 아니하고 정비 기술을 배우지 아니하여도 운전에 필요한 몇 가지 기계 작동 방법만 익히고는 자동차를 능숙하게 운전할 수 있는 것입니다. 사주명리의 통변도 자동차 운전을 하는 것과 같습니다.

통변이란 사주팔자에 나타나 있는 패턴을 인식하는 것으로 재물과 명예를 선호하는 방식, 직업과 적성, 연애와 결혼, 건강, 가족 관계 등의 패턴을 인식하고 행복한 삶을 살고자 노력할 수 있는 것입니다.

사주명리를 공부하는 방법은 세 가지가 있습니다.
학자로서 사주명리의 학문을 깊이 연구하는 것이며 사주명리전문상담가로서 전문적인 통변방법을 익히는 것과 누구나 사주명리를 쉽게 운용하여 실생활에 적용하는 것입니다.

사주팔자를 구성하는 각종 원리는 매우 어렵습니다. 이러한 원리는 학자가 연구하는 것입니다. 한자로 작성된 어려운 고서를 분석하고 연구하여 사주명리의 복잡한 이론의 체계를 정립하고 발전시키는 것은 학자의 영역입니다.

전문상담가는 사주명리의 고급 통변술을 익히고 상담 요령을 익혀서 일반인들을 대상으로 어려움을 해결하기 위한 적절한 조언을 통하여 삶의 방향을 제대로 잡아 행복한 삶을 살 수 있도록 인도하여 주는 역할을 하는 것입니다.
일반적인 통변방법을 익히는 것은 일반적인 자동차 운전법을 익히는 것과 같습니다. 그러므로 복잡한 이론을 공부하지 아니하여도 통변을 할 수 있습니다.

사주팔자에 나타나 있는 패턴을 인식한다는 것은 운전방식을 인식하는 것과 같습니다. 가동장치와 제동장치의 사용법, 핸들과 방향지시등의 작동 방법 등을 익히고 도로교통법을 숙지하면 자동차를 운전할 수 있는 것과 같습니다.

사주팔자는 삶의 패턴입니다. 삶의 패턴에 따라 삶의 방식이 달라집니다.
패턴을 알게 되면 삶의 길흉화복吉凶禍福과 부귀빈천수요富貴貧賤壽夭를 저절로 알게 될 것입니다. 삶의 패턴은 저마다 다르기에 각자의 길흉화복과 빈천수요가 달라지는 것입니다. 패턴을 감지한다면 살아가는 방식을 알 수 있으며, 운명의 고통을 줄일 수 있는 것입니다.

일반적으로 사람들은 명예와 재물을 선호하게 됩니다. 사주팔자의 패턴은 어느 것을 더 선호하는지를 알려줍니다. 명예와 재물의 선호도에 따라 직업과 적성이 구분됩니다. 자신의 원하는 배우자가 무엇인가를 보는 것이 궁합입니다.

육친궁의 심리에 따라 가족관계의 길흉화복이 발생합니다. 사주팔자에서의 태과불급에 따라 삶의 기복이 생기고 성격과 건강이 좌우됩니다.
누구나 삶의 선택권을 가지고 있기에 어떠한 선택을 하느냐에 따라 삶이 달라지는 것입니다. 같은 날 같은 시에 태어난 사람이라 할지라도 삶이 달라지는 이유입니다.

사주팔자에 나와 있는 자신만의 삶의 패턴이 있는데 다른 삶을 살고자 한다면 어려움이 있는 것입니다. 마치 평민이 왕족이 되고 싶다고 왕족의 삶을 동경한다면 현실의 삶이 비참해지는 것입니다. 자신의 장점을 적성으로 하여 직업을 가지고 서로가 원하는 배우자를 만난다면 행복한 삶이 되는 것입니다.

이 책에서는 누구나 사주팔자를 통변할 수 있도록 음양오행과 천간 지지의 성정을 설명하고 운전하는 요령을 익힐 수 있도록 구성하였습니다.
복잡한 이론을 피하고 사주팔자를 구성하고 있는 음양오행과 천간 지지의 성정을 이해함으로써 사주팔자를 이해하는데 주력하였으며 간지의 작동원리인 생극과 형충회합의 운용법을 익히도록 하여 자신의 사주팔자를 누구나 쉽게 통변할 수 있도록 구성하였습니다.

복잡한 이론과 원리는 학자와 전문가의 영역이므로 사주명리를 좀 더 공부하고자 하는 분들은 2권과 3권의 후속편을 기대하기 바랍니다.

2권은 용신의 구체적인 이론편으로

자평진전의 격국용신, 적천수의 억부와 전왕용신, 궁통보감의 조후용신의 이론 체계를 정리하여 사주명리의 용신을 연구할 수 있도록 구성하였습니다. 용신은 사주의 패턴을 찾는데 매우 중요한 수단입니다.

3권은 전문상담가의 통변편으로

통변의 이론을 체계적으로 제시하고 통변의 주요 과제에 따른 상담기법도 아울러 소개하며 사주명리 전문상담가로서 정확한 통변과 상담을 할 수 있도록 하였습니다.

제4권에서는 운세활용으로

사주팔자는 대운의 환경에 의하여 성장운세와 하락운세가 변화하면서 길흉이 발생하는 것입니다. 이러한 운세 변화를 삶에서 어떻게 활용할 것인지를 제시하였습니다.

제5권에서는 5차원 물상을 활용한 입체통변기법편으로

5차원의 시공간에서 사주팔자를 입체적으로 바라보면서 사주팔자와 대운 세운의 변화과정을 살피고 개운하는 방법을 제시하였습니다.

결국 사주팔자를 알아야 하는 이유는 사주팔자를 통하여 삶의 걸림돌을 제거하고 디딤돌을 찾아 개운을 함으로써 보다 행복한 삶을 사는데 그 목적이 있다고 할 것입니다.

.

이 책은 자동차를 운전하듯이 사주명리를 운용하여 실생활에 유용하게 활용하는 사주명리 참고서입니다.

사주명리의 패턴을 익히고 통변하는 요령에 주력하였습니다.
사주팔자의 구조, 음양오행론, 천간론, 지지론, 육신과 육친론 그리고 초보 통변술을 소개하며 누구나 쉽게 자신의 사주팔자를 통변하여 실생활에 적용할 수 있도록 구성하였습니다.

기본개념

기본 개념은 기본적인 개념으로 반드시 익혀야 할 부분입니다.
암기나 이해보다는 자주 보면서 눈에 익히는 공부방법이 좋습니다.

세부학습

세부 학습은 세부적인 지식으로 객관적인 입장에서 설명하였으며
일반적인 상식의 학습이 되도록 구성하였습니다.

응용학습

응용 학습은 세부 학습의 내용을 이해할 수 있도록 사주명식을
예로 들어 설명하고 자신의 사주팔자를 대입하여 응용할 수
있도록 하였습니다.

심화학습

심화 학습은 자평진전, 연해자평, 적천수 등 고전에 있는 내용을
정리하여 공부하는데 참고가 될 수 있도록 하였습니다.

중간 중간에 암기, 참고, 용어, 핵심 필살기 Tip, Summary를 별도로 넣어 참고할
수 있도록 하였습니다.

부록으로 사주명리의 역사를 소개하였습니다.
중국과 우리나라의 사주명리 변천사와 인물 그리고 서적 등을 소개하였으니
참고하면서 공부할 수 있습니다.

사주명리의 공부는 꾸준히 반복하여 학습하여야 합니다.
비법을 찾아 쉽게 공부하려는 것은 땅을 짚고 헤엄치려는 것과 같습니다.
땅을 짚고 헤엄친다는 것이 얼마나 어렵고 힘든지는 해본 사람만이 알게 됩니
다. 쉽게 하려다가 어려움을 당한다는 것입니다. 공부의 성패는 기초 학습을 얼
마나 철저히 하였느냐에 있습니다.

외우려고만 하면 어렵습니다.
외우는 것은 한계가 있습니다. 반복학습하며 자꾸 눈에 익혀야 합니다.
처음에는 소설책을 읽듯이 전체를 두세 번 읽습니다. 이해하려거나 외우려고
하면 늦습니다. 그냥 읽어나가며 눈에 익히길 바랍니다.

눈에 익으면 주요 한자는 저절로 익혀집니다.

그리고 모르는 사주용어나 문장이 눈에 들어오기 시작하며, 이해하기 시작하는 것입니다. 공부의 신神들이 공부하는 방법입니다.

오직 기초만이 정석입니다.

바둑을 배우려면 정석을 알아야 합니다. 정석을 알지 못하고 행마하기 어렵습니다. 정석을 튼튼히 공부하였다면 자신만의 행마를 할 수 있습니다. 정석을 모르고는 자신만의 행마를 하지 못하는 것입니다.

사주공부도 이와 같습니다.

기초가 바로 정석입니다. 기초가 튼튼하여야 사주팔자를 해석하고 간명할 수 있는 것입니다. 자동차를 운전하는데 가동 장치와 제동장치를 사용할 줄 모르면 운전하지 못하듯이 사주명리의 천간 지지를 한자로 읽을 수 없다면 통변할 수 없는 것입니다.

아래 한자는 반드시 눈에 익혀야 합니다.
사주팔자와 대운 세운을 모두 한자로 쓰기 때문입니다.
자꾸 쓰다보면 저절로 익혀지게 됩니다.

본문에서 오행과 천간 지지의 글자들은 공부 목적상
모두 한자로만 표기합니다.

오행	木 火 土 金 水 목 화 토 금 수
천간	甲 乙 丙 丁 戊 己 庚 辛 壬 癸 갑 을 병 정 무 기 경 신 임 계
지지	子 丑 寅 卯 辰 巳 午 未 申 酉 戌 亥 자 축 인 묘 진 사 오 미 신 유 술 해

사상과 오행

陰陽 음양	四象 사상	少陽소양	寅 卯 辰 인 묘 진	地支 지지
		太陽태양	巳 午 未 사 오 미	
		少陰소음	申 酉 戌 신 유 술	
		太陰태음	亥 子 丑 해 자 축	
	五行 오행	木목	甲 乙 갑 을	天干 천간
		火화	丙 丁 병 정	
		土토	戊 己 무 기	
		金금	庚 辛 경 신	
		水수	壬 癸 임 계	

Contents

제1장 사주팔자四柱八字의 구조

제6장 천간 지지의 운용

제7장 초보 통변

부록　사주명리의 역사

제1장
사주팔자의
구조

四
柱
八
字
構
造

사주팔자란
태어난 연월일시를 말하며
여덟 글자로 이루어진 운명코드라고 할 수 있습니다.

◆ 사주팔자는 아래와 같은 형식으로 표현됩니다.
   무공 필자의 사주팔자입니다.

시	일	월	년	구분
丁	己	丙	甲	천간
卯	未	寅	午	지지

이 책에서는 필자의 사주팔자를 모델로 하여 자신의 사주팔자를 볼 수 있는
능력을 기르는데 주안점을 두고 강의를 할 것입니다.

자신의 사주팔자를 볼 수 있다면 이미 고수의 반열에 올라 사주팔자를 통하여
삶을 운용하여 길흉화복을 조절할 수 있다고 할 수 있습니다. 사주를 공부하였
는데 자신의 사주팔자를 제대로 보지 못한다면 공부한 보람이 없는 것입니다.

이 책에서는 스스로 자신의 사주팔자를 볼 수 있도록 강의를 하고 있습니다.
그러므로 강의하는 대로 따라오기만 하면 자동차를 운전할 수 있듯이
자신의 사주팔자를 통변할 수 있습니다.

사주팔자를 해석하여 운용하는 것을 통변이라고 합니다.

01 사주팔자의 구조

기본개념

사주四柱란 연월일시年月日時 네 기둥을 말합니다.
팔자八子란 네 기둥에 있는 여덟 글자를 말합니다.

시	일	월	년	구분
丁	己	丙	甲	천간
卯	未	寅	午	지지

한자로 되어있는 네 기둥 여덟 글자를 사주팔자라고 합니다.
사주팔자는 태어난 연월일시의 코드이자 운명의 암호입니다.
세상에 태어나면서 우주의 기운을 받은 것이 사주팔자입니다.

필수 Tip

만세력을 보고 사주팔자를 세우고, 사주팔자를 해석하려면 한자로 된 간지를
반드시 익혀야 합니다. 눈으로 자꾸 보면서 익히면 저절로 외워집니다.

◆ 공부목적상 천간과 지지는 한자로 표시합니다.

천간	甲 갑	乙 을	丙 병	丁 정	戊 무	己 기	庚 경	辛 신	壬 임	癸 계
지지	子 자	丑 축	寅 인	卯 묘	辰 진	巳 사	午 오	未 미	申 신	酉 유	戌 술	亥 해

◆ 사주팔자의 구조

시	일	월	년	구분
시간	일간	월간	년간	천간
丁	己	丙	甲	
卯	未	寅	午	지지
시지	일지	월지	년지	

사주팔자는 천간 4자와 지지 4자로 구성되어 있습니다.
천간은 오른쪽으로부터 년간 월간 일간 시간이라고 하며 지지는 오른쪽으로부터 년지 월지 일지 시지라고 합니다.

사주팔자는 오른쪽부터 쓰고 읽는 것이 일반적입니다.
오른쪽부터 쓰고 읽는 것은 한자권의 영향이며 고서를 위주로 공부한 사람들이 눈에 익숙하므로 그대로 사용하고 있는 것입니다. 요즈음은 한글과 같이 왼쪽부터 쓰고 읽고자 하는 극소수의 학파들이 생겨나고 있지만 한자로 작성된 고서가 없어지지 않는 한 오른쪽부터 쓰고 읽는 것이 편하므로 바뀌지 않을 것이라고 봅니다.

천간지지는 음양오행이 바탕입니다.
천간지지는 음양으로 구성되어 있으며 음양은 천간지지로 표현되고 있습니다. 이것은 음양에 대한 기본적인 이해가 없으면 고개만 갸우뚱하기 쉽습니다.

사주팔자를 이해하고자 한다면 음양오행과 천간지지의 성정을 알고 천간의 생극제화와 지지의 형충회합을 알아야 서로의 관계를 알 수 있습니다. 다음 장에서 자세히 공부합니다.

02 만세력 보는 법

사주팔자를 작성하려면 우선 만세력을 볼 줄 알아야 합니다.
만세력이란 매년의 태세와 절입일시를 미리 추산하여 날짜별로 간지와
대운수를 계산하여 미리 적어 놓은 것입니다.
♣ 절입일시란 입춘 우수 등 24절기가 들어오는 일시를 말합니다.

요즈음은 데스크탑 컴퓨터나 스마트폰 모바일 앱 등으로 만세력을 쉽게 볼 수
있습니다. 인터넷 검색창에 무료만세력을 검색하면 많은 만세력이 나옵니다.
그중에서 알맞은 만세력을 선택하여 사용하면 됩니다.
컴퓨터 만세력보다 사용하기 쉬운 것이 모바일 만세력 앱입니다.
구글 플레이스토어에서 무료만세력을 검색하면 수많은 만세력이 보입니다.
역시 그 중에서 하나를 선택하여 사용하면 될 것입니다.

만세력에 관한 일화로 대전에 사는 도계 박재완 선생은 12.12 사태가 일어나고
밤중에 군부에 납치되어 갔을 때 제일 먼저 찾은 것이 만세력이라고 합니다. 아
무리 도사 소리를 들어도 만세력이 없으면 사주팔자를 작성할 수 없는 것입니다.
요즈음은 스마트폰만 있어도 모바일 만세력을 볼 수 있으므로 편리합니다.

만세력을 볼 수 있어야 사주팔자를 작성하고 통변할 수 있는 것입니다. 요즈음
은 데스크탑 컴퓨터나 모바일로 사주팔자를 작성할 수 있으므로 책자로 된 만
세력을 거의 보지 않게 되어 컴퓨터나 모바일이 없다면 눈먼 소경과 같이 되고
맙니다. 그러므로 책으로 된 만세력으로 사주팔자를 작성하는 법을 항상 숙지
하고 있어야 합니다.

만세력은 사주팔자를 세우기 위한 간지력干支歷이라고 합니다.

대개 150년의 간지력을 수록하고 있으며 양력과 음력 그리고 절기의 절입일시와 대운大運을 표시하고 있습니다. 사주팔자를 작성하고 대운과 대운수를 일목요연하게 표시하고 있어 편리합니다.

모든 만세력의 간지는 한자로 되어 있습니다.

그러므로 만세력을 보기 위하여서는 기본적으로 간지를 한자로 읽을 수 있어야 합니다. 처음에는 어려워도 자꾸 쓰다보면 익숙하여지니 반복 학습이 최선입니다.

천간 10자와 지지 12자의 한자는 반드시 숙지하여야 합니다.

그래야 만세력을 읽을 수 있으며, 사주팔자를 세울 수 있습니다. 만세력을 읽지 못하면 사주팔자를 작성하지 못합니다. 데스크탑 컴퓨터나 모바일로 만세력을 뽑아도 역시 읽지 못하니 소용없습니다.

암기 Tip

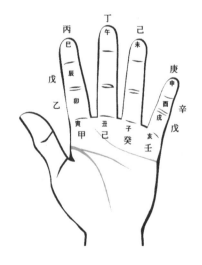

왼손으로 합니다.
엄지손가락으로 짚어가며
지지를 순서대로 읽어나갑니다.
인寅, 묘卯, 진辰 ....

천간은 지지와 함께 익힙니다.
寅의 정기는 甲이고,
卯의 정기는 乙입니다.

① 모바일 앱으로 만세력 보기

모바일 앱은 스마트폰으로 만세력을 보는 것입니다.
요즈음은 책이나 데스크탑 컴퓨터보다는 모바일 앱을 대부분 사용하므로 무료 앱이 많이 공급되어 있습니다. 초기에는 정확도가 떨어져 사용하기 불편하였으나 점차 개선되어 정확도도 높아 활용하기에 무리가 없는 편입니다.

구글 Play 스토어에는 수많은 만세력이 무료로 제공되고 있으니 사용자가 사용하기 편리한 앱을 선택하여 활용하면 될 것입니다.

◆ 모바일 만세력 입력화면

제1장 사주팔자의 구조 **25**

◆ 모바일 만세력 출력화면

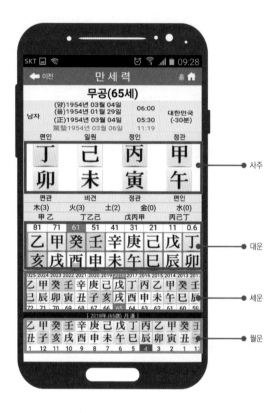

모바일 앱으로 출력된 사주명식입니다. 생년월일시를 입력만 하면 자동으로 사주명식을 작성하여주므로 매우 편리합니다.

현재 대운을 붉은 색으로 표시하여 알아보기 쉽게 하였으며, 현재의 세운은 파란색으로 표시하여 주고 있습니다. 월운은 녹색으로 표시하여 구분하였으므로 쉽게 알 수 있습니다. 사주팔자의 육신을 표시하고 지장간도 친절하게 표시하여 알기 쉽도록 하였습니다.

❷ 데스크탑 컴퓨터 만세력 보기

데스크탑 컴퓨터 만세력도 모바일 만세력과 같습니다.
데스크탑 컴퓨터 만세력과 모바일 앱으로 작성된 만세력은 작성방식이나 활용
방식이 같습니다.

인터넷 상에 여러 가지 무료 만세력이 제공되고 있으니 사용자가 사용하기 편
리한 것을 선택하여 사용하면 될 것입니다. 전문가용은 대부분 유료 만세력으
로 사주명식의 저장 관리가 용이한 점이 있습니다.

◆ 데스크탑 컴퓨터 만세력으로 입력하고 출력된 화면

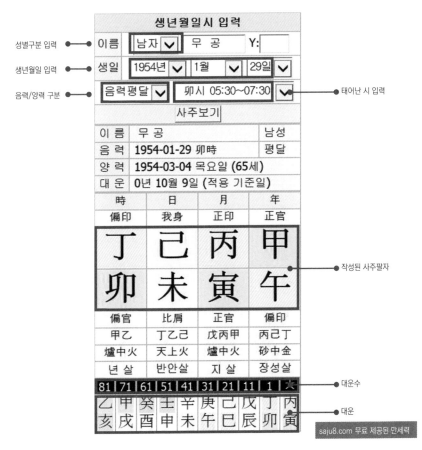

❸ 만세력 책 보기

컴퓨터나 모바일로 생년월일시를 넣으면 사주팔자가 자동적으로 생성되어 활용하기에는 편리하지만, 만세력 책을 보며 사주팔자를 세우는 방법도 기본적으로 알아야 할 것입니다.

시중에 많은 만세력이 나와 있으니 역시 사용자가 보기에 편리한 만세력을 선택하여 활용하면 될 것입니다.

◆ 만세력 책으로 사주팔자 보기

1954년 음력 1월 29일 남자

서기 1954년   **甲午年**

丙寅(1월)

입춘 2월 4일 17시 31분

음력 陰曆	1	2	3	4	5	6	7	8	9	10	11	12	13	14	15	16	17	18	19	20	21	22	23	24	25	26	27	28	29
양력 陽曆	4	5	6	7	8	9	10	11	12	13	14	15	16	17	18	19	20	21	22	23	24	25	26	27	28	3/1	2	3	4
일진 日辰 (天)	辛	壬	癸	甲	乙	丙	丁	戊	己	庚	辛	壬	癸	甲	乙	丙	丁	戊	己	庚	辛	壬	癸	甲	乙	丙	丁	戊	己
일진 日辰 (支)	卯	辰	巳	午	未	申	酉	戌	亥	子	丑	寅	卯	辰	巳	午	未	申	酉	戌	亥	子	丑	寅	卯	辰	巳	午	未
대운 大運 남	立春	10	10	9	9	9	8	8	8	7	7	7	6	6	6	雨水	5	5	4	4	4	3	3	3	2	2	2	1	1
대운 大運 여	1	1	1	2	2	2	3	3	3	4	4	4	5	5		雨水	6	6	6	7	7	7	8	8	8	9	9	9	10

어느 만세력을 보아도 년도의 간지가 표시되어 있으며, 절입일자와 양력과 음력을 볼 수 있고, 일진과 대운수가 나와 있습니다.

03 년주年柱 세우기

기본개념

년도	2017	2018	2019
년주	정유丁酉	무술戊戌	기해己亥

년주年柱의 기준은 입춘立春일이 됩니다.

년주 무술戊戌은 년간 무戊와 년지 술戌이 합쳐진 간지입니다.

일반적으로 양력으로 한해의 시작은 1월 1일이 되며, 음력으로는 설날이

되지만, 사주명리에서 한해는 입춘일로 부터 시작됩니다.

입춘일이 사주명리에서는 설날이 되는 것입니다.

세부학습

1 입춘 기준

사주팔자는 24절기에 의하여 간지干支가 결정됩니다.

사주명리에서는 입춘이 시작되는 날부터 새해가 시작되는 것입니다.

2018년 양력 1월 1일은 입춘 전이기에 여전히 정유丁酉년이 되고 입춘 절입시간

인 2018년 양력 2월 4일 06시 28분이 되어야 비로소 무술戊戌년이 됩니다.

◆ 사주명리의 년도가 바뀌는 기점

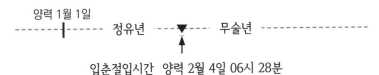

❷ 입춘세수설立春歲首說

입춘세수설은 입춘일을 설날로 하는 것으로 자평명리학에서 일반적으로 적용하는 방법으로 시중의 모든 만세력은 입춘세수설을 적용하고 있습니다.

동지세수설冬至歲首說은 자월子月에 양기가 시작되므로 동지를 설날로 하여야 한다는 주장으로 일부 학파가 적용하고 있습니다.

◆ 고대 중국에서 국가마다 설날을 다르게 적용하였습니다.

구분	하夏나라 기원전2000	상商나라 기원전1600	주周나라 기원전1000	진秦나라 기원전200
설날기준	입춘	소한	동지	입동
	인寅월	축丑월	자子월	해亥월

필수 Tip

많이 질문하는 것 중에 하나가 사주팔자는 음력으로 작성하는 것인가 아니면 양력으로 작성하는 것인가를 묻는 것입니다. 양력도 아니고 음력도 아닙니다. 입춘을 기준으로 절기력으로 작성하기 때문입니다.

암기 Tip

0	1	2	3	4	5	6	7	8	9
경 庚	신 辛	임 壬	계 癸	갑 甲	을 乙	병 丙	정 丁	무 戊	기 己

년도 끝자리로 년간을 쉽게 아는 방법입니다.

1964년은 갑甲이 년간입니다. 2000년은 경庚이 년간입니다.

04 월주月柱 세우기

기본개념

사주명리에서는 1월 2월이라 하지 아니하고 월의 지지는 절기를 기준하여 적용합니다. 월은 인월寅月 묘월卯月… 등으로 표기합니다.

	1월	2월	3월	4월	5월	6월	7월	8월	9월	10월	11월	12월
월 순	寅 인	卯 묘	辰 진	巳 사	午 오	未 미	申 신	酉 유	戌 술	亥 해	子 자	丑 축
	입 춘	경 칩	청 명	입 하	망 종	소 서	입 추	백 로	한 로	입 동	대 설	소 한

고서에서 간혹 1월 2월이라고 표현하는 경우가 있지만 숫자는 단지 월의 순서일 뿐이므로 양력이나 음력의 달과는 상관이 없습니다.

세부학습

① 월주月柱 기준

월주는 년간이 기준이 되어 인寅월부터 시작이 됩니다. 년간에 따라 월간이 정하여지는데 이를 월두법月頭法이라고 합니다.

② 년간에 의하여 월주 결정

사주명리에서의 설날은 입춘이며, 입춘일로부터 년도가 바뀌고 인寅월이 시작됩니다. 인寅월은 양력으로 2월 초 입춘일부터 시작되며, 음력으로는 대략 1월경이 됩니다.

◆ 월간지 조견표

月	인寅	묘卯	진辰	사巳	오午	미未	신申	유酉	술戌	해亥	자子	축丑
	1월	2월	3월	4월	5월	6월	7월	8월	9월	10월	11월	12월
24절기	입춘	경칩	청명	입하	만종	소서	입추	백로	한로	입동	대설	소한
	우수	춘분	곡우	소만	하지	대서	처서	추분	상강	소설	동지	대한
甲己년 갑기	병인 丙寅	정묘 丁卯	무진 戊辰	기사 己巳	경오 庚午	신미 辛未	임신 壬申	계유 癸酉	갑술 甲戌	을해 乙亥	병자 丙子	정축 丁丑
乙庚년 을경	무인 戊寅	기묘 己卯	경진 庚辰	신사 辛巳	임오 壬午	계미 癸未	갑신 甲申	을유 乙酉	병술 丙戌	정해 丁亥	무자 戊子	기축 己丑
丙辛년 병신	경인 庚寅	신묘 辛卯	임진 壬辰	계사 癸巳	갑오 甲午	을미 乙未	병신 丙申	정유 丁酉	무술 戊戌	기해 己亥	경자 庚子	신축 辛丑
丁壬년 정임	임인 壬寅	계묘 癸卯	갑진 甲辰	을사 乙巳	병오 丙午	정미 丁未	무신 戊申	기유 己酉	경술 庚戌	신해 辛亥	임자 壬子	계축 癸丑
戊癸년 무계	갑인 甲寅	을묘 乙卯	병진 丙辰	정사 丁巳	무오 戊午	기미 己未	경신 庚申	신유 辛酉	임술 壬戌	계해 癸亥	갑자 甲子	을축 乙丑

◆ 월두법月頭法

년간에 따라 월간의 천간을 부여하는 방법을 말합니다.

년간이 갑甲이나 기己일 경우에는 병인丙寅월 부터 시작합니다.

년간이 을乙이나 경庚일 경우에는 무인戊寅월 부터 시작합니다.

년간이 병丙이나 신辛일 경우에는 경인庚寅월 부터 시작합니다.

년간이 정丁이나 임壬일 경우에는 임인壬寅월 부터 시작합니다.

년간이 무戊이나 계癸일 경우에는 갑인甲寅월 부터 시작합니다.

월순	지지	절기	시 기
1	**인寅**	입춘 우수	양력 2월 4일 경 ~ 3월 5일 경
2	**묘卯**	경칩 춘분	양력 3월 5일 경 ~ 4월 4일 경
3	**진辰**	청명 곡우	양력 4월 4일 경 ~ 5월 5일 경
4	**사巳**	입하 소만	양력 5월 5일 경 ~ 6월 5일 경
5	**오午**	망종 하지	양력 6월 5일 경 ~ 7월 7일 경
6	**미未**	소서 대서	양력 7월 7일 경 ~ 8월 7일 경
7	**신申**	입추 처서	양력 8월 7일 경 ~ 9월 7일 경
8	**유酉**	백로 추분	양력 9월 7일 경 ~ 10월 8일 경
9	**술戌**	한로 상강	양력 10월 7일 경 ~ 11월 7일 경
10	**해亥**	입동 소설	양력 11월 7일 경 ~ 12월 7일 경
11	**자子**	대설 동지	양력 12월 7일 경 ~ 1월 5일 경
12	**축丑**	소한 대한	양력 1월 5일 경 ~ 2월 4일 경

절입 시기는 1 ~ 2일의 차이가 생기므로 ~ 일경이라고 표시하고 인寅월은 입춘의 절입일시부터 시작하여 우수가 끝나는 날까지이며 대체로 양력 2월 4일경부터 3월 5일경까지입니다.

묘卯월은 경칩의 절입일시부터 시작하여 춘분이 끝나는 날까지이며 대체로 양력 3월 5일경부터 4월 4일경까지입니다. 나머지도 이와 같이 보면 됩니다.

절입일시는 양력의 날짜와 거의 비슷하지만, 음력의 날짜로는 가늠하기 어렵습니다.

05 일주日柱 세우기

기본개념

일주는 년주와 마찬가지로 별도의 기준이 없습니다.
고대로부터 60갑자의 순서대로 이어져 내려오므로 만세력을 보는 수밖에 없습니다. 60갑자의 순서대로 매일 돌아가기 때문입니다.
년주가 입춘을 기준으로 바뀌는 시점이라면 일주는 子시를 기준으로 바뀌는 시점이 됩니다.

세부학습

① 만세력으로 일주세우기

별도로 산출하는 방식이 있지만 매우 복잡하므로 실효성은 떨어진다고 할 수 있습니다. 그냥 편하게 만세력에서 일주를 보는 것이 좋습니다.

서기 1954년　　　　　　　　　　　　**甲午年**
丙寅(1월)

입춘 2월 4일 17시 31분

음력 陰曆	1	2	3	4	5	6	7	8	9	10	11	12	13	14	15	16	17	18	19	20	21	22	23	24	25	26	27	28	29
양력 陽曆	4	5	6	7	8	9	10	11	12	13	14	15	16	17	18	19	20	21	22	23	24	25	26	27	28	3/1	2	3	4
일진 日辰	辛卯	壬辰	癸巳	甲午	乙未	丙申	丁酉	戊戌	己亥	庚子	辛丑	壬寅	癸卯	甲辰	乙巳	丙午	丁未	戊申	己酉	庚戌	辛亥	壬子	癸丑	甲寅	乙卯	丙辰	丁巳	戊午	己未
대운大運 남	立春	10	10	9	9	9	8	8	8	7	7	7	6	6	6	雨水	5	5	4	4	4	3	3	3	2	2	2	1	1
대운大運 여	立春	1	1	1	2	2	2	3	3	3	4	4	4	5	5	雨水	6	6	6	7	7	7	8	8	8	9	9	9	10

❷ 일주는 자시子時 기준

子시는 일주가 변화하는 중요한 기준이 됩니다.

子시는 실제적용시간으로 전일 23시부터 익일 01시까지입니다.

우리가 쓰는 시간은 동경135도 기준의 시계상 표준시간입니다.

동경 135도는 일본에 있는 좌표로서 시계상 표준시간으로 23시 30분이라면
동경 127도 30분은 서울에 있는 좌표로서 실제적용시간은 23시가 됩니다.

◆ 시계상 표준시간과 실제 적용시간의 차이 : 30분

시계상 표준시간	실제 적용시간
동경 135도	동경 127도 30분
23 : 30	23 : 00

◆ 우리나라의 표준시는 여러 번 바뀌었으므로 참고로 하여 적용합니다.

표준시 기준	적용 기간
동경 127도 30분	1908년 1월 1일부터 1910년 8월 29일까지
동경 135도 00분	1910년 8월 30일부터 1954년 3월 20일까지
동경 127도 30분	1954년 3월 21일부터 1961년 8월 9일까지
동경 135도 00분	1961년 8월 10일부터 현재까지 사용함

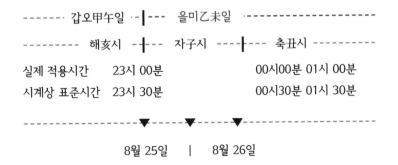

◆ 사주명리의 일자가 바뀌는 기점

시계상 표준시간은 동경 135도이며 실제 적용시간은 동경 127도 30분입니다.
24시간은 1440분이므로 360도로 나누면 1도는 4분에 해당합니다.
135도에서 127.5도를 빼면 7.5도가 되므로 30분의 차이가 납니다.

자子시의 실제 적용시간은 전일 23시부터 익일 01시까지입니다.
시계상 표준시간으로는 전일 23시 30분부터 익일 01시 30분 까지입니다.

시계상 표준시간으로는 자정이 되는 00시에 8월 25일에서 8월 26일로 날짜가
바뀌지만 사주명리에서는 자子시가 시작되는 23시 30분에 갑오甲午일에서 을
미乙未일로 바뀌게 됩니다.

시계상 표준시간 23시 30분 이전은 갑오甲午일이지만 23시 30분 이후는
을미乙未일입니다.

06 시주時柱 세우기

시주의 기준은 일간입니다.

월주는 인寅월에 시작하여 축丑월에 한해를 마치고, 시주는 子시부터 시작하여 해亥시에 하루를 마칩니다.

1 시주 기준

월간	년간 기준으로 인寅월부터 시작하여 축丑월에 한해가 마침
시간	일간 기준으로 자子시부터 시작하여 해亥시에 하루가 마침

2 일간에 의하여 시주 결정

◆ 시두법時頭法

일간에 따라 시간의 천간을 부여하는 방법을 말합니다.

일간이 갑甲이나 기己일 경우에는 갑자甲子시 부터 시작합니다.

일간이 을乙이나 경庚일 경우에는 병자丙子시 부터 시작합니다.

일간이 병丙이나 신辛일 경우에는 무자戊子시 부터 시작합니다.

일간이 정丁이나 임壬일 경우에는 경자庚子시 부터 시작합니다.

일간이 무戊이나 계癸일 경우에는 임자壬子시 부터 시작합니다.

일진의 천간을 보아서 그날의 자시가 육십갑자 중 어떤 자시가 되는지를 알아보는 방법을 시두법時頭法이라고 합니다.

갑甲일과 기己일의 경우 갑자甲子시부터 시작이 됩니다.
월주는 인寅월부터 시작하지만 시주는 자子시부터 시작합니다.
하루는 24시간으로 나누지만 시주는 12시진으로 나누게 됩니다.
자子시에서 시작하여 해亥시에 하루가 끝나게 됩니다.

정오正午는 실제 적용시간으로는 12시이고, 시계상 표준시간으로는 12시 30분이며 자정子正은 실제 적용시간으로는 00시이고, 시계상 표준시간으로는 00시 30분입니다.
1시진은 2시간씩이며 하루는 12시진 24시간이 됩니다.

◆ 시간지 조견표(실제 적용시간)

시간 일간	23 ~ 01	01 ~ 03	03 ~ 05	05 ~ 07	07 ~ 09	09 ~ 11	11 ~ 13	13 ~ 15	15 ~ 17	17 ~ 19	19 ~ 21	21 ~ 23
갑甲 기己	갑자 甲子	을축 乙丑	병인 丙寅	정묘 丁卯	무진 戊辰	기사 己巳	경오 庚午	신미 辛未	임신 壬申	계유 癸酉	갑술 甲戌	을해 乙亥
을乙 경庚	병자 丙子	정축 丁丑	무인 戊寅	기묘 己卯	경진 庚辰	신사 辛巳	임오 壬午	계미 癸未	갑신 甲申	을유 乙酉	병술 丙戌	정해 丁亥
병丙 신辛	무자 戊子	기축 己丑	경인 庚寅	신묘 辛卯	임진 壬辰	계사 癸巳	갑오 甲午	을미 乙未	병신 丙申	정유 丁酉	무술 戊戌	기해 己亥
정丁 임壬	경자 庚子	신축 辛丑	임인 壬寅	계묘 癸卯	갑진 甲辰	을사 乙巳	병오 丙午	정미 丁未	무신 戊申	기유 己酉	경술 庚戌	신해 辛亥
무戊 계癸	임자 壬子	계축 癸丑	갑인 甲寅	을묘 乙卯	병진 丙辰	정사 丁巳	무오 戊午	기미 己未	경신 庚申	신유 辛酉	임술 壬戌	계해 癸亥

이제 자신의 생년월일시를 적어 놓고 사주팔자를 세워봅니다.

| 양력 | 년 | 월 | 일 | 시 |
| 음력 | 년 | 월 | 일 | 시 |

시	일	월	년	구분
				천간
				지지

양력생일을 알면 만세력에서 양력을 입력하고
음력생일을 알면 만세력에서 음력생일을 입력하면 됩니다.

데스크탑 컴퓨터나 모바일 또는 책자로 된 만세력을 활용하여 사주팔자를 찾습니다. 모두 찾아보고 일치하는지 확인하는 것도 공부에 도움이 되며 만세력의 정확성을 알 수 있게 됩니다.

천간지지의 한자를 아직 숙지하지 아니하였다면 그대로 그려도 됩니다.
한자의 그림에 익숙해지면 저절로 익혀진답니다.

이제 자신의 사주팔자를 적었다면 대운을 적는 방법도 익혀야 할 것입니다.
사주팔자보다 운이 중요할 때도 있으므로 소홀히 다루어서는 안됩니다.
대운을 적는 것은 만세력에 있는 것을 그냥 적으면 됩니다.
그러나 만세력마다 대운수가 다를 수 있으므로 심화학습에 있는 대운수 산출하는 방법은 익히는 것이 좋습니다.

07 대운大運 세우기

기본개념

대운은 10년의 운을 말합니다.
사주팔자가 지나가는 환경이며 운로이기도 합니다.

양남음녀陽男陰女는 월주를 순행順行하고
음남양녀陰男陽女는 월주를 역행逆行합니다.

대운은 10년간의 환경의 변화를 겪게 됩니다.
봄에 태어나 여름의 환경으로 들어가면 여름이라는 환경에서 30년의 삶의 살게
됩니다. 사주체가 겪는 계절의 환경이기에 얼마나 잘 적응하는가에 따라 삶의
질이 달라집니다.

사주팔자가 아무리 좋아도 운이 나쁘면 사주팔자 좋은 것이 소용없게 됩니다.
사주팔자가 아무리 나빠도 운이 좋으면 사주팔자 좋은 것보다 삶이 더욱 좋아
지기도 합니다.

그러므로 대운을 무시하면 안 됩니다. 대운은 삶의 여정이며 사주팔자가
가는 길이므로 대운을 잘 눈여겨 보아야 하는 것입니다.

대운은 만세력에 잘 표시되어 있으므로 별도의 계산이 필요치 아니하지만
계산법을 알고 있는 것이 편리합니다.

① 만세력으로 대운보기

만세력으로 사주팔자를 뽑으면 대운은 자동 계산되어 나타납니다.
그러므로 복잡한 대운을 계산하기보다 만세력에 있는 대운을 그대로 적용하는
것이 편리합니다.

다만 만세력에만 의존하게 되면 대운 계산법을 잊어버리는가 하면 틀린 만세력
을 볼 때 엉뚱한 대운을 적용하게 되므로 정확한 대운 계산법을 알아두는 것이
좋습니다.

◆ 모바일만세력으로 대운보기

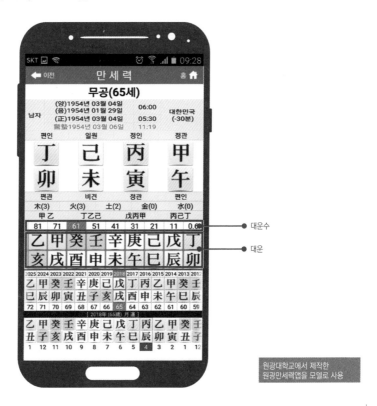

● 대운수

● 대운

원광대학교에서 제작한
원광만세력앱을 모델로 사용

◆ 책자 만세력으로 대운보기

甲午年

丙寅(1월)

입춘 2월 4일 17시 31분

음력 陰曆	1	2	3	4	5	6	7	8	9	10	11	12	13	14	15	16	17	18	19	20	21	22	23	24	25	26	27	28	29
양력 陽曆	4	5	6	7	8	9	10	11	12	13	14	15	16	17	18	19	20	21	22	23	24	25	26	27	28	3/1	2	3	4
일진 日辰	辛卯	壬辰	癸巳	甲午	乙未	丙申	丁酉	戊戌	己亥	庚子	辛丑	壬寅	癸卯	甲辰	乙巳	丙午	丁未	戊申	己酉	庚戌	辛亥	壬子	癸丑	甲寅	乙卯	丙辰	丁巳	戊午	己未
대운 大運 남	立春	10	10	9	9	9	8	8	8	7	7	7	6	6	6	雨水	5	5	5	4	4	4	3	3	3	2	2	2	1	1
여		1	1	1	2	2	2	3	3	3	4	4	4	5	5		6	6	6	7	7	7	8	8	8	9	9	9	10

입춘이 양력으로 2월 4일에 들어오므로 丙寅月(1월)이 됩니다.

대운수가 1이면 1살부터 대운이 시작된다는 것이고 대운수가 9이면 9살부터 대운이 시작된다는 것입니다.

양남(陽男)이고 대운수가 1이므로 아래와 같이 대운을 순행하여 작성합니다.

71	61	51	41	31	21	11	1	대운수
甲	癸	壬	辛	庚	己	戊	丁	대운
戌	酉	申	未	午	巳	辰	卯	

순행이란 丙寅 丁卯 戊辰순으로 앞으로 가는 것이고
역행이란 丙寅 乙丑 甲子순으로 뒤로 가는 것입니다.

첫째 : 양남陽男, 음녀陰女을 볼 때 태어난 해年의 천간의 음양을 봅니다.

둘째 : 대운작성은 본인의 사주에 있는 월주(月柱) 다음부터 천간과 지지를 작성하고, 丙寅월 다음부터 丁卯 戊辰순으로 적어갑니다.

❷ 대운의 순행과 역행

구분	양년陽年	음년陰年
남자	순행	역행
여자	역행	순행

양년은 년간이 갑병무경임甲丙戊庚壬의 년도이고
음년은 년간이 을정기신계乙丁己辛癸의 년도입니다.

양남이란 양년에 태어난 남자이고 음남이란 음년에 태어난 남자이며
양녀란 양년에 태어난 여자이고 음녀란 음년에 태어난 여자입니다.

남자를 양으로 보고 여자를 음으로 보므로
남자는 양에 순행하고 여자는 양에 역행하는 음양의 원리입니다.
남자는 음에 역행하고 여자는 음에 순행하는 음양의 원리입니다.

병신丙申년은 양년으로 남자는 순행하고 여자는 역행하며
정유丁酉년은 음년으로 남자는 역행하고 여자는 순행합니다.

◆ 대운은 월지의 순행과 역행입니다.

구분	태어난 달	대운
순행	병인丙寅	정묘丁卯, 무진戊辰, 기사己巳, 경오庚午, 신미辛未, 임신壬申...등으로 육십갑자를 순행
역행	병인丙寅	을축乙丑, 갑자甲子, 계해癸亥, 임술壬戌, 신유辛酉, 경신庚申...등으로 육십갑자를 역행

◆ 육십갑자표

갑자 甲子	을축 乙丑	병인 丙寅	정묘 丁卯	무진 戊辰	기사 己巳	경오 庚午	신미 辛未	임신 壬申	계유 癸酉	갑술 甲戌	을해 乙亥
병자 丙子	정축 丁丑	무인 戊寅	기묘 己卯	경진 庚辰	신사 辛巳	임오 壬午	계미 癸未	갑신 甲申	을유 乙酉	병술 丙戌	정해 丁亥
무자 戊子	기축 己丑	경인 庚寅	신묘 辛卯	임진 壬辰	계사 癸巳	갑오 甲午	을미 乙未	병신 丙申	정유 丁酉	무술 戊戌	기해 己亥
경자 庚子	신축 辛丑	임인 壬寅	계묘 癸卯	갑진 甲辰	을사 乙巳	병오 丙午	정미 丁未	무신 戊申	기유 己酉	경술 庚戌	신해 辛亥
임자 壬子	계축 癸丑	갑인 甲寅	을묘 乙卯	병진 丙辰	정사 丁巳	무오 戊午	기미 己未	경신 庚申	신유 辛酉	임술 壬戌	계해 癸亥

순행은 갑자 을축 병인 정묘...의 순으로 앞으로 나아가는 것이며
역행은 계해 임술 신유 경신...의 순으로 뒤에서 나아가는 것입니다.

태어난 달이 신해월이라면
순행은 임자 계축 갑인 을묘 …의 순으로 앞으로 나아가는 것이고
역행은 신해 경술 기유 무신 …의 순으로 뒤에서 나아가는 것입니다.

◆ 양년에 태어난 남녀 - 대운의 순행과 역행

양년 남자의 대운 - 순행	양년 여자의 대운 - 역행
○ ○ 丙 甲 ○ ○ 寅 午	○ ○ 丙 甲 ○ ○ 寅 午
丙乙甲癸壬辛庚己戊丁 子亥戌酉申未午巳辰卯	丙丁戊己庚辛壬癸甲乙 辰巳午未申酉戌亥子丑

순행이란 월주 丙寅부터 丁卯 戊辰 己巳...순으로 전진
역행이란 월주 丙寅부터 乙丑 甲子 癸亥...순으로 후퇴

갑오甲午년은 양년이므로 양남음녀가 적용됩니다.
남자는 순행하며 여자는 역행합니다.

◆ 음년에 태어난 남녀 - 대운의 순행과 역행

음년 남자의 대운 - 역행	음년 여자의 대운 - 순행
○ ○ 丙 己 ○ ○ 寅 巳	○ ○ 丙 己 ○ ○ 寅 巳
丙丁戊己庚辛壬癸甲乙 辰巳午未申酉戌亥子丑	丙乙甲癸壬辛庚己戊丁 子亥戌酉申未午巳辰卯

기사己巳년은 음년이므로 음남양녀가 적용됩니다.
남자는 역행하며 여자는 순행합니다.

❸ 대운 적용 시기

사주팔자의 대운수가 아래와 같다면

8대운	7대운	6대운	5대운	4대운	3대운	2대운	1대운	순서
71	61	51	41	31	21	11	1	대운수
甲	癸	壬	辛	庚	己	戊	丁	대운
戌	酉	申	未	午	巳	辰	卯	

정묘丁卯대운이 시작되는 1살 전까지는 월주 丙寅를 대운으로 보며 정묘丁卯대운을 1 대운이라고 하며 1살부터 대운이 시작되어 10년간 적용이 됩니다.
무진戊辰대운을 2 대운이라고 하며 11살부터 대운이 시작되어 10년간 적용이 됩니다.

학파에 따라 대운을 10년 혹은 5년씩 적용하기도 합니다.

10년 대운	5년 대운
정사丁巳대운의 경우 丁巳대운을 그대로 10년으로 적용	정사丁巳대운의 경우 丁대운 5년, 巳대운 5년으로 적용

10년 대운을 주장하는 편은 간지가 하나이므로 나눌 수 없다고 하며, 5년 대운을 주장하는 편은 고서에 있는 관법이니 검증이 된 것이라고 합니다.
일반적으로 대운은 지지를 위주로 환경을 보는 것이니, 5년 씩 나눈다면
10년의 환경을 제대로 보기 어렵습니다. 그러므로 적천수 등 고전에서도
10년의 대운 환경을 위주로 판단하고 있습니다.

하나의 운은 십년으로 보아야 하며 간지 상하로 나누어서 보아서는 안 된다.
- 적천수천미 세운편

◆ 남자 양력 1954년 3월 4일 07시 05분 생

시	일	월	년	구분
丁	己	丙	甲	천간
卯	未	寅	午	지지

년주 : 1954년은 갑오甲午년입니다.

월주 : 3월 4일은 월두법에 의하여 병인丙寅월입니다.

일주 : 3월 4일은 만세력에 의하여 기미己未일입니다.

시주 : 07시 05분은 시두법에 의하여 정묘丁卯시입니다.

◆ 대운은 아래와 같습니다.

8대운	7대운	6대운	5대운	4대운	3대운	2대운	1대운	순서
71	61	51	41	31	21	11	1	대운수
甲	癸	壬	辛	庚	己	戊	丁	대운
戌	酉	申	未	午	巳	辰	卯	

갑오甲午년은 양년으로 남자이므로 순행을 합니다.

월주 병인丙寅월부터 앞으로 나아갑니다 - 丁卯, 戊辰, 己巳...

대운수를 계산합니다 - 대운수 계산법은 심화학습을 참고 바랍니다.

태어난 시간인 3월 4일 07시 05분에서 순행이므로 이후 절입 일시인 경칩일인
3월 6일 11시 49분까지 2일 4시간 44분이 남습니다.

2일은 8개월, 4시간은 20일, 44분은 88시간이므로 8개월 23일 16시간이 되며
6개월 이상은 반올림하여 1이 **대운수**가 됩니다.

◆ 여자 양력 1975년 5월 15일 17시 35분 생

시	일	월	년	구분
丁	辛	辛	乙	천간
酉	酉	巳	卯	지지

년주 : 1975년은 을묘乙卯년입니다.
월주 : 5월 15일은 월두법에 의하여 신사辛巳월입니다.
일주 : 5월 15일은 만세력에 의하여 신유辛酉일입니다.
시주 : 17시 35분은 시두법에 의하여 정유丁酉시입니다.

◆ 대운은 아래와 같습니다.

8대운	7대운	6대운	5대운	4대운	3대운	2대운	1대운	순서
77	67	57	47	37	27	17	7	대운수
己	戊	丁	丙	乙	甲	癸	壬	대운
丑	子	亥	戌	酉	申	未	午	

을묘乙卯년은 음년으로 여자이므로 순행을 합니다.
월주 신사辛巳월부터 나아갑니다 - 임오壬午, 계미癸未...

대운수를 계산합니다.
태어난 시간인 5월 15일 17시 35분에서 순행이므로 다음 절입일시인
망종 6월 6일 16시 42분을 빼면 **21일 23시간 7분**이 됩니다.

이를 대운수로 환산하면 21일은 7년, 23시간은 115일, 7분은 14시간이므로
7년 115일 14시간이 되며 **7년 3개월 25일 4시간으로서 6개월 이하를
반내림하면 7이 대운수**가 됩니다.

대운수大運數 계산

대운수는 만세력에 계산되어 표시되므로 계산법을 몰라도 적용이
가능하지만 계산법을 알게 되면 여러모로 편리하게 됩니다.

대운수는 대운이 시작되는 시기를 말합니다.
대운수가 3이면 첫 대운이 3살부터 시작되고 다음 대운은 13살에 시작됩니다.

만세력에 대운수가 계산되어 표시되어 있으니 복잡하게 계산하지 아니하여도
참고 할 수 있지만, 만세력마다 대운수가 틀린 경우도 있으니 계산하는 방법을
알아야 할 것 입니다.

대운수 산출 공식

대운수는 10년의 주기를 갖게 됩니다.
월주를 기준으로 하므로 한 달을 10년 주기로 보는 것입니다.
즉, 30일이 10년이 되며, 3일은 1년이 되는 것입니다.

월주	대운
1개월(30일)	10년
3일	1년(12개월)
1일(24시간)	4개월(120일)
1시간(60분)	5일(120시간)
1분	2시간

◆ 양력 2018년 3월 15일 12시에 태어난 남성입니다.

시	일	월	년	구분
甲	丙	乙	戊	천간
午	午	卯	戌	지지

만세력을 찾아보면 절입일시가 표기되어 있습니다.

경칩 절입일시 : 3월 6일 00시 27분

청명 절입일시 : 4월 5일 05시 12분

무술戊戌년은 양년이므로 남자의 대운은 순행합니다.

순행의 대운은 다음 절기의 절입일을 기준합니다.

청명의 절입일이 4월 5일 05시 12분이므로 태어난 일시 3월 15일 12시 00분을 빼면

생일 3월 15일 12시 00분																	청명4월5일 05시 12분						
15	16	17	18	19	20	21	22	23	24	25	26	27	28	29	30	31	1	2	3	4	5	6	7

↓ 　　　　　　　　　　　　　　⇩　　　　　　　　　　　　　　　↓

12시간　　　　　　　　　　20일　　　　　　　　　5시간 12분

12시간 + 20일 + 5시간 12분 = 20일 17시간 12분이 됩니다.

3일은 1년이므로 20일을 3으로 나누면 = 6년이 되고 2일이 남습니다.

1일은 4개월이 되므로 2일은 8개월이 됩니다.

1시간은 5일이 되므로 17 x 5 = 85일 = 2개월 25일이 됩니다.

1분은 2시간이므로 12 x 2 = 24시간 = 1일이 됩니다.

모두 합치면 대운수는 **6년 + 8개월 + 2개월 25일 + 1일 = 6년 10개월 26일**
이 됩니다.

6살 10개월 26일이 되는 날 부터 대운이 시작됩니다.

15일 이상은 반올림하여 6살 11개월이라고 하며 6.9로 표시합니다.

6개월 이상은 반올림하여 대운수를 7세로 표시하기도 합니다.

대운수를 7세 17세 27세…로 표시합니다.

시	일	월	년	구분
甲	丙	乙	戊	천간
午	午	卯	戌	지지

◆ 이 남성의 사주팔자의 대운수는 아래와 같습니다.

77	67	57	47	37	27	17	7	대운수
癸	壬	辛	庚	己	戊	丁	丙	대운
亥	戌	酉	申	未	午	巳	辰	

을묘乙卯는 월지로서 6살 11개월 전까지의 대운은 월지를 적용한다는 뜻입니다. 일반적으로 7살부터 대운을 적용합니다.

7살부터 병진丙辰 대운이 시작되며 10년간 유지하다가 17세에 丁巳대운으로 바뀌게 됩니다.

정확하게는 생일로부터 6살 10개월 26일 째가 되는 날에 대운이 바뀐다고 하여야 할 것이나 기의 흐름은 어느 순간에 바뀌는 것이 아니므로 7살이 되기 전 2-3개월 전부터 대운의 변화가 시작된다고 봅니다.

◆ 이번에는 같은 날 태어난 여자의 역행 대운을 봅니다.

양력 2018년 3월 15일 12시에 태어난 여성입니다.

사주팔자는 남성이나 여성이나 같습니다. 다만, 대운이 역행할 따름입니다.

시	일	월	년	구분
甲	丙	乙	戊	천간
午	午	卯	戌	지지

경칩 절입일시 : 3월 6일 00시 27분

청명 절입일시 : 4월 5일 05시 12분

戊戌년은 양년이므로 여성의 대운은 역행합니다.

역행의 대운은 이전 절기의 절입일을 기준합니다.

경칩의 절입일이 3월 6일 00시 27분이므로 태어난 일시 3월 15일 12시 00분을 빼면

경칩 3월 6일 00시 27분																			생일 3월 15일 12시 00분				
1	2	3	4	5	6	7	8	9	10	11	12	13	14	15	16	17	18	19	20	21	22	23	24

↓ ⇩ ↓

23시간 33분   8일   12시간

8일 + 23시간 33분 + 12시간 = 8일 35시간 33분이 됩니다.

= 9일 11시간 33분

9일을 3으로 나누면 = 3년이 됩니다.

1시간은 5일이 되므로 11 x 5 = 55일 = 1개월 25일이 됩니다.

1분은 2시간이므로 33 x 2 = 66시간 = 2일 18시간이 됩니다.

모두 합치면 대운수는 3년 + 1개월 25일 + 2일 18시간 = 3년 1개월 27일 18시간이 됩니다.

3살 1개월 27일 18시부터 대운이 시작됩니다.

15일 이상은 반올림하여 3살 2개월이라고 하며 3.2로 표시합니다.

6개월 미만은 반내림하여 대운수를 3세로 표시하기도 합니다.

대운수를 3세 13세 23세…로 표시합니다.

시	일	월	년	구분
甲	丙	乙	戊	천간
午	午	卯	戌	지지

◆ 이 여성의 사주팔자의 대운수는 아래와 같습니다.

73	63	53	43	33	23	13	3	대운수
丁	戊	己	庚	辛	壬	癸	甲	대운
未	申	酉	戌	亥	子	丑	寅	

을묘乙卯는 월지로서 3살 2개월 전까지의 대운은 월지를 적용한다는 뜻입니다.

일반적으로 3살부터 대운을 적용합니다.

3살부터는 갑인甲寅 대운이 시작되며 10년간 유지하다가 13세에 계축癸丑대운으로 바뀌게 됩니다.

정확하게는 생일로부터 3살 1개월 27일 째가 되는 날에 대운이 바뀐다고 하여야 할 것이나 기 흐름은 어느 순간에 바뀌는 것이 아니므로 3살이 되기 전 2-3개월 전부터 대운의 변화가 시작된다고 봅니다.

사주팔자는 음양오행의 기운입니다.

음양오행을 천간지지로 표현한 것이 사주팔자입니다.
천간지지는 음양오행의 기운을 부호로 표시한 것입니다. 지구와 태양과
달 그리고 태양계의 행성들의 기운을 살펴 표시한 것입니다.

입춘에 봄이 시작하므로 일년의 시작이 됩니다.
입춘이 시작하는 달을 寅월이라고 합니다. 양력과 음력의 기준과 다릅니
다. 사주팔자는 24절기를 12개월로 나눈 것이며 절기의 시작이 월의 시작
이 됩니다. 이를 입춘세수설이라고 합니다.

계절의 기운은 절기로 구분합니다.

자子시에 하루가 시작됩니다.
자시는 실제 적용시간은 23시부터입니다.
시계상 표준시간으로 23시 30분이 됩니다.

하루의 기운은 자子시에 변화합니다.

자子시에 하루의 기운이 시작됩니다.
입춘부터 일 년의 시작이듯이 자시부터 하루의 시작이 되는 것입니다.

자정부터 날짜가 바뀐다고 주장하며 야자시와 조자시를 적용하는 학파도
있습니다. 이 책에서는 일반자시를 기준으로 합니다.

Summary

사주팔자 작성은 기본입니다.
연월일시를 자칫 잘못 적용한다면 엉터리 사주를 감명하게 되니 주의를 기울여
정확한 사주팔자를 작성하여야 합니다.

만세력은 반드시 필요합니다.
연월일시 네 기둥을 세우는 각종 기준점을 제공하여 줍니다.
기준점 – 절입일시, 일진, 대운수

절입일시의 중요성
년월의 변환점을 알려주고 대운수를 산출하는 기준점이 됩니다.
년은 입춘의 절입시간에 의하여 변하고 월은 월초의 절기에 의하여
변하게 됩니다. 절기의 절입시간은 대운수 산출의 기준이 됩니다.

일진은 만세력을 보지 아니하면 알기 어렵습니다.
별도로 산출하는 공식이 있으나 매우 복잡하여 적용하기 어렵습니다.
그러므로 만세력으로 일진을 보는 것이 가장 최선입니다.

대운수를 알려줍니다.
일일이 계산하기 복잡한 대운수를 만세력에 표시하였습니다.
그러나 만세력마다 대운수 표기가 다를 수 있으므로 정확한 대운수를 계산하여
적용하는 것이 필요합니다.

만세력은 모바일, 데스크탑 컴퓨터, 책자 등으로 제작되었습니다.
모바일이나 데스크탑 컴퓨터는 유료나 무료로 제공되고 있어 사용하기 편리하
나, 일부는 오작동 되어 틀리게 나오는 것이 있으므로 주의가 필요합니다.
일반적으로 많이 사용하는 프로그램이나 책자를 선택하는 것이 좋습니다.

제2장
음양오행

陰
陽
五
行

사주팔자는
음양오행으로 만들어진 천간지지로 구성되어 있습니다.

음양은 오행과 사상을 만들고 오행과 사상은 다시 음양으로 분화되면서
천간과 지지를 만듭니다.

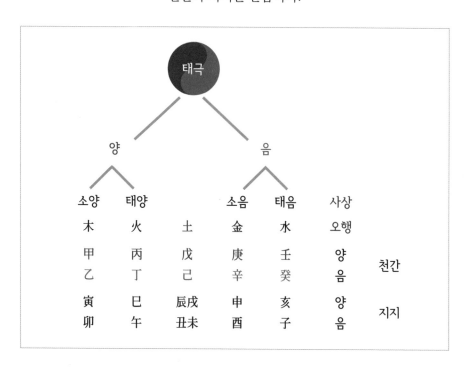

오행과 사상에도 음양이 있으며 천간과 지지에도 음양이 있습니다.
그러므로 음양은 만물을 이루는 기본입니다.
土는 음양의 중개역할을 합니다.

01 음양陰陽이란

① 음양의 개념

고대 우리 선조들은 태양과 별의 움직임을 관찰하고 사계절 기후의 변화를 관찰하며 우주변화의 원리를 찾으면서 음양과 오행이라는 개념으로 발전시켜 왔습니다.

음陰	땅, 밤, 어두움, 가을과 겨울, 추위, 고요함, 암컷, 여자...
양陽	하늘, 낮, 밝음, 봄과 여름, 더위, 움직임, 숫컷, 남자...

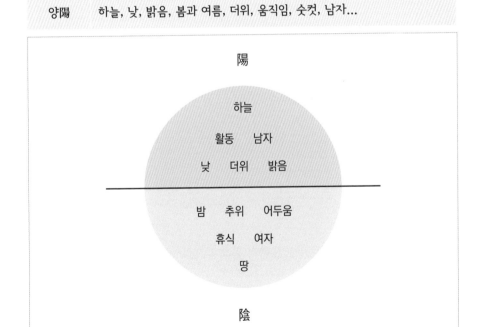

밝음과 어두움 그리고 남녀에게서 음양陰陽의 이치를 깨닫게 됩니다.
하늘과 땅에서 이루어지는 상대적 현상들을 음양의 이치로 이해한 것입니다.

음陰	땅, 밤, 어두움, 가을과 겨울, 추위, 고요함, 암컷, 여자...
양陽	하늘, 낮, 밝음, 봄과 여름, 더위, 움직임, 숫컷, 남자...

음양의 기본적인 속성은 명암明暗과 동정動靜입니다.
밝음은 드러남이고 활동적이며 화려하고 가볍습니다.
어두움은 가만히 있는 것이며 고요하고 무겁습니다.

명암은 밝고 어두움이고 동정은 움직임과 고요함을 뜻합니다.

밝음과 어두움은 음양의 기본적인 속성입니다.
밝음을 명明이라고 하며 어두움을 암暗이라고 합니다.
고대인들은 밤에 어두우니 음이라고 하였으며 낮에는 밝으니
양이라고 하였습니다. 이를 명암明暗이라고 합니다.

활동적이고 고요함은 음양의 성정입니다.
태양이 있는 낮은 밝으니 활동적이므로 동적이라고 합니다.
태양이 없는 밤은 어두우니 고요하므로 정적이라고 합니다.

음양은 어두움과 밝음 그리고 고요함과 활동함으로 표현합니다.

계절에도 음양이 있습니다.
양은 태양이 가까이 있으니 기온이 올라가며 더위를 느끼는 것이고
음은 태양과 멀리 있으니 기온이 내려가며 추위를 느끼는 것입니다.

봄 여름은 더우니 양이라고 하며 가을 겨울은 추우니 음이라고 합니다.

하루에도 음양이 있습니다.
오전에는 태양이 솟아오르므로 양이라고 하며 오후에는 태양이 내려가므로
음이라고 합니다.

밤에는 어두워 만물이 잠을 자니 무겁고 고요하므로 정靜이라고 하며
낮에는 밝아서 만물이 활동을 하니 가볍고 활동적이므로 동動이라고 합니다.

암수에도 음양이 있습니다.
동식물의 암수에도 음양이 있습니다.
암놈은 고요하고 사랑으로 자식을 낳아 기르며 수놈은 활동적이며
가족을 안전하게 보호하고자 합니다.

동물의 암수 성기를 보면 수컷의 성기는 밝은 곳에 드러나 있으므로
양이라고 하고 암컷은 수컷의 성기를 받아들이도록 구조되어
어두운 곳에 들어가 있으므로 음이라고 합니다.

남성은 밖에서 먹을 것을 사냥하여야 하므로
활동적이라 양이라고 하며
여성은 안에서 자식을 키우고 보호하여야 하므로
음이라고 합니다.

북반구에 사는 우리는 태양이 항상 남쪽에 있습니다.

태양을 바라보면 해가 뜨는 방향이 왼쪽이므로 양이 되는 것이고 해가 지는 방향이 오른쪽이므로 음이 되는 것입니다.
밝은 쪽이 양이고 어두운 쪽이 음이기 때문입니다.

이와같이 동양 철학은 자연을 관찰하여 음양의 개념을 발전시켜 왔으며, 음양에서 태극의 원리를 찾아내고 사상四象과 오행五行을 만들어 냅니다.

좌양우음左陽右陰은 이러한 원리에서 출발하였으며 한의학에서 남좌여우男左女右의 치료원리로 활용되기도 합니다.

좌측은 남자의 자리이고 우측은 여자의 자리인 것도 남좌여우를 응용한 것입니다. 신랑 신부의 자리나 부부의 잠자리에서도 이러한 원리는 지금도 일반 실생활에 적용되어 활용되고 있습니다.

② 음양의 속성

기본개념

음양은 거울을 사이에 두고 서로를 쳐다보는 것입니다.
음양은 서로 상대성相對性을 가지고 있으며 음양은 서로 상호보완성
相互補完性을 가지고 있으며 음양은 서로 공존성共存性을 가지고 있습니다.

음양의 상대성은 서로 마주보며 반대의 개념을 갖는 것입니다.
음양의 상호보완성은 서로 부족한 부분을 채워주는 것입니다.
음양의 공존성은 동시에 같이 존재하여야만 하는 것입니다.

● 음양의 상대성

하늘과 땅이 서로 상대적이며 상호 대립하고 있으며, 낮과 밤이 서로 상대적이
며 상호 대립하고 있습니다.

밖과 안, 위와 아래, 좌와 우, 무형과 유형, 움직임과 정지, 급함과 느림, 선과 악,
야당과 여당 등은 모두 음양의 상대적 개념입니다.

● 음양의 상호보완성

음이 물러나면 빈자리에 양이 보완하고, 양이 물러나면
그 자리에 음이 보완하게 됩니다. 서로가 부족한 부분을
채워주고 있습니다.

밝음의 기운이 약해지면 어두움이 나타나고, 어두움의 기운이 약해지면 밝음의
기운이 나타나면서 태극의 모습을 그리는 것이 음양의 상호보완성입니다.

● 음양의 공존성

태극은 음양이 공존하는 모습을 동시에 보여줍니다.
음양은 반드시 함께 존재하여야 생명력을 가지기 때문입니다.
암수는 함께 있어야 짝을 이루며 후손을 생산할 수 있습니다. 음양이 공존하는
이유입니다. 만물은 음양이 짝을 이루며 공존합니다.

남녀男女, 부모父母, 흑백黑白, 순역順逆, 대소大小, 장단長短, 좌우左右,
청탁淸濁, 홀짝, 강약强弱, 동정動靜, 상하上下, 고저高低, 시종始終, 요철凹凸,
존비尊卑, 생사生死, 귀신鬼神, 개폐開閉…

학자의 영역이지만 상식으로 알아두면 음양을 이해하는 데 도움이 됩니다.

◆ 하도河圖와 낙서洛書

복희씨伏羲氏는 5천년 전에 용마의 등에서 하도河圖를 발견하고 우禹임금이 4천년 전에 거북의 등에서 낙서洛書를 발견하게 됩니다.

하도는 음양의 순환을 도식화한 것이고, 낙서는 음양의 변화를 도식화 한 것입니다.

◆ 태초의 혼돈이 음양을 만들어 냅니다.

혼돈은 음양이 뒤섞여 있는 것입니다. 혼돈이 두 기운으로 나뉘면서 태극太極이 생겨나게 됩니다. 두 기운이 바로 음양이라는 것입니다. 태극은 음양의 크고 작음을 그려 놓은 것이며, 土가 중심점이 되어 음양이 순환을 하는 것을 삼태극三太極이라고 합니다.

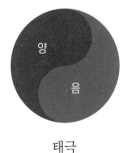

태극

삼태극

◆ 음양이 사상과 오행을 만들어 냅니다.

음양이 다시 네 기운으로 분화하여 사상四象이 됩니다.

사상은 중심 土와 함께 다섯 기운으로 분화하여 오행五行을 만들어 냅니다.

태극의 운동은 음양의 운동이고 사상의 운동이며 오행의 운동인 것입니다.

하도는 음양의 순행이고 낙서는 음양의 역행입니다.

그러나 하도에도 음양의 순역이 있고 낙서에도 음양의 순역이 있으니,

음양이 공존하고 순환하며 상호보완성을 가지기 때문입니다.

◆ 하도와 낙서를 오행으로 표시한 것입니다.

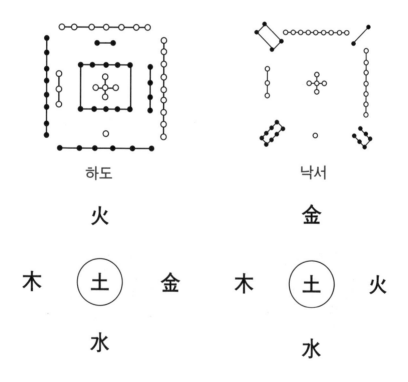

하도   낙서

火   金

木 (土) 金   木 (土) 火

水   水

02 사상四象이란

① 사상의 개념

기본개념

사상	소양少陽	태양太陽	소음少陰	태음太陰
계절	봄	여름	가을	겨울
오행	목木	화火	금金	수水

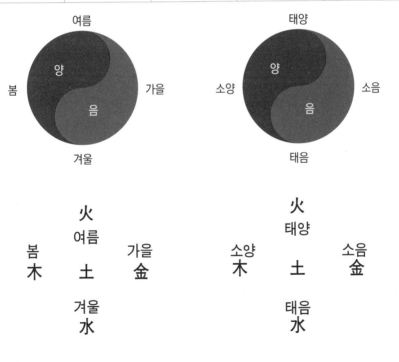

사상의 사계절   사상의 음양태소

음양의 성쇠盛衰가 태극의 사상입니다.

음이 왕성하면 양이 만들어지며 소양이 되고 목木이라고 하며

양이 발전하여 왕성한 것이 태양이 되고 화火라고 하며

양이 왕성하면 음이 만들어지며 소음이 되고 금金이라고 하며

음이 발전하여 왕성한 것이 태음이 되고 수水라고 합니다.

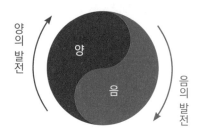

사상은 춘하추동春夏秋冬 봄 여름 가을 겨울입니다.

봄은 양기가 상승하는 기운이고, 여름은 양기가 왕성한 기운이고,

가을은 음기가 하강하는 기운이고, 겨울은 음기가 왕성한 기운입니다.

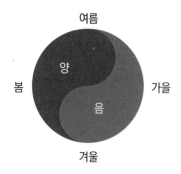

❷ 사상의 생성生成

태극의 운동으로 인하여 음양이 순환하고 사상이 생성됩니다.
사상은 음양이 순환하며 춘하추동의 계절을 만드는 것입니다.

음양의 태소太少가 만들어 내는 것을 사상이라고 합니다.
양의 기운이 적다하여 소양少陽이라 하고,
양의 기운이 많다하여 태양太陽이라 하고,
음의 기운이 적다하여 소음少陰이라 하고,
음의 기운이 많다하여 태음太陰이라 합니다.

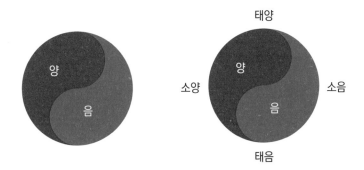

월령月令은 계절의 기운으로 사상에서 비롯됩니다.

음양에서 사상이 분열되기 시작합니다.
양은 소양 태양으로 구분되고, 음은 소음 태음으로 구분되어 음양의 태소로 사
상이 생기고 춘하추동 사계절이 생기고 하루로는 오전 오후가 생기며, 아침과
밤이 생기는 이치입니다.

음양이 순환하며 사상이 생기는 것입니다.
밤과 낮이 순환하며 음양이 되고 추위와 더위가 순환하며 음양이 되고
음양이 태소太少로 구분되면서 사상이 생기는 것입니다.
이것을 표현한 것이 태극太極이라는 것입니다.

사상은 음양의 태소太少입니다.
양이 적은 것을 소양少陽이라고 하며 양이 많은 것을 태양太陽이라고 하며
음이 적은 것을 소음少陰이라고 하며 음이 많은 것을 태음太陰이라고 합니다.

태극의 양은 위로 올라갈수록 점점 커지며 소양과 태양을 만들고
태극의 음은 아래로 내려갈수록 점점 커지며 소음과 태음을 만들어 냅니다.

소양에서 태양으로 자라는 모습이 양의 태극이고
소음에서 태음으로 자라는 모습은 음의 태극입니다.
그래서 음양이 순환하는 모습이 바로 태극입니다.
이를 음양의 성쇠盛衰라고 합니다.

◆ 자평진전 음양오행론

천지간에는 하나의 기가 이미 있다고 합니다. 기는 오로지 움직임과 고요함을
따라 음양으로 구분하며, 노소를 따라 사상으로 구분되어 진 것입니다.

움직이는 것을 양이라고 하며, 처음에 움직이는 것을 소양이라 하고 움직임이
극에 이른 것을 노양이라고 합니다.
고요한 것을 음이라고 하며, 처음에 움직이는 것을 소음이라 하고 고요함이
극에 이른 것을 노음이라고 합니다.

노老는 태太와 같으니 늙은 것은 크다고 하는 것이며 소小는 소少와 같으니
어린 것은 작다고 하는 것입니다.

태양과 태음, 소양과 소음을 사상이라고 하는 것입니다.
늙은 노라고 하는 것은 움직임과 고요함이 극에 이른 시기로 태양과 태음이라
하고, 젊은 소라고 하는 것은 움직임과 고요함의 처음 시작하는 것으로 소음과
소양이라 하는데,

사상이 있고 오행이 구비되는 것이니
水는 태음이요, 火는 태양이며 木은 소양이고, 金은 소음입니다.

土는 음양과 노소와 木火金水의 기운을 가운데에서 연결하여 주는 것입니다.
그러므로 土는 음양에도 속하지 아니하고 사상에도 속하지 아니하고 다만
이들을 연결하여 줄 뿐입니다.

사상은 지지를 만드는 중요한 개념입니다.
사상에서 오행이 비롯되는 것입니다.

지지는 방위와 계절의 의미를 가지고 있으므로 사상의 개념으로부터
출발하게 됩니다.

인묘진寅卯辰은 동쪽이며 봄의 계절이고 소양 목木이라고 하며
사오미巳午未는 남쪽이며 여름의 계절이고 태양 화火라고 하며
신유술申酉戌은 서쪽이며 가을의 계절이고 소음 금金이라고 하며
해자축亥子丑은 북쪽이며 겨울의 계절이고 태음 수水라고 합니다.
토土는 중앙으로 사계절을 조절하는 역할을 합니다.

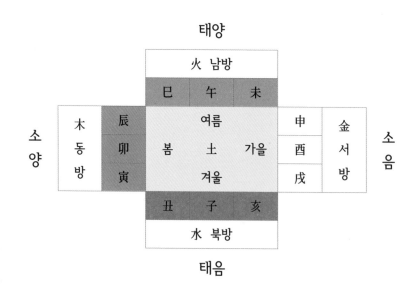

03 오행五行이란

① 오행의 개념

기본개념

사상	소양	태양	중앙축	소음	태음
오행	목木	화火	토土	금金	수水

삼태극 → 음양과 토土 → 사상과 오행
음양이 토土를 중앙축으로 하여 순환하는 것을 태극이라고 합니다.

음양이 순환하며 사상과 오행을 만들어 냅니다.
소양은 양이 상승하는 기운으로 목木을 만들고
태양은 양이 왕성한 기운으로 화火를 만들며
소음은 음이 하강하는 기운으로 금金을 만들고
태음은 음이 왕성한 기운으로 수水를 만듭니다.
토土는 중앙의 축으로 음양, 사상, 오행의 성쇠를 주관합니다.

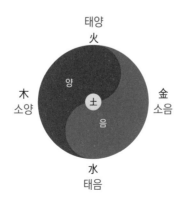

사상과 오행은 자연의 법칙입니다.

만물이 생성하고 소멸하는 과정을 설명하여 줍니다. 생장수장生長收藏과 생로병사生老病死의 과정을 설명하고 순환하며 영생불멸의 이치를 설명해주고 있습니다.

사상	소양	태양	중앙축	소음	태음
오행	목木	화火	토土	금金	수水
생장수장	생生	장長	연결	수收	장藏
생로병사	생生	로老		병病	사死

토土는 중앙축으로 음양을 연결하여 주는 역할을 합니다.

생장수장은 만물의 생성과 소멸의 과정입니다.

태어나고 자라나며 번성하고 결실을 거두고 저장하는 과정을 생장수장이라고 합니다. 춘하추동의 진행과정과도 같습니다. 생로병사는 태어나고 늙어가는 삶의 진행과정이며 씨앗을 만들어 순환하며 영생불멸을 이어가고 있습니다.

오행의 기운은 수렴하고 응축하는 기운으로 형체를 이루어 만물이 되는 것으로, 만물은 오행의 기운으로 이루어 진 것입니다. 만물은 생성과 소멸을 반복하며 생장수장과 생로병사의 과정을 겪는 것이므로, 이것 역시 오행의 흐름의 과정인 것입니다.

음양은 표리가 함께 존재합니다.

형상이란 물질과 정신을 말하는 것이며 음양의 표리表裏를 갖고 있습니다.
한쪽 면만 보아서는 결코 이해할 수 없는 것이 음양입니다.

마치 손바닥과 손등의 관계로서 손바닥만 보면서 손이라고 할 수 없는 것이고 손등만 보면서 역시 손이라고 할 수 없는 것과 같습니다. 손바닥과 손등을 모두 보아야 손을 볼 수 있는 것입니다. 그러므로 양만 보아서는 아니 되고 역시 음만 보아서는 음양오행을 이해하기 어렵다는 것입니다.

남
⇦
양

여
⇨
음

태극

남과 여는 본래 하나입니다.
음양으로 나누면 둘이 됩니다.
그래서 남녀는 항상 서로의 짝을 찾기 위하여 헤매는 것입니다.

궁합의 원리는 여기에서 비롯됩니다.
나에게서 상대를 찾는 것입니다.

몸은 나뉘어져도 마음은 아직도 남아있습니다.
첫눈에 반하는 경우가 이 경우입니다.
남녀가 만나면 사랑을 하는 행위가 바로 여기서 출발합니다.

❷ 오행五行의 생성

기본개념

◆ 사상은 가운데 토土를 중심으로 오행으로 발전합니다.

	火 태양		
소양 木	土	소음 金	하도河圖에 근거하며 소양은 목木이며 태양은 화火이고 소음은 금金이며 태음은 수水이고 중앙에 토土가 위치합니다.
	태음 水		

세부학습

음양에서 사상으로 분화되며 오행이 발생됩니다.
소양은 양이 오르는 기운이기에 목木이란 개념으로 발전하고
태양은 양이 가장 왕성한 기운이기에 화火란 개념으로 발전하고
소음은 음이 내려가는 기운이기에 금金이란 개념으로 발전하고
태음은 음이 가장 왕성한 기운이기에 수水란 개념으로 발전하고
가운데 중앙을 지키는 토土와 합쳐 오행이라 부르는 것입니다.

토는 음양을 조절하는 역할을 합니다.
만물은 조절력이 없으면 태과불급의 기운이 불균형을 이루므로 가운데에서
토土가 음양을 조절하여 자연의 조화를 이룹니다.

토土는 태극의 중간자로서 음양 어디에도 속하지 아니하고 음양을 조절하는 역할을 하는 것이며 이것이 바로 토土의 개념입니다. 그러므로 토土는 오행이 생기기 이전에 음양을 조절하기 위하여 이미 만들어진 것이라고 할 수 있습니다.

토土는 음양을 서로 연결시켜주는 역할을 합니다

양이 극대화 될 때 이를 갈무리하여 음으로 전환시켜주고, 음이 극대화 될 때 이를 갈무리하여 양으로 전환시켜 줍니다.

이것이 태극太極의 형상을 만들어가는 토土의 역할입니다.

음양의 순환은 동정動靜으로 태극과 오행을 만들어 냅니다.

우주의 만물이 생성소멸生成消滅하는 기운을 오행이라고 한다면
사상은 춘하추동으로 삶의 환경을 만들어 내며
오행은 만물의 생장수장生長收藏하는 삶의 순환 과정입니다.

행行은 나아가고 흐르는 것입니다.

오행은 음양이 성쇠盛衰를 이루는 흐름이고 변화입니다.
음양의 성쇠는 목화토금수木火土金水를 만들어가며 흐르는 것입니다.
오행은 쉬지 않고 흐르므로 생생불식生生不息이라고 합니다.

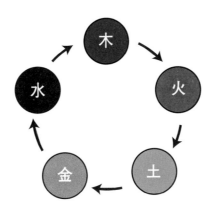

③ 오행의 성정

◆ 오행은 여러 가지 특성이 있습니다.

구분	목木	화火	토土	금金	수水
천간	甲乙 갑을	丙丁 병정	戊己 무기	庚辛 경신	壬癸 임계
지지	寅卯 인묘	巳午 사오	辰戌丑未 진술축미	申酉 신유	亥子 해자
방위	동	남	중앙	서	북
계절	봄	여름	늦여름	가을	겨울
기후	풍風	열熱	습濕	조燥	한寒
색깔	청(파랑)	적(빨강)	황(노랑)	백(하양)	흑(검정)
맛	신맛	쓴맛	단맛	매운맛	짠맛
냄새	누린 내	탄 내	단 내	비린 내	썩는 내
장부	간 담	심 소장	비 위	폐 대장	신 방광
성정	인仁	예禮	신信	의義	지智
하도수리	3, 8	2, 7	5, 10	4, 9	1, 6
선천수	1, 2	3, 4	5, 6	7, 8	9, 10
기능	시작	발전	중개	결실	저장
성격	진취적	화려함	중후함	세밀함	은밀성

분출력, 추진력, 진취성, 적극성, 창조력, 육아, 교육, 기획, 연구,
디자인, 설계, 나무, 봄, 동쪽, 청색, 간담, 인仁, 분노

목木은 나무라는 물상物象을 가집니다.
한자로 목木은 나무를 뜻하기 때문입니다. 목木을 나무라는 글자로 쓴 것은 나
무와 비슷한 물상을 가졌으며, 목木의 물상이 어린 나무가 뿌리를 내리고 지상
위로 올라오며 자라는 모습과 같기 때문입니다.

목木은 분출력이 있습니다.
목기木氣는 수기水氣의 응고된 모습이 분출되며 생기는 기운입니다. 단단한 씨
앗은 수水기이고 이 씨앗을 뚫고 새싹이 나오고 뿌리가 나오는 과정이 바로 목
木기인 것입니다.

두꺼운 씨앗을 돌파하여 뚫고 나오는 목木기의 분출력은 상상을 초월합니다. 여
리고 여린 싹이 어떻게 두꺼운 껍질을 뚫고 나오며, 땅속을 뚫고 들어갈 수 있을
까 하는 의문이 생기지만 자연의 현상은 새싹에게 그러한 힘을 가지게 합니다.
씨앗의 단단한 껍질을 뚫고 나오는 힘이 바로 목木입니다. 목木은 강한 분출력
으로 뚫는 힘을 가지고 있습니다. 그래서 목木기가 왕성한 사람은 지칠 줄 모르
는 강한 에너지를 가지고 있다는 것입니다.

목木은 추진력이 있습니다.
지상에서 발사되려는 순간의 로켓 추진력과 같습니다. 발사되기 위하여 점화가
되고 하늘로 솟아오르려는 추진력을 목木이라고 합니다. 즉, 오르려고 하는 성
질입니다. 무한정 분출하는 에너지라고 할 수 있습니다. 이러한 추진력은 두꺼
운 씨앗을 돌파하고 하늘로 오르고 땅속에 뿌리를 내리는 어린 새싹의 강인함
입니다.

목木은 어리므로 기르고 교육을 합니다.

이제 세상에 막 나온 새싹이기에 어리다고 합니다. 어리기에 보살펴야 하는 사랑이 있어야 합니다. 사랑을 어질 인仁이라고 합니다. 어질지 아니하면 어린 새싹을 돌볼 수 없습니다.

교육을 목木의 기운으로 인식하는 것은 가르치고 기르는 행위가 목木의 행위이기 때문입니다. 사주에 목木이 강하여 적성이 된다면 학교 선생님이나 유치원 교사 또는 장애를 가지거나 사회적 기반이 약한 사람들을 돌보는 직업을 가질 수 있습니다.

목木은 시작하는 기운입니다.

봄에는 한해가 시작되고, 아침에는 하루가 시작됩니다. 봄과 아침을 모두 목木으로 보는 까닭입니다.

기획하고 계획하여 일을 처리하기 위한 준비가 수水이라면 목木은 이제 막 시작하는 기운입니다. 출발선 상에 있는 마라토너와도 같습니다. 첫발을 내딛는 우렁찬 기운이 바로 목木입니다. 그래서 영어에서도 봄을 스프링spring이라고 합니다. 시작하고자 튀어 오르려는 기운입니다. 스프링이란 용수철로서 억압하면 할수록 튀어 나가려는 성질이 강합니다. 목木기는 바로 이와 같은 성질을 지닌 것입니다.

목木은 태양이 뜨는 동쪽입니다.

하루를 시작하는 태양은 동쪽에서 뜹니다.
그래서 목木의 방향은 동쪽입니다. 이를 동방東方이라고 합니다.

태양이 수평선이나 지평선을 뚫고 서서히 올라오는 기운으로 돌파력이나 추진력이 있다고 합니다. 새해 아침에 보는 일출의 광경은 장엄하기까지 합니다. 인시寅時에 새로 태어난 태양은 묘시卯時에 하늘이 열리며 태양의 모습이 지상으로 나타나기 시작하는 것입니다.

목木이 음양으로 분화한 것이 갑목甲木과 을목乙木입니다.

갑목甲木은 목木의 양이고 을목乙木은 목木의 음입니다. 만물은 자체에 음양의 속성을 지니고 있으며 음양의 성질을 동시에 지니고 있는 것입니다. 목木도 역시 이와 같아서 음양의 성질을 동시에 지니고 있습니다. 양의 성질을 나타내는 것을 갑목甲木이라하고 음의 성질을 나타내는 것을 을목乙木이라고 합니다.

목木은 화火로 나아가며 변화하고자 하는 것입니다.

목木은 수水의 음기를 양기로 전환시켜 이를 최대한 뻗어나가 분열하고자 하는 것입니다. 분열하는 상이 바로 火라고 하는 것입니다. 마치 새싹이 자라 줄기가 자라고 잎을 만들어 꽃을 피우는 형상이라고 할 수 있습니다. 잎이 무성하고 꽃이 피는 것이 바로 화火의 형상입니다. 그러므로 화火는 목木이 있어야 만들어질 수 있습니다.

목木은 청색靑色이고 분노의 감정을 가지고 있습니다.

목木은 어리기에 봄에 새로 피어난 새싹과 같은 청색이라고 보는 것입니다. 분출하려고 하는데 이를 억제한다면 급기야 분노로 변화하게 됩니다. 그래서 목木은 분노를 잘 내는 감정을 가지고 있습니다.

분노의 감정은 간장肝臟과 담膽의 감정입니다. 그래서 간과 담은 목木의 장부臟腑이기도 합니다. 간담이 왕성하면 언행이 급해지고 화를 잘 내며, 간담이 부족하면 겁이 많고 말수가 적다고 합니다. 대담하다, 담력이 세다, 간이 크다고 하는 말들은 간과 담의 목木기가 왕성하다는 것입니다.

火	발전성, 성장성, 사교성, 명예심, 인기성, 청년, 발전, 화려한 치장, 인테리어, 불, 남쪽, 여름, 적색. 예禮, 심소장, 기쁨

화火는 불의 물상을 가지고 있습니다.

한자로 화火는 불을 뜻하기 때문입니다. 화火를 불이라는 하는 것은 불과 비슷한 물상을 가졌기에 그러한 것입니다. 불이 빛과 열을 내는 모습과 같기 때문입니다. 빛이 사방으로 퍼지며 열기가 치열하게 치솟는 모습이 화火의 모습과 같기 때문입니다.

화火는 발전성이 있습니다.

화火는 목木이 분출하며 흩어지며 생기는 기운입니다. 단단한 씨앗인 수水를 뚫고 나온 목木이 성장하는 과정이 바로 화火인 것입니다. 화火가 발전하는 모습은 사방으로 퍼지는 빛과 열과도 같습니다.

빛과 열은 생명에너지이며 만물은 빛과 열로써 성장하게 됩니다. 빛과 열이 없으면 만물은 생명을 유지할 수 없습니다. 그래서 火는 만물을 성장시키는 발전성이 있다고 하는 것입니다. 火는 내면에서 분출되는 木이 밖으로 퍼지는 현상이라고 보면 됩니다. 이것은 마치 나뭇가지에서 잎이 나오고 꽃이 피는 형상과 같은 것입니다.

화火는 성장력입니다.

지상에서 발사된 로켓이 목표를 향하여 올라가는 과정과 같습니다. 발사되는 순간이 목木이라면 하늘 높이 올라가는 과정이 바로 화火입니다. 에너지가 충분하다면 우주 저 멀리라도 날아갈 듯한 기세를 가지고 있습니다.

火는 청년이 꿈과 희망을 가지고 성장해가는 과정이라고도 할 수 있습니다.

멈출 줄 모르는 강한 에너지가 있으며 강인함이 있는 것입니다.

화火는 성장하는 청년입니다.

목木이 이제 세상에 막 나온 새싹이기에 어리다고 한다면, 화火는 성장하는 청년이라고 할 수 있습니다. 성장하는 청년은 예절이 밝아야 합니다.

예의 바른 청년은 겸손 할 줄 알기에 위 아래로 부터 인정을 받을 수 있는 것입니다. 예의를 예禮라고 합니다. 윗사람을 공경할 줄 알고 아랫사람을 보살피는 정신을 예의라고 합니다.

사주에 화火가 강하고 중요한 위치에 있어서 적성이 된다면 예의를 차릴 줄 알기에 명예 선출직이나 공공 관리직, 접대, 홍보 또는 예술 분야에서 재능을 발휘할 수 있습니다.

화火는 여름의 성장하는 기운입니다.

목木이 봄의 기운이라면 화火는 여름의 기운입니다. 초목이 성장하는 기운이 화火입니다. 목木에서 출발한 마라토너는 목적지를 향하여 기운차게 달리는 과정이 화火입니다.

여름의 영어 단어인 summer는 초목이 우거지고 열매가 커간다는 뜻이 있습니다. 또한 가득 채운다는 뜻도 있습니다. 만물이 성장하여 가득 찬다는 것입니다. 태양이 뜨겁게 내리 쬐면서 만물의 생장을 돕고 있습니다. 태양이 없다면 만물은 성장할 수 없습니다. 화火가 성장의 필수조건인 이유입니다.

화火는 태양이 하늘 높이 올라가는 남쪽입니다.

하루를 시작하는 태양은 동쪽에서 떠서 남쪽으로 달립니다. 남쪽에서 태양이 높이 오르며 온 세상에 빛과 열을 공급합니다. 그래서 화火의 방향은 남쪽입니다. 이를 남방南方이라고 합니다. 남방은 화火의 방향이고 남쪽을 뜻합니다.

하늘 높이 떠 있는 태양은 온 세상을 넓게 비추며, 만물을 성장시키기 위하여 빛과 열을 제공하는 것입니다.

화火가 음양으로 분화한 것이 병화丙火와 정화丁火입니다.

병화丙火는 화火의 양이고 정화丁火는 화火의 음입니다. 만물은 자체에 음양의 속성을 지니고 있으며 이와 같이 음양의 성질을 동시에 지니고 있는 것입니다.

火도 역시 이와 같아서 음양의 성질을 동시에 지니고 있으며 양의 성질을 나타내는 것이 병화丙火이고 음의 성질을 나타내는 것이 정화丁火인 것입니다.

꽃이 피는 형상이 화火이라면 병화丙火는 꽃봉오리가 맺히는 것이고, 정화丁火는 꽃이 한창 피어있는 것을 말합니다. 정丁이란 한창 기운이 오른 것을 말하며 청년을 장정壯丁이라고 하는 것은 젊은 기운이 한창 올랐기 때문입니다.

꽃이 무르익어 아름다움과 향기를 한껏 내뿜는 시기라고 보면 될 것입니다.

화火는 토土를 통하여 금金으로 변화하고자 합니다.

목木은 수水의 음기를 양기로 전환시켜 이를 최대한 뻗어나가 화火로 분열하고, 화火는 토土를 매개로 하여 금金으로 변화하게 됩니다. 화火는 토土의 기미가 보이면 금金으로 변화하기 위한 준비를 합니다. 마치 새싹이 자라 줄기가 자라고 잎을 만들어 꽃을 피우면 벌과 나비가 수정을 시키는데 토土가 수정의 중매 작용을 한다고 보면 됩니다.

화火는 적색赤色이고 기쁨의 감정을 가지고 있습니다.

화火는 청년기의 왕성한 에너지를 가지고 있습니다. 열정이 가득하기에 붉은 색이 어울리는 것입니다. 한창 발전하는 기상이 있기에 성취하고자 하는 기쁨이 가득합니다. 즐겁게 일을 하여야 힘이 들지 아니합니다.

화火가 에너지를 많이 가지고 있어도 즐거움과 기쁨이 없으면 열정을 발휘하기 어렵습니다. 붉은 색의 피는 열정을 나타냅니다. 그래서 화火는 심장心臟과 소장小腸에 해당합니다. 심장과 소장이 화火의 장부臟腑가 되는 이유이기도 합니다.

土	조절력, 중개력, 중용성, 중후함, 중년, 중개, 무역, 변호, 부동산, 토목, 흙, 중앙, 황색, 비위, 신信, 후덕, 사념

토土는 음양의 중개역할을 합니다.

양은 목화木火를 만들고 음은 금수金水를 만들어 냅니다. 오행은 음양의 성쇠를 통하여 우주 만물을 만들어내고, 양은 목화木火로 분열하고 음은 금수金水로 수렴되는데, 이때 음양을 조절하는 작용을 하는 것이 바로 토土라는 것입니다.

양陽	목화木火
중개역할	토土
음陰	금수金水

토土는 음양을 조절하기 위하여 각 단계마다 개입을 합니다.

수水에서 목木으로 변화할 때 개입하는 것이 바로 축토丑土이고
목木에서 화火로 변화할 때 개입하는 것이 바로 진토辰土이고
화火에서 금金으로 변화할 때 개입하는 것이 바로 미토未土이고
금金에서 수水로 변화할 때 개입하는 것이 바로 술토戌土입니다.
이 중에서 미토未土는 양陽에서 음陰으로 변화시키는 촉매제 역할을 합니다.

변화	水 木 수 → 목	木 火 목 → 화	火 金 화 → 금	金 水 금 → 수
조절작용	축丑	진辰	미未	술戌

토土는 흙이라는 물상物象을 가집니다.

한자로 토土는 양인 +와 음인 -가 합친 글자로서 음양이 결합된 물질의 모습으로 지구의 흙을 뜻하는 물상을 가집니다. 음양이 합한 글자이기에 중정을 뜻하며 음양의 중개역할을 합니다. 하도 낙서에서 토土는 중앙에 위치하며 지구의 위상을 나타내기도 합니다.

토土는 수화水火의 조절기능이 있습니다.

수水는 응축되는 성질이 있고, 화火는 발산하는 성질이 있습니다. 응축되는 수水가 더 이상 응축하지 못하도록 억제하는 기능을 하는 것이 토土이라면, 발산하는 화火가 더 이상 발산하지 못하도록 억제하는 기능을 하기도 합니다.

지상에서 발사되어 하늘로 치솟기만 하는 로켓을 공중에서 멈추게 하는 작용이 바로 토土의 작용입니다. 더 이상 발산하는 것을 막아 지상으로 끌어내리려고 하는 금金의 작용을 돕게 됩니다.

토土는 중후한 기운으로 믿음이 있어야 합니다.

토土는 산과도 같기에 무겁고 두터워 중후하다고 합니다. 모든 나무를 받아들이고 기르는 역할을 하는 것이 토土입니다. 그리고 양에서 음의 중개하는 역할을 하므로 믿음이 있어야 합니다. 믿음은 믿을 신信자를 쓰게 됩니다.

믿지 못한다면 만물을 포용하고 중개하지 못합니다. 믿음을 가지고 중개하기에 사주에 토土가 강하고 중요한 위치에 있어 적성이 된다면 정치적 협상이나 경제적 중재 역할을 하게 되며, 변호사, 변리사, 법무사 등의 중간자적인 역할과 부동산 중개나 인력 중개 등의 직업을 가질 수 있습니다.

토土는 사방四方의 중앙입니다.

사방이란 동서남북을 말합니다. 동서남북의 중앙이 됩니다. 그러므로 토는 방향이 없습니다. 단지, 동서남북을 연결해주는 역할을 합니다.

토土가 음양으로 분화한 것이 무토戊土와 기토己土입니다.

무토戊土는 토土의 양이고 기토己土는 토土의 음입니다. 만물은 자체에 음양의 속성을 지니고 있으며, 이와 같이 음양의 성질을 동시에 지니고 있는 것입니다. 토土도 역시 이와 같아서 음양의 성질을 동시에 지니고 있으며 양의 성질을 나타내는 것을 무토戊土라고 하고, 음의 성질을 나타내는 것을 기토己土라고 합니다.

토土는 금金으로 나아가며 변화하고자 하는 것입니다.

목木은 수水의 음기를 양기로 전환시켜 이를 최대한 뻗어나가 분열하고자 하는 것이고, 분열하는 상이 바로 화火라고 한다면, 화火기의 무한분열을 제한하고 금金기로 전환시켜주는 것이 토土입니다.

양에서 음으로 전환하는 역할이기도 합니다. 화火가 없으면 토土의 역할이 없어집니다. 그러므로 토土는 화火가 있어야 만들어지는 것입니다.

토土는 황색黃色이고 믿음의 감정을 가지고 있습니다.

토土는 음양을 조절하기에 믿음이 있어야 하는 것입니다. 믿음이 없으면 음양을 조절하기 어렵습니다. 가운데에서 작용하는 중정中正의 작용은 믿음이 필수이기 때문입니다.

토土는 중앙을 통제하기에 황색으로 봅니다. 중국인들이 황색을 좋아하는 것은 그들이 중심이라고 여기기 때문입니다.

토土는 인체에서도 조절작용을 합니다.

목木은 간담肝膽이고, 화火는 심소장心少腸이며, 금金은 폐대장肺大腸이고, 수水는 신방광腎膀胱이며, 토土는 비위脾胃입니다. 인체에서도 토土는 조절작용을 합니다. 비위장이 토土의 역할을 하며 인체의 영양의 수급을 조절하게 됩니다.

장기간의 조화를 꾀하는 작용을 하는 것이 비장입니다. 각종 호르몬을 생산하여 영양의 균형을 돕고 혈당을 조절하며 면역력을 조절하는 작용을 합니다. 비장에 병이 들면 고치기 어려운 이유이기도 합니다.

오행	목木	화火	토土	금金	수水
음의 장기	간肝	심心	비脾	폐肺	신腎
양의 장기	담膽	소장少腸	위장胃腸	대장大腸	방광膀胱

◆ 화토동근론火土同根論

토土는 화火와 뿌리를 같이 쓴다는 것입니다.

대체로 구법 명리에서는 수토水土동근이라하여,

수水와 토土의 뿌리를 같이 쓰였으나, 현대 명리에

서는 화토火土동근이라 하여 화火와 토土의 뿌리를

같이 쓰는 것이 일반적입니다.

뿌리라는 것은 지지의 지장간에 같은 오행이 있다는 것으로 이를 통근通根

이라고 합니다.

사상에는 인묘진寅卯辰, 사오미巳午未, 신유술申酉戌, 해자축亥子丑이 있

는데, 사오미巳午未에만 모두 토土의 뿌리가 있으므로 화火기가 토土기를

품고 있다고 보는 것입니다. 일반적으로 화火기는 토土기를 생하므로 화火

기에서 토土기가 왕성하다고 보기도 합니다.

金	숙살지기, 수렴성, 기술, 개혁, 혁명, 혁신, 장년, 결실, 단절, 수확, 제조, 세밀함, 쇠, 서쪽, 흰색, 폐대장, 의義, 슬픔

금金은 쇠나 바위라는 물상物象을 가집니다.

한자로 금金은 쇠를 뜻하기 때문입니다. 금金을 쇠라는 글자로 쓴 것은 단단한 쇠나 바위와 같은 비슷한 물상을 가졌으며, 흙이 뭉쳐져 변화한 모습이 바위나 쇠의 모습과 같기 때문입니다.

금金은 숙살지기肅殺之氣가 있습니다.

숙살지기란 양기를 죽이는 기로써 나뭇잎을 마르게 하여 단풍을 만들고 낙엽으로 떨어뜨리는 기능이 있습니다. 나무가 잎을 떨어뜨리고 열매를 성장시키고자 모든 역량을 집중하기 위한 고육지책苦肉之策입니다. 그래서 금金기는 열매이자 과실이라고 하는 것입니다.

봄과 여름에 잎으로 번성하였다면 가을에는 열매를 키우는 결실의 계절이기 때문입니다. 그래야 혹독한 겨울을 준비할 수 있습니다.

금金은 수렴성收斂性이 있습니다.

수렴이란 하나로 모아 정리하는 것을 말합니다. 봄 여름에 흩어져 있던 양기를 모아 음기로 전환하는 세밀한 기술입니다. 나무의 열매는 음기를 모으고 응축시키는 결실이기도 합니다.

지상에서 발사되어 하늘로 오르던 로켓이 토土의 작용으로 멈추고 아래로 떨어지는 작용을 금金이라고 합니다. 기운을 수렴하여야 흩어지지 아니하기에 아래로 떨어지는 로켓의 기운을 모으는 것이 금金기의 수렴작용이라고 합니다.

금金은 장년壯年으로 결실을 이루고자 합니다.

이제 세상에 막 나온 어린 새싹이 목木이라고 한다면, 한참 열정을 가지고 활동하는 것이 화火이며, 가정을 이루고 내실을 기하는 작용이 토土이고, 인생의 결실을 만들고 숙성시키는 때가 금金의 시기입니다.

결실을 튼실하게 만들기 위하여 정의로움이 있어야 합니다. 불의를 가차없이 제거하고 평정하는 의義가 있어야 합니다. 정의를 의로울 의義라고 합니다.

금金은 마무리하는 기운입니다.
봄에 시작하고 여름에 왕성한 활동을 하였다면 가을에는 마무리를 하고 겨울에는 휴식을 취하는 때입니다.

목木	화火	금金	수水
봄	여름	가을	겨울
시작	왕성한 활동	결실 수확	휴식

영어에서도 가을을 fall이라고 합니다. fall은 떨어뜨린다는 것으로 낙엽이라는 뜻이 있습니다. 금金의 숙살지기와 같습니다.

금金은 태양이 지는 서쪽입니다.
하루를 시작하는 태양이 동쪽에서 뜬다면, 하루를 마감하는 태양은 서쪽으로 집니다. 그래서 금金의 방향은 서쪽입니다. 이를 서방西方이라고 합니다. 서방은 금金의 방향이고 서쪽을 뜻하는 것입니다.

태양이 양기를 끌어모아 수평선이나 지평선 아래로 사라지는 광경을 황혼이라고 합니다. 인생의 황혼은 60세가 넘는 시기입니다. 왕성한 활동을 하는 청 장년기를 지나고 이제 결실을 맺고 죽음을 준비하는 때입니다.

황혼의 장엄함은 음기가 양기를 품고 있는 모습이라고 보면 될 것입니다.
인시寅時에 새로 태어난 태양은 술시戌時에 서서히 사라지게 됩니다.

금金이 음양으로 분화한 것이 경금庚金과 신금辛金입니다.
경금庚金은 금金의 양이고 신금辛金은 금金의 음입니다. 만물은 자체에 음양의
속성을 지니고 있으며, 이와 같이 음양의 성질을 동시에 지니고 있는 것입니다.

금金도 역시 이와 같아서 음양의 성질을 동시에 지니고 있으며 양의 성질을 나
타내는 것이 경금庚金이고 음의 성질을 나타내는 것이 신금辛金이라고 합니다.

금金은 수水로 나아가며 변화하고자 하는 것입니다.
금金은 화火의 양기를 음기로 전환시켜 이를 최대한 수렴하고 저장하기 위함
입니다. 분열하는 상이 화火라고 한다면 수렴하는 상을 금金이라고 하는 것입
니다.

마치 꽃이 피어 수정을 하는 형상이 화토火土의 형상이라면 열매를 만들고 숙성
시키는 형상이 바로 금金의 형상입니다. 그러므로 금金은 화토火土가 있어야 만
들어 질 수 있습니다.

금金은 흰색白色이고 슬픔의 감정을 가지고 있습니다.
금金은 나이가 들어 머리가 하얗게 희어지기에 흰색이 됩니다. 세월이 지남을
슬퍼하고 청춘이 흘러갔음에 아쉬워하는 것입니다. 그래서 가을은 슬픔의 감정
을 가지고 있습니다. 낙엽이 떨어지는 가을이 쓸쓸한 이유이기도 합니다.

슬픔의 감정은 폐肺과 대장大腸의 감정입니다. 그래서 폐와 대장은 금金의 장부
臟腑이기도 합니다. 쇠가 차갑고 냉정한 느낌이라면 금金의 성정이 그러하고 폐
대장의 성정이 그러합니다.

금金이 적당하게 발달하면 의리가 있고 도덕적이고 덕망이 있지만, 태과하다면
오히려 냉정하고 싸늘한 성정으로 무조건 이겨야 한다는 독재자이고 극단적 이
기주의자가 되기도 합니다.

水	지식지혜, 저장성, 응축성, 인내성, 은밀함, 노년, 요양, 휴식, 보관, 정신적, 영적, 종교, 물, 북쪽, 흑색, 신방광, 지智, 공포

수水는 물의 물상物象을 가지고 있습니다.

한자로 수水는 물을 뜻하기 때문입니다. 수水가 물과 비슷한 형상을 가졌기 때문입니다. 물은 아래로 흐릅니다. 아래로 흐르는 수水의 모습을 윤하潤下라고 합니다.

수水는 응축성凝縮性이 있습니다.

화火가 목木이 분출하는 기운이라면, 수水는 금金의 수렴작용에 의하여 응축되는 기운입니다. 과실이 열리면 화火에 의하여 숙성이 되고 과실이 익어 가면 씨는 단단하게 응축이 됩니다.

과실이 금金이라면 씨앗은 수水인 것입니다. 수십억 년을 거쳐서 진화되어온 정보를 후손에게 전하기 위하여 단단한 씨앗에 응축시켜 놓은 것이 수水입니다. 우리가 이야기하는 무의식의 작용이고 본능인 것입니다.

수水는 저장기능貯藏機能입니다.

지상에서 발사된 로켓이 목표를 향하여 올라가는 과정이 목화木火기운이라면, 하늘에 올라간 로켓을 지상으로 다시 끌어내려 보관하는 과정이 금수金水기운입니다.

이것을 가운데에서 중개하는 것이 토土입니다. 지상으로 내려온 것을 다시 쓰기 위하여 보관하는 기능이 수水라고 하는 것입니다. 한 세대가 끝나면 다음 세대를 위하여 휴식과 정비가 필요합니다. 휴식과 정비의 기간이 바로 수水의 기간입니다.

다음 세대를 위하여 정보를 저장하는 기능도 수水입니다. 씨앗의 DNA는 수십억 년의 정보가 저장된 것이고 이것을 수水라고 하는 것입니다.

그래서 수水는 저장기능을 갖는 것입니다. 수水는 수십억 년간 저장된 지혜智慧라고 하는 것입니다. 수水가 적당하다면 지혜가 있어 총명하지만, 태과하거나 불급하다면 오히려 어리석은 사람이 될 것입니다.

수水는 늙고 죽음을 준비하는 노년기입니다.

목木	화토火土	금金	수水
소년기	청년기	장년기	노년기

목木이 부모의 보호아래 길러지고 교육받는 소년기라고 한다면
화토火土는 열정을 가지고 왕성한 사회활동을 하는 청년기이고
금金은 결실을 마무리하고 황혼을 즐기는 장년기이며
수水는 삶을 미무리하고 죽음을 준비하는 노년기라고 할 수 있습니다.

수水는 겨울의 휴식하는 기운입니다.
겨울의 영어 단어인 winter는 할 일이 없어 빈둥거린다는 뜻이 있습니다. 봄 여름 가을에 열심히 일하고 겨울이 되어 휴식을 취하는 계절이라는 뜻입니다.

추위로 만물이 동결되어 아무것도 하지 못하기 때문입니다. 가을에 거둔 결실을 저장하여 놓고 겨울에 빈둥대며 휴식을 취하고 봄을 맞이할 준비를 한다는 것입니다.

수水는 어두운 밤입니다.
하루를 시작하는 태양은 동쪽에서 떠서 서쪽으로 기울면 지평선이나 수평선 아래로 사라집니다. 밤이 오는 것입니다. 그래서 어두운 밤을 水라고 하는 것입니

다. 어두운 밤에는 활동을 하지 아니하고 잠을 자야합니다. 잠을 자지 아니하면 낮에 활동하기 어렵기 때문입니다.

수水는 겨울에 태양이 가장 멀리 있는 북쪽입니다.

태양이 가장 가까이 있는 계절이 여름이라면, 봄과 가을은 중간위치에 있고 겨울은 가장 멀리 있기에 추운 북쪽이라고 합니다.

그래서 수水의 방향은 북쪽입니다. 이를 북방北方이라고 합니다. 북방은 수水의 방향이고 북쪽을 뜻하는 것입니다. 태양이 멀리 있기에 춥다고 하는 것이며 만물이 성장을 할 수 없기에 휴식을 취하는 것입니다.

수水가 음양으로 분화한 것이 임수壬水와 계수癸水입니다.

임수壬水는 수水의 양이고 계수癸水는 수水의 음입니다. 만물은 자체에 음양의 속성을 지니고 있으며 이와 같이 음양의 성질을 동시에 지니고 있는 것입니다.

수水도 역시 이와 같아서 음양의 성질을 동시에 지니고 있으며 양의 성질을 나타내는 것이 임수壬水이고 음의 성질을 나타내는 것이 계수癸水인 것입니다.

수水는 만물의 활동이 정지된 상태입니다.

목화木火시절인 봄과 여름에는 만물이 성장하는 때이고, 금수金水시절인 가을과 겨울에는 만물이 활동을 정지하는 때입니다.

봄인 목木이 활동을 시작하는 때이라면, 가을인 금金은 활동을 정지하기 시작하는 때라고 할 수 있습니다. 여름인 화火가 왕성한 활동을 하는 시기라면, 겨울인 수水는 활동을 멈추는 시기라고 할 수 있습니다.

수水는 목木으로 변화하고자 합니다.

화火를 수렴한 금金은 수水를 통하여 저장하고, 봄에 목木을 통하여 양기를 내놓게 됩니다. 그래서 수水는 목木으로 변화하는 것입니다.

화火가 발산작용을 한다면 수水는 응고작용을 합니다.

화火는 양의 정점이고 수水는 음의 정점입니다. 화火가 목木의 발전이라면 수水는 금金의 수렴결과로 이루어진 응고작용입니다. 목木이 나무이고 화火가 꽃이라면 금金은 열매이고 수水는 응고된 씨앗인 것입니다.

수화水火는 상호작용을 합니다.

수水가 왕할 때 수水의 내면에서는 화火가 왕해지고, 화火가 왕할 때 화火의 내면에서는 역시 수水가 왕해집니다.

여름에 더울 때에 에어컨을 찾는 이치가 바로 이것이고, 겨울에 추울 때에 난로를 찾는 이치가 바로 이것입니다. 여름에 지하수는 시원하고 겨울의 지하수는 따뜻한 원리도 바로 이것입니다. 이와 같이 수화水火는 항상 함께 존재하며 만물을 발전시키고 수렴시키는 역할을 합니다.

수水는 검정색黑色이고 공포의 감정을 가지고 있습니다.

수水는 죽음을 준비하기에 검정색 수의를 나타냅니다. 어둠을 상징하기에 검정색으로 표시하기도 합니다. 검정색은 어둠이고 죽음의 색깔이기에 그러합니다. 죽음을 바라보는 공포의 감정이 있습니다. 어두움은 공포를 가져다줍니다. 무서운 감정은 등골에 식은 땀이 흐르게 만듭니다. 바로 방광경에서 나오는 신호입니다.

수水의 장기는 신장腎臟과 방광膀胱입니다.

공포의 감정은 신장腎臟과 방광膀胱의 감정입니다. 그래서 신장과 방광은 수水의 장부臟腑입니다. 어두움과 공포의 감정을 가지고 있기 때문입니다. 깊은 바다속의 어두움은 공포를 느끼게 하며 어두움 역시 공포를 느끼게 하기 때문입니다.

수水가 적당하게 발달하면 지혜로서 어두움과 공포를 극복하는 꾀가 있다고 하며, 태과불급하다면 오히려 극단적인 공포로 인하여 공황장애에 노출될 수도 있습니다.

04 오행의 상생과 상극

기본개념

순서대로 흐르는 것을 상생相生이라 하고, 건너뛰며 제어하는 것을
상극相剋이라 합니다.

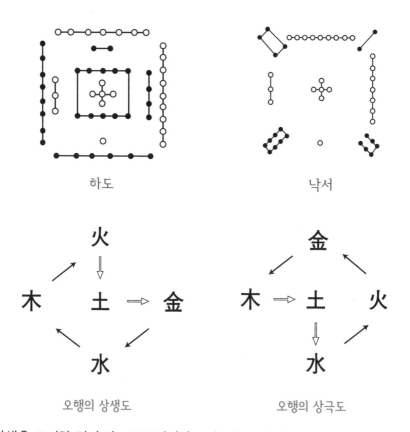

하도

낙서

오행의 상생도

오행의 상극도

상생을 표시한 것이 하도河圖입니다.   상극을 표시한 것이 낙서洛書입니다.
토생금, 금생수, 수생목, 목생화, 화생토   토극수, 수극화, 화극금, 금극목, 목극토

① 상생相生

오행의 상생도를 보면
금수목화토金水木火土의 순으로 좌회전하며 순행하고 있습니다.

금생수金生水 - 금金은 수水를 생하고
수생목水生木 - 수水는 목木을 생하며
목생화木生火 - 목木은 화火를 생하고
화생토火生土 - 화火는 토土를 생하고
토생금土生金 - 토土는 금金을 생하며 생생불식하고 있습니다.

상생이란 에너지의 전환입니다.
목木에서 화火로 에너지가 전환되고
화火에서 토土로 에너지가 전환되고
토土에서 금金으로 에너지가 전환되고
금金에서 수水로 에너지가 전환되고
수水에서 목木으로 에너지가 전환되는 것입니다.

상생을 물상적으로 표현하면
금생수는 기온이 내려가면 바위나 금속에서 물방울이 생기는 것이며
수생목은 물이 있어야 나무가 자라날 수 있는 것이며
목생화는 나무가 있어야 불을 지필 수 있는 것이며
화생토는 불을 지피고 나면 재가 남으며 흙으로 변하는 것이며
토생금은 흙이 뭉쳐서 바위나 금속이 되는 것입니다.

❷ 상극相剋

오행의 상극도를 보면

수화금목토水火金木土의 순으로 우회전하며 역행하고 있습니다.

수극화水剋火 – 수水는 화火를 극하고
화극금火剋金 – 화火는 금金을 극하고
금극목金剋木 – 금金은 목木을 극하고
목극토木剋土 – 목木은 토土를 극하고
토극수土剋水 – 토土는 수水를 극하면서 상극하고 있습니다.

상극은 상대와 대립하여 경쟁하고 이기려고 하는 것입니다.
상대와 대립하고 경쟁하여 이기면 상대를 지배하고 소유할 수 있습니다.
그러므로 상극은 소유와 지배의 심리가 작용됩니다.

상극을 물상적으로 표현하면

물은 불을 끌 수 있으므로 수극화라고 합니다.
불은 금속을 녹일 수 있으므로 화극금이라고 합니다.
금속은 나무를 자를 수 있으므로 금극목이라고 합니다.
나무는 흙속에 뿌리를 내릴 수 있으므로 목극토라고 합니다.
흙은 물을 막을 수 있으므로 토극수라고 합니다.

◆ 오행의 물상

목木	화火	토土	금金	수水
나무	불	흙	금속	물

❸ 토土중심의 오행

상생은 금金에서 시작하여 토土에서 끝나고 상극은 수水에서 시작하여 토土에서 끝이 납니다. 오행은 토土가 중심이기 때문입니다.

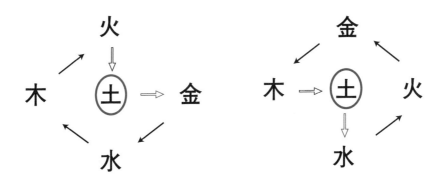

용어 Tip

- 생생불식生生不息이란 쉬지 아니하고 생생한다는 것입니다.
- 상생相生한다는 것은 상대를 생한다는 것이며 상극相剋한다는 것은 상대를 극한다는 뜻이 있습니다.
- 생生한다고 하는 것은 낳아서 기른다는 뜻이 있습니다.
- 극剋한다는 것은 이긴다는 뜻으로 상대를 제압하여 나의 소유로 만든다는 뜻이 있습니다.

◆ 천간의 생

시	일	월	년	구분
丁	己	丙	甲	천간
卯	未	寅	午	지지

년간 갑목甲木은 월간 병화丙火를 목생화로 생하여 줍니다.
월간 병화丙火는 일간 기토己土를 화생토로 생하여 줍니다.
시간 정화丁火는 일간 기토己土를 화생토로 생하여 줍니다.

사주의 천간이 목생화 화생토로 일간 기토己土에게 에너지가 집중되는 것을 볼 수 있습니다. 일간 기토己土는 사주의 자원을 잘 활용할 수 있는 것입니다.

◆ 천간의 극

시	일	월	년	구분
癸	己	戊	甲	천간
酉	未	辰	午	지지

년간 甲木은 월간 戊土를 목극토로 극하고 있습니다.
일간 己土는 시간 癸水를 토극수로 극하고 있습니다.

사주의 천간이 년월은 목극토하고 일시는 토극수로 하므로 서로 경쟁하며 상대를 소유하고 정벌하려는 투쟁의 조짐이 보입니다. 삶이 항상 투쟁 상태에 놓여있음을 알 수 있습니다.

◆ 자신의 사주를 적어놓고 생과 극관계를 살펴봅니다.

시	일	월	년	구분
				천간
				지지

◆ 년간과 월간의 관계

◆ 월간과 일간의 관계

◆ 일간과 시간의 관계

생관계는 서로 도우는 관계가 됩니다.
그러므로 생관계가 많다면 서로를 도우는 경우가 많아
지는 것이고 극관계는 서로를 이기려는 경쟁관계가 되
므로 상대와의 경쟁에서 이기기 위하여 노력하는 삶이
됩니다.

사상에서 오행이 분화되어 출발하게 됩니다.

양이 음양으로 분화된 것이 목화木火이며
음이 음양으로 분화된 것이 금수金水입니다.
土는 음양을 중개하여 주는 역할을 합니다.

목木은 소양을 오행으로 표시한 것입니다.
화火는 태양을 오행으로 표시한 것입니다.
금金은 소음을 오행으로 표시한 것입니다.
수水는 태음을 오행으로 표시한 것입니다.
토土는 목화木火와 금수金水를 중개하여주는 역할을 합니다.

오행은 천간을 만드는 중요한 개념입니다.
木이 음양으로 분화된 것이 甲乙입니다.
火가 음양으로 분화된 것이 丙丁입니다.
土가 음양으로 분화된 것이 戊己입니다.
金이 음양으로 분화된 것이 庚辛입니다.
水가 음양으로 분화된 것이 壬癸입니다.

오행은 생극의 관계를 만듭니다.
목생화, 화생토, 토생금, 금생수, 수생목
목극토, 토극수, 수극화, 화극금, 금극목

Summary

◆ 음양

양陽	+, 낮, 밝음, 남자, 활동적, 크다, 덥다, 확산, 木火
음陰	-, 밤, 어둠, 여자, 고요함, 작다, 춥다, 응축, 金水

◆ 사상과 오행

사상	소양少陽	태양太陽	소음少陰	태음太陰
계절	봄	여름	가을	겨울
오행	목木	화火	금金	수水

사상	소양	태양	중심축	소음	태음
지지	인묘진 寅卯辰	사오미 巳午未		신유술 申酉戌	해자축 亥子丑
오행	목木	화火	토土	금金	수水
천간	갑을甲乙	병정丙丁	무기戊己	경신庚辛	임계壬癸

◆ 오행의 상생과 상극

상생	水生木, 木生火, 火生土, 土生金, 金生水
상극	土剋水, 水剋火, 火剋金, 金剋木, 木剋土

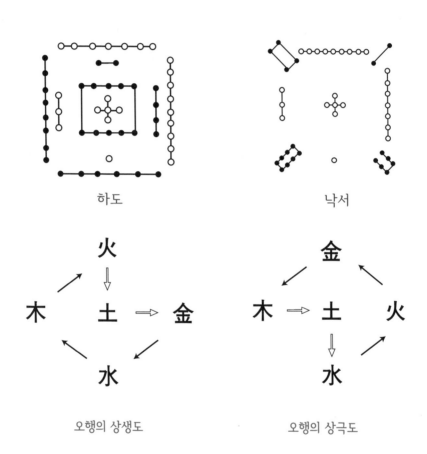

하도   낙서

오행의 상생도   오행의 상극도

◆ 오행의 특성

구분	목木	화火	토土	금金	수水
천간	甲乙	丙丁	戊己	庚辛	壬癸
지지	寅卯	巳午	辰戌丑未	申酉	亥子
방위	동	남	중앙	서	북
계절	봄	여름	늦여름	가을	겨울
기후	풍風	열熱	습濕	조燥	한寒
색깔	청(파랑)	적(빨강)	황(노랑)	백(하양)	흑(검정)
맛	신맛	쓴맛	단맛	매운맛	짠맛
냄새	누린내	탄내	단내	비린내	썩는내
장부	간담	심소장	비위	폐대장	신방광
성정	인仁	예禮	신信	의義	지智
하도수리	3, 8	2, 7	5, 10	4, 9	1, 6
선천수	1, 2	3, 4	5, 6	7, 8	9, 10
기능	시작	발전	중개	결실	저장
성격	진취적	화려함	중후함	세밀함	은밀성

제3장
천간

天
干

시	일	월	년	
丁	己	丙	甲	●천간
卯	未	寅	午	

사주팔자에서 위에 있는 글자가 천간입니다.
오행이 음양으로 분화하여 천간이 됩니다.
천간은 음간 양간으로 나누어집니다.

오행	목木	화火	토土	금金	수水
양간	갑甲	병丙	무戊	경庚	임壬
음간	을乙	정丁	기己	신辛	계癸

목木이 음양으로 분화된 것이 갑을甲乙입니다.
화火가 음양으로 분화된 것이 병정丙丁입니다.
토土가 음양으로 분화된 것이 무기戊己입니다.
금金이 음양으로 분화된 것이 경신庚辛입니다.
수水가 음양으로 분화된 것이 임계壬癸입니다.

시	일	월	년
丁	己	丙	甲
卯	未	寅	午

갑목甲木을 년간이라고 하며 목木의 양의 개념을 가지고 있습니다.
병화丙火를 월간이라고 하며 화火의 양의 개념을 가지고 있습니다.
기토己土를 일간이라고 하며 토土의 음의 개념을 가지고 있습니다.
정화丁火를 시간이라고 하며 화火의 음의 개념을 가지고 있습니다.

천간의 속성을 이해한다면 좀 더 쉽게 사주팔자를 통변할 수 있습니다.
지금부터 천간에 대한 공부를 시작합니다.

01 천간天干의 개념

기본개념

천간은 오행에서 음양으로 분화된 것입니다.

오행	목木	화火	토土	금金	수水
양간	갑甲	병丙	무戊	경庚	임壬
음간	을乙	정丁	기己	신辛	계癸

응용 Tip

천간에 오행을 붙여서 부르는 것이 일반적입니다.

甲은 木의 양간이기에 갑목甲木이라고 부릅니다.

乙은 木의 음간이기에 을목乙木이라고 부릅니다.

丙은 火의 양간이기에 병화丙火라고 부릅니다.

丁은 火의 음간이기에 정화丁火라고 부릅니다.

戊는 土의 양간이기에 무토戊土라고 부릅니다.

己는 土의 음간이기에 기토己土라고 부릅니다.

庚은 金의 양간이기에 경금庚金이라고 부릅니다.

辛은 金의 음간이기에 신금辛金이라고 부릅니다.

壬은 水의 양간이기에 임수壬水라고 부릅니다.

癸는 水의 음간이기에 계수癸水라고 부릅니다.

❶ 천간이란

천간天幹이 천간天干으로 쓰여지는 것입니다.
간幹은 줄기, 기둥, 뼈대의 뜻을 가지고 있으므로 하늘의 기둥이라는 뜻으로
하늘의 본질이기도 합니다. 간干이란 방패를 뜻하는 글자이고 여기서는 간幹의
약자로 쓰이기도 하는 것입니다.

오행이 음양의 속성으로 나누어 진 것이 천간입니다.
모든 만물에는 음양의 속성을 가지고 있습니다.
오행에도 음양의 속성이 있는 것이고 천간에도 음양의 속성이 있는 것입니다.

오행을 음양의 속성으로 나누면 목화木火가 양이고 금수金水가 음이지만
木火土金水를 각각 음양의 속성으로 나누면 양간은 甲丙戊庚壬이고 음간은
乙丁己辛癸입니다.

천간은 하늘의 기사이고 지지는 땅의 자동차입니다.
천간이 하늘의 기사이라면 지지는 땅의 자동차라고 할 수 있습니다.
그래서 지지는 천간의 지시가 있어야 움직입니다.

천간은 양이고 지지는 음입니다.
천간은 양이기에 동적이고 스스로 움직이고 지지는 음이기에 정적이고
고요하여 움직이지 아니합니다.
지지는 천간이 있어야 움직이는 것입니다.

② 천간의 역할

천간은 하늘의 정신精神을 이어 받은 것입니다.
하늘의 정신은 꿈이고 이상理想이기도 합니다. 하고자 하는 욕망이기도 하고 신념이기도 합니다. 천간은 지지의 시간적 흐름에 따라 왕상휴수旺相休囚의 성쇠盛衰에 따라 생로병사生老病死를 겪기도 합니다.

시	일	월	년	구분
丁	己	丙	甲	천간
卯	未	寅	午	지지

천간은 사주의 꿈이기도 합니다.
사주가 갑목甲木의 꿈과 병화丙火의 꿈을 가지고 있다고 하는 것입니다. 일간은 사주의 주인으로 기토己土라는 모습을 갖고 있습니다. 시간은 사주의 결과이므로 정화丁火는 일간의 결과이기도 합니다. 이처럼 천간은 사주의 꿈과 이상이 되는 것입니다.

인寅월은 태어난 환경입니다.
봄에 태어난 환경으로 월령月令이라고 하며 천간의 왕쇠를 가늠하게 됩니다. 즉, 꿈과 이상을 실현하고자 하는 환경이므로 실천하고자 하는 의지가 강한가 혹은 약한가를 가늠하여 적성과 능력을 판단하게 됩니다.

위의 사주팔자에서는 년간의 갑목甲木이 가장 강력한 꿈과 이상이 되는 것입니다. 다음으로 병화丙火가 두 번째로 강한 꿈과 이상이 되는 것이며 정화丁火와 기토己土는 여름과 가을의 운이 와야 비로소 꿈과 이상을 실현할 수 있습니다.

기세가 있어야 꿈과 이상을 실현할 수 있습니다.
기세는 천간 지지의 왕쇠강약으로 표현합니다.

❸ 천간의 공간적 개념

천간은 공간적 개념입니다.

천간은 태양, 달, 별들의 운행공간입니다.

공간이 지지의 흐르는 시간에 의하여 변화하는 것이 천간입니다.

천간	공간적	태양, 달, 별들의 운행 공간
지지	시간적	춘하추동, 낮과 밤
	방위적	동서남북

지지의 시간적 개념에 따라 천간의 공간적 개념이 변화합니다.

지지는 시간과 방위의 개념을 가지고 있습니다. 시간적 개념으로는 봄 여름 가을 겨울 그리고 낮과 밤의 시간적 흐름이며 방위적 개념으로는 동서남북입니다.

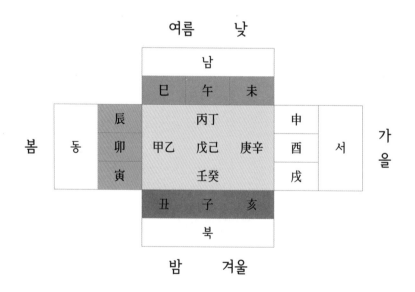

4 천간의 덕목

木	火	土	金	水
甲乙	丙丁	戊己	庚辛	壬癸
인仁	예禮	신信	의義	지智

갑을목甲乙木은 기르고 베푸는 마음으로 사랑의 덕목을 가지고 있습니다.
사랑의 덕목으로 교육하고 보호하고 기르는 일을 합니다.
인의 덕목은 측은지심惻隱之心입니다. 측은지심은 남을 사랑하여 측은하게
여기는 마음입니다.

병정화丙丁火는 밝고 드러나는 마음으로 예절의 덕목을 가지고 있습니다.
사교는 예절을 지키며 밝고 화사한 마음으로 나타냅니다. 예의 덕목은
사양지심辭讓之心입니다. 사양지심은 타인을 존중하는 마음입니다.

무기토戊己土는 중앙을 지키는 마음으로 신뢰의 덕목을 가지고 있습니다.
믿음이 없으면 중개를 할 수 없는 것이며 신뢰하는 마음으로 서로를 이어주는
역할을 하게 됩니다.

경신금庚辛金은 결실을 만드는 마음으로 정의의 덕목을 가지고 있습니다.
의로움은 선악을 분별하여 확실한 결실을 만드는 역할을 하게 됩니다.
의의 덕목은 수오지심羞惡之心입니다. 수오지심은 불의를 미워하는 마음입니다.

임계수壬癸水는 포용하는 마음으로 지혜의 덕목을 가지고 있습니다.
지혜는 내면을 밝게 만드는 역할을 합니다. 지의 덕목은 시비지심是非之心입니
다. 시비지심은 옳고 그름을 가리는 마음입니다.

천간을 식물이 자라는 과정으로 비유한다면

갑甲은 뿌리가 껍질을 뚫고 나오는 모습입니다.
을乙은 싹이 올라오는 모습입니다.
병丙은 가지에 꽃봉오리가 맺히는 모습입니다.
정丁은 꽃이 활짝 핀 모습입니다.
무戊는 벌과 나비가 꽃가루를 나르며 수정을 하는 모습입니다.
기己는 꽃가루가 암술에 수정이 된 상태입니다.
경庚은 과실이 영글어가는 모습입니다.
신辛은 과실이 숙성되며 씨앗을 만드는 과정입니다.
임壬은 씨앗의 양수로 핵을 품고 있는 모습입니다.
계癸는 씨앗 속 핵의 모습입니다.

양간은 시작이고 음간은 완성입니다.

갑목甲木은 목木의 시작이라면 을목乙木은 목木의 완성입니다.
병화丙火는 화火의 시작이라면 정화丁火는 화火의 완성입니다.
무토戊土는 토土의 시작이라면 기토己土는 토土의 완성입니다.
경금庚金이 금金의 시작이라면 신금辛金은 금金의 완성입니다.
임수壬水가 수水의 시작이라면 계수癸水는 수水의 완성입니다.

양간은 빠르게 움직이고 음간은 천천히 움직입니다.

갑목甲木은 씨앗을 뚫고 나오는 뿌리와 같습니다.

단단한 씨앗의 껍질을 뚫고자 한다면 돌파력이 있어야 하며 추진력이 강하여야 합니다. 갑목甲木은 이러한 돌파력과 추진력이 있다고 하는 것입니다. 껍질을 깨고 뿌리를 내려야 땅속의 수분과 영양분을 흡수하여 싹을 낼 수 있기 때문입니다.

갑목甲木은 나무에 비유하고 을목乙木은 풀이나 화초 그리고 가지나 잎으로도 비유하기도 합니다.

을목乙木은 땅위로 꾸불 꾸불 올라오는 새싹과도 같습니다.

갑목甲木이 껍질을 뚫고 뿌리를 내어 수분과 영양분을 흡수하면 갑목甲木의 추진 력으로 씨앗의 껍질을 뚫고 을목乙木의 새싹이 나오게 됩니다. 을목乙木의 새싹은 단단한 땅을 뚫고 지상에 머리가 나오며 세상에 나오는 아기와도 같습니다.

아직 여린 새싹이기에 매우 약하지만 갑목甲木의 도움으로 단단한 껍질을 뚫고 단 단한 땅을 뚫고 세상에 나온 것으로 목木이 완성되었다고 하는 것입니다.

이와같이 목木은 돌파력과 추진력으로 세상에 뿌리와 싹을 내놓는 것입니다.

갑목甲木은 강한 돌파력과 추진력으로 시작하여 단단한 껍질을 깨고 뿌리를 내 리는 것이고 을목乙木은 여리고 여린 새싹이 밖으로 나오는 것으로 목木이 완성 되는 것입니다.

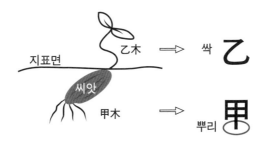

병화丙火는 줄기가 자라고 꽃봉오리가 맺히는 모습입니다.
을목乙木의 새싹이 나오며 줄기가 점점 굵어지고 줄기에 꽃봉오리가 맺히며
꽃필 준비를 마친 것을 병화丙火라고 합니다.

병화丙火는 태양으로 비유하기도 합니다. 태양빛이 나무에 빛을 공급하며 성장
하게 만들어주기 때문입니다. 태양빛이 없으면 나무가 성장을 할 수 없으며 꽃
을 피울 수 없습니다.

정화丁火는 꽃이 활짝 핀 상태입니다.
병화丙火의 꽃봉오리가 성숙해지면 꽃봉오리가 열리며 아름다운 꽃이 활짝 피
게 됩니다. 정화丁火는 청춘을 상징하며 꽃이 활짝 핀 모습으로 짝을 찾기 위하
여 연애에 몰입하기도 합니다. 꽃에는 암술과 수술이 있어 벌과 나비를 유혹하
고 수정을 할 준비를 마치게 됩니다.

정화丁火는 화롯불, 촛불, 등대불, 용광로불, 가로등, 난방열 등에 비유하기도
하며 하늘의 달과 별빛으로도 비유하기도 합니다. 어둠을 밝히는 불이기도 하
며 추위로부터 보호하는 열이 되기도 합니다.

병화丙火
꽃봉우리

정화丁火
꽃

무토戊土는 벌과 나비가 꽃을 다니며 수정을 하는 상태입니다.
정화丁火의 꽃이 활짝 피면 무토戊土는 벌과 나비를 동원하여 꽃가루를 이 꽃저 꽃으로 옮기며 수정을 하게 됩니다. 그래서 무토戊土는 중개하는 역할을 한다고 하는 것입니다.

무토戊土는 산으로 비유하기도 하며 커다란 대지나 황야로 비유하기도 하고 물을 막아주는 댐으로 비유하기도 합니다. 또한 정화丁火의 불을 담은 용광로로 비유하기도 하며 태양빛을 막아주는 커다란 산과 구름으로도 비유하기도 합니다.

기토己土는 수정이 완료된 상태입니다.
무토戊土에서 벌과 나비가 수정을 중개하여 주었기에 기토己土의 암술은 수술의 꽃가루를 받아들이고 꽃이 떨어지며 씨방에서 열매를 키울 준비를 마친 상태라고 할 수 있습니다.

기토己土는 곡식을 키우는 전답으로 비유하기도 하며 집 앞의 텃밭이나 집을 짓는 대지나 집을 보호하는 담으로 비유하기도 합니다.

무토戊土
벌이 꽃을 수정하는 모습

기토己土
수정이 완료되고 꽃이 떨어진 모습

경금庚金은 열매로서 씨앗을 만드는 역할을 합니다.

기토己土에 의하여 수정이 완료된 씨방에서는 경금庚金의 열매가 자라고 있습니다. 경금庚金의 열매는 임수壬水와 함께 씨앗을 만드는 역할을 합니다.

기토己土의 밭과 임수壬水의 양수가 있어야 경금庚金은 신금辛金이라는 씨앗을 만들 수 있습니다. 경금庚金은 원광석이라고도 하며 바위, 암석 등으로 비유하기도 합니다.

신금辛金은 씨앗입니다.

신금辛金은 단단한 껍질을 가진 씨앗으로 경금庚金에 의하여 만들어 집니다.

경금庚金은 과육과 껍질로 씨앗을 보호하며 영글게 하는 역할을 하게 됩니다.

신금辛金은 보석으로도 비유하기도 하며 제련된 쇠로 만들어진 도구로 비유하기도 합니다.

경금庚金
과일

신금辛金
씨앗

임수壬水는 씨앗을 보호하는 양수의 역할을 합니다.

씨앗은 경금庚金에 의하여 기토己土씨방에서 성장하며 임수壬水의 양수에 의하여 씨앗의 핵을 보호하게 됩니다. 씨앗의 핵은 봄이 되어 적당한 열기가 있으면 단단한 껍질을 깨고 뿌리와 싹이 되어 세상 밖으로 나오게 됩니다.

임수壬水는 은하수로도 비유되며 바다나 커다란 강이나 하천으로 비유되기도 합니다.

계수癸水는 씨앗의 핵입니다.

임수壬水에 의하여 보호되는 씨앗의 핵은 계수癸水이며 임수壬水를 양수로 하여 갑목甲木의 도움으로 씨앗을 깨고 나와 을목乙木이 되는 것입니다.

계수癸水는 하늘에서 내리는 비나 하천물이나 강물 또는 저수지 물로도 비유가 됩니다. 임수壬水가 하천이나 강이면 계수癸水는 하천이나 강에 흐르는 물이기도 합니다.

임수壬水
과육, 배젖

계수癸水
핵

◆ 자평진전 천간론

오행이 있는데 십간이 있는 까닭은
음양이 있고 음양이 분화하여 목화토금수木火土金水라는 오행이 생겨난 것이
며, 오행도 각각의 음양으로 분화되어 목木이 갑을甲乙로 분화되고, 화火가 병
정丙丁으로, 토土가 무기戊己로, 금金이 경신庚辛으로, 수水가 임계壬癸로 분화
된 것입니다.

木	火	土	金	水
甲 乙	丙 丁	戊 己	庚 辛	壬 癸

양간의 생기는 음간의 형질을 만듭니다.
갑甲은 생기이며 을乙은 형질입니다. 하늘에서 생기가 되어 만물에 두루 행하는
것은 갑甲이며, 땅에서 만물이 되어 이 생기를 이어 받아 형질이 되는 것이 을乙
이라고 합니다.

甲	乙	丙	丁	戊	己	庚	辛	壬	癸
생기	형질	생기	형질	생기	형질	생기	형질	생기	형질
나무	잎	빛	열	황야	전답	광석	보석	구름	빗물

갑甲은 나무로서 생기이며 을乙의 가지와 잎을 만들 수 있으며
병丙은 빛으로서 생기이며 정丁의 열을 만들 수 있으며
무戊는 황야로서 생기이며 기己의 전답을 만들 수 있으며
경庚은 광석으로서 생기이며 신辛의 보석을 만들 수 있으며
임壬은 구름으로서 생기이며 계癸의 빗물을 만들 수 있는 것입니다.

◆ 연해자평 천간론

갑목甲木은 단단한 씨앗의 껍질을 뚫고 나오는 뿌리와 싹의 분출력을 甲木이라고 하는 것이니, 만물은 그 껍질을 쪼개어 터트리고 출생하는 것입니다.

을목乙木은 새싹이 꾸불꾸불하며 위로 올라오는 형상을 표현한 것입니다.

병화丙火는 가지와 잎이 성장하며 빛나는 모습입니다.

정화丁火는 완전한 모습으로 성장하여 완성된 모습이라고 합니다.

무토戊土는 가지에 잎이 풍성하고 무성하게 달려있는 모습입니다.

기토己土는 만물은 정해진 형체가 있기에 그 형체만 보고도 만물의 근본을 알 수 있다는 것입니다.

경금庚金은 결실을 완성시키기 위하여 견고하고 굳세며 강한 모습을 지녀야 하는 것입니다.

신금辛金은 만물이 무성하였으나 과실을 단단하게 만들기 위하여 잎을 떨어뜨리는 아픔이 있는 것이라고 합니다.

임수壬水는 음양이 서로 교접하는 것으로, 만물을 임신하여 씨앗을 만드니 만물의 싹이 되는 것이라고 합니다.

계수癸水는 겨울 추위에 물이 흙속에 스며들어 함께 얼었으니, 봄이 오기를 기다려 만물을 관리하는 것이 마땅히 해야 할 도리道理라고 합니다.

◆ 적천수 천간론

甲木이 성장하려면 화火기와 수水기가 필요합니다.
따스한 화火기는 병화丙火의 태양의 빛과 열이고 촉촉한 수水기
는 계수癸水의 지하수와 빗물이 됩니다.

여름에는 수水기가 적당히 있어야 뜨거움을 피할 수 있으며 겨울에는 화火기가
적당히 있어야 얼어 죽지 아니합니다. 봄에는 금金이 쇠약하므로 쓸모가 없으며
가을에는 土가 쇠약하므로 쓸모가 없다고 합니다.

추진력과 돌파력은 갑목甲木의 성정입니다.
갑목甲木은 하늘에 오르고자 하는 것입니다. 하늘에 오르자면 로켓과 같이 추진
력이 필요하게 됩니다. 추진력은 점화가 되어야 비로소 로켓이 하늘로 오를 수
있으므로 반드시 화火기가 필요한 것입니다.

지지가 윤습하고 천간이 조화로우면 천년을 살 수 있습니다.
갑목甲木이 잘 자랄 수 있는 환경이란 천간과 지지에서 화火와 수水가 협조하여
야 좋은 환경이 되어 천년을 살 수 있다고 하는 것입니다.

乙木은 비록 유약하지만 강인한 생명력이 있습니다.
을목乙木은 화초와 같아 유약하다고 하지만 강인한 생명력은
겨울의 언 땅이나 여름의 마른 땅에도 뿌리를 내릴 수 있다고 합
니다.

을목乙木은 화火기만 있으면 가을에도 꽃을 피울 수 있습니다.
화초는 봄에만 꽃을 피우는 것은 아닙니다. 태양의 빛과 열이 있다면 가을에도
국화와 같이 꽃을 피울 수 있는 것입니다.

습지에서는 부평초와 같이 떠다니므로 근심 걱정이 있습니다.

을목乙木이 물위에서는 뿌리를 내리기 어렵고 부평초가 되어 떠다니게 되므로 근심걱정이 있다고 하는 것입니다.

갑목甲木에 의지하면 능히 견딜 수 있다고 합니다.

을목乙木넝쿨이 갑목甲木에 기어올라 의지하면 세상에 무서운 것이 없다고 합니다.

丙火는 맹렬하여 가을과 겨울을 업신여긴다고 합니다.

병화丙火는 양중의 양인 태양太陽인지라 맹렬합니다. 가을의 서리인 금金기와 겨울의 눈인 수水기는 태양의 열기에 녹아버리고 맙니다.

경금庚金은 능히 단련시키지만 신금辛金은 오히려 두려워합니다.

경금庚金의 과실은 병화丙火의 빛과 열로 단련을 시켜 튼실하게 만들어주지만, 신금辛金은 병화丙火의 부인이므로 오히려 두려워합니다. - 천간합의 개념으로 병신합화수丙辛合化水라고 합니다.

토土에게는 자애롭지만 수水가 많으면 절개를 지킵니다.

병화丙火는 토土를 생하여 낳으므로 토土의 어머니가 되어 자애롭다고 합니다. 또한 수水기가 미쳐 날뛰어도 함부로 움직이지 아니하고 자신의 위치를 지키며 묵묵히 바라보는 군자君子로서 절개를 지킨다고 하는 것입니다.

丁火는 유약하여도 속은 밝고 환하다는 것입니다.

병화丙火를 태양에 비유한다면 정화丁火는 달빛이나 촛불에 비유하므로 비록 유약하지만 속은 밝고 환하다고 하는 것입니다.

을목乙木을 보호하여 효도하고 임수壬水를 섬겨 충성을 합니다.

을목乙木이 신금辛金의 극을 받아 괴롭힘을 당하면, 정화丁火는 신금辛金을 극하여 을목乙木 어머니를 보호하므로 효도를 한다고 하는 것입니다.

토土기가 임수壬水를 극하여 괴로움을 준다면, 정화丁火는 임수壬水와 합하여 목木기를 생산하고, 목木기는 토土기를 억제하니 임수壬水인 임금에게 충성을 한다고 하는 것입니다.

왕성하여도 치열하지 아니하고 쇠약하여도 궁색하지 않습니다.

화火는 유약한 열기이기에 왕성하여도 난폭하지 아니하고, 쇠약하여도 주변을 환하게 비추기에 궁색하다고 하지 않습니다.

갑목甲木이 있다면 가을과 겨울에도 능히 지낼 수 있습니다.

화火기는 수水기가 득세하는 가을과 겨울에 기세가 약하여지기 마련입니다. 그러므로 가을과 겨울에는 혼자서 버티기가 어려우나 갑목甲木 어머니가 있다면 보호를 받아 불이 꺼지지 않기 때문입니다..

戊土는 무겁게 고정되어 있고 중용의 덕이 바르다고 합니다.

무토戊土는 태산과 같아 고정되어 있으며 무겁다고 하는 것입니다. 산과 같이 무거우니 쉽게 움직이지 아니하고 고정되어 있다고 하는 것입니다.

수水기로 만물을 살리고 화火기로 만물을 병들게 합니다.

무토戊土가 수水기를 품으면 윤택하여 만물이 성장할 수 있도록 도와주며, 무토戊土가 화火기를 품으면 수水기를 마르게 하여 만물의 성장을 그치게 하는 것이니 병들게 한다고 하는 것입니다.

봄에는 수水기로 잎을 무성하게 만들어 만물을 성장하도록 하며, 가을에는 화火기로 낙엽을 만들어 잎을 떨어뜨리게 하니 병드는 것입니다.

己土는 낮으면서 습하고 중정의 마음을 간직하고 있습니다.

기토己土가 비습하다함은 논밭처럼 습기로 젖어있는 낮은 땅을 의미합니다. 만물을 기르고 성장시키는 어머니와 같은 존재입니다.

목木기와 수水기가 많아도 근심하거나 두려워하지 않습니다.

목木이 왕성하여도 근심하지 아니하는 것은 목木을 기르는 마음이 있기 때문이고, 수水가 날뛰어도 두려워하지 아니하는 것은 수水를 포용하는 마음이 있기 때문입니다.

화火가 적으면 어두워지고 金이 많으면 빛이 납니다.

화火가 적으면 어두워지는 것은 비습한 토土이기에 수水기로 인하여 화火가 빛을 잃기 때문입니다. 비습한 기토己土는 금金을 갈고 닦아주기에 금金이 많다면 오히려 빛이 나면서 쓰임이 있는 물건이 되는 것입니다.

만물을 번창하게 하려면 마땅히 도와야 합니다.

화火기는 기토己土를 생하여주니 어머니가 도와주는 것이며, 토土기는 기토己土를 친구나 형제끼리 도와주는 것입니다. 화토火土기의 도움을 받은 기토己土는 만물을 창성하게 기르는 힘을 갖게 되어 만물을 기를 수 있는 충분한 에너지를 확보하는 것입니다.

庚金은 성장을 멈추게 하는 강한 살기를 지녔습니다.

갑목甲木이 만물을 성장시키고 꽃을 피우는 역할을 한다면 경금庚金은 성장을 멈추게 하고 열매를 거두는 역할을 하는 것입니다.

갑목甲木이 잎을 무성하게 키우는 것이라면 경금庚金은 잎을 마르게 하여 낙엽을 지게 만들고 과실을 키우는 것입니다. 경금庚金의 살기를 숙살지기肅殺之氣라고 합니다.

수水기를 득하면 맑아지고 화火기를 득하면 예리하여 집니다.
경금庚金은 임계수壬癸水의 씻김을 좋아하는데 이는 맑아지기 때문이며,
병정화丙丁火로 단련됨을 좋아하는데 이는 날카로워지기 때문입니다.

토土가 습하면 생기가 있고 건조하면 취약해집니다.
토土가 습기가 있어 윤택하여지면 金은 생기를 가지게 되지만,
토土가 마르고 건조하면 金은 물러지며 취약해 진다는 것입니다.

 辛金은 연약하고 따뜻하고 윤택하며 맑다고 합니다.
신금辛金은 음금陰金인지라 연약하고 따뜻하고 윤택하며
맑은 기운이 서려있다고 합니다.

토土가 많음을 두려워하고 물이 가득 차는 것을 즐거워합니다.
신금辛金은 토土가 중첩되어 있으면 흙속에 묻힌다고 하여 매우 두려운 모습을
나타냅니다. 흙속에 묻혀 있으면 병화丙火의 빛을 만날 수 없으므로 밝게 빛나
지 못하기 때문입니다.

더우면 토土를 좋아하고 추우면 정화丁火를 좋아합니다.
신금辛金에게는 무기토戊己土가 어머니입니다. 더울 때에 병정화丙丁火의 열기
를 흡수하여 신금辛金을 보호하여 주므로 좋아한다는 것입니다. 무기토戊己土
는 열기를 흡수하는 역할을 하기 때문입니다.

추울 때는 정화丁火가 따뜻하게 보온하여주니 좋아하는 것입니다.
정화丁火의 열기로써 신금辛金을 추위로부터 보호하여 줍니다.

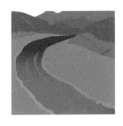

壬水는 은하수에 통하고 금숲기에서 흘러 나옵니다.

임수壬水는 하늘의 은하수와 지상의 하천에 통한다고 합니다. 하늘에서는 은하수요 지상에서는 강물로서 금숲기로부터 흘러나오는 것입니다. 바위틈에서 흘러나오는 샘물이라고 보면 될 것입니다.

강한 가운데 덕이 있으며 멈추지 아니하고 흐릅니다.

임수壬水는 양간이면서도 음의 성분이니 강하면서도 덕이 있습니다.

임수壬水는 은하수요 강물이기에 도도히 흐를 뿐이지 결코 막히는 법이 없으므로 강하다고 하며 생명을 기르는 일을 마다하지 아니합니다.

통근하여 癸水가 투출하면 천지가 놀란다고 합니다.

계수癸水가 통근하여 천간에 투출한다면 임수壬水는 계수癸水와 함께 흐르게 되므로 그 기세가 매우 왕성해지며 마치 홍수와 같이 천지를 진동시킨다고 합니다.

癸水는 지극히 약하여도 결국 바다에 다다릅니다.

계수癸水는 거대한 강을 만들어 바다로 흐르게 됩니다. 임수壬水가 강이고 바다이라면 계수癸水는 강물이고 바닷물이 되는 것입니다. 임수壬水가 은하수라면 계수癸水는 은하수를 이루고 있는 별들의 모습입니다.

병화丙火는 양간 중 최고의 양이기에 음수陰水로 변화하고

계수癸水는 음간중 지극한 음이기에 양화陽火로 변화합니다.

천간은 오행에서 음양으로 나누어진 것입니다.
토土를 중심으로 목화木火와 금수金水로 나누어지고 각각의 오행은
또 다시 음양으로 나누어지며 천간이 됩니다.

오행의 성정은 천간이 이어받으며 음양의 성정으로 또 다시 세분화됩니다.

목木은 추진력인데
갑목甲木은 추진력의 시작이고 을목乙木은 추진력의 갈무리입니다.

화火는 번성과 발전인데
병화丙火는 번성과 발전의 시작이고 정화丁火는 번성하고 발전된 모습
입니다.

토土는 중개인데
무토戊土는 중개의 시작이고 기토己土는 중개의 결과입니다.

금金은 결실인데
경금庚金은 결실을 이루는 과정이고 신금辛金은 결실을 숙성시킨 결과
입니다.

수水는 저장인데
임수壬水는 결실을 저장하는 과정이고 계수癸水는 결실이 응고된 모습
입니다.

Summary

음양 → 사상 →오행 → 천간지지 → 60갑자 → 사주팔자
사상은 사계절로 지지를 세분화하고 오행은 음양으로 천간을
세분화하게 됩니다.
천간지지는 60갑자를 만들고 사주팔자를 생성하게 됩니다.

사상四象은 춘하추동으로 사계절을 만들고 오행을 만듭니다.
봄木은 인묘진寅卯辰, 여름火는 사오미巳午未, 가을金은 신유술申酉戌,
겨울水는 해자축亥子丑
토土는 중심으로 진술축미辰戌丑未를 주관하며 오행의 균형을 도모합니다.

오행五行은 음양으로 세분하여 천간을 만듭니다.
목木은 갑을甲乙, 화火는 병정丙丁, 토土는 무기戊己, 금金은 경신庚辛,
수水는 임계壬癸

양간은 양지만을 타고, 음간은 음지만을 탑니다.
갑병무경임甲丙戊庚壬은 인오술신자진寅午戌申子辰만을 타고
을정기신계乙丁己辛癸는 해묘미사유축亥卯未巳酉丑만을 탑니다.

오행의 생극은 에너지의 변화과정입니다.
생은 에너지가 이동하며 변화하는 것이고 극은 에너지를 억제하며 변화시키는
것입니다.

천간의 생극은 음양간의 작용이 다릅니다.
음양이 같은 생은 에너지의 흐름이 적고 음양이 다른 생은 에너지의 흐름이
큽니다.

제4장
지지

地支

사주팔자에서 아래에 있는 글자가 지지입니다.

시	일	월	년	
丁	己	丙	甲	
卯	未	寅	午	●──지지

지지는 사상을 세분한 것입니다.

사상	소양	태양	토土	소음	태음
오행	목木	화火	토土	금金	수水
양지	인寅	사巳	진술辰戌	신申	해亥
음지	묘卯	오午	축미丑未	유酉	자子

소양이 음양으로 분화된 것이 인묘진寅卯辰입니다.
태양이 음양으로 분화된 것이 사오미巳午未입니다.
소음이 음양으로 분화된 것이 신유술申酉戌입니다.
태음이 음양으로 분화된 것이 해자축亥子丑입니다.
토土는 계절의 중개 역할을 합니다.

시	일	월	년	구분
丁	己	丙	甲	천간
卯	未	寅	午	지지

오화午火를 년지라고 하며 화火의 음의 개념을 가지고 있습니다.
인목寅木을 월지라고 하며 목木의 양의 개념을 가지고 있습니다.
미토未土를 일지라고 하며 토土의 음의 개념을 가지고 있습니다.
묘목卯木을 시지라고 하며 목木의 음의 개념을 가지고 있습니다.

지지의 속성을 이해한다면 좀 더 쉽게 사주팔자를 통변할 수 있습니다.

01 지지地支의 개념

◆ 지지地支는 사상四象을 세분한 것입니다.

계절	봄			여름			가을			겨울		
사상	소양少陽			태양太陽			소음少陰			태음太陰		
오행	목木			화火			금金			수水		
방위	동東			남南			서西			북北		
지지	인寅	묘卯	진辰	사巳	오午	미未	신申	유酉	술戌	해亥	자子	축丑
동물	호랑이	토끼	용	뱀	말	양	원숭이	닭	개	돼지	쥐	소
절기	입춘 우수	경칩 춘분	청명 곡우	입하 소만	망종 하지	소서 대서	입추 처서	백로 추분	한로 상강	입동 소설	대설 동지	소한 대한

지지는 계절과 시간과 방향의 개념이 있습니다.

지지는 동물의 상을 가지고 있습니다.

1 지지란

◆ 지지는 사상四象의 개념입니다.

음양	양		음	
계절	봄	여름	가을	겨울
사상	소양少陽	태양太陽	소음少陰	태음太陰
지지	寅卯辰 인묘진	巳午未 사오미	申酉戌 신유술	亥子丑 해자축

양은 소양 태양으로 분화되고, 음은 소음 태음으로 분화되면서 사상이 생성되고 봄, 여름, 가을, 겨울의 사계절이 만들어지는 것입니다.

인류는 오랜 경험으로 태양과 달의 움직임을 보며 음양이론을 발전시켰으며 철학적인 사고로 자연과 사회질서의 모든 현상을 음양오행으로 설명하고자 천간 지지를 만들게 됩니다.

지지는 계절의 운동으로 시간의 흐름입니다.
봄은 소양으로 목木이며 인묘진寅卯辰으로 흐르며
여름은 태양으로 화火이며 사오미巳午未로 흐르며
가을은 소음으로 금金이며 신유술申酉戌로 흐르며
겨울은 태음으로 수水이며 해자축亥子丑으로 흐릅니다.

② 지지의 절기

사주팔자는 양력이나 음력하고는 아무런 관계가 없습니다.
오직 지지의 절기에 의하여 결정됩니다.

계절	봄			여름			가을			겨울		
지지	인 寅	묘 卯	진 辰	사 巳	오 午	미 未	신 申	유 酉	술 戌	해 亥	자 子	축 丑
절기	입춘 우수	경칩 춘분	청명 곡우	입하 소만	망종 하지	소서 대서	입추 처서	백로 추분	한로 상강	입동 소설	대설 동지	소한 대한

사계절은 사상을 의미하고 봄 여름 가을 겨울을 의미합니다.
봄은 입춘으로부터 시작되어 곡우까지를 말합니다.
여름은 입하로부터 시작되어 대서까지를 말합니다.
가을은 입추로부터 시작되어 상강까지를 말합니다.
겨울은 입동으로부터 시작되어 대한까지를 말합니다.

사주의 월은 절기에 의하여 결정됩니다.
인寅월은 입춘으로부터 시작되어 경칩 전까지를 말합니다.
양력으로 2월 4일경에 입춘이 들어오므로 이때부터 인寅월이라고 합니다.
그러므로 인寅월은 양력이나 음력하고는 관계가 없다고 하는 것입니다.

일반적으로 인寅월을 음력 1월이라고 잘 못 알고 있는 경우가 많습니다.
인寅월은 그해의 첫 번째 달이므로 1월이라고 표기할 뿐입니다.
그러므로 달력의 1월하고는 아무관계가 없는 것입니다.

③ 지지의 방위

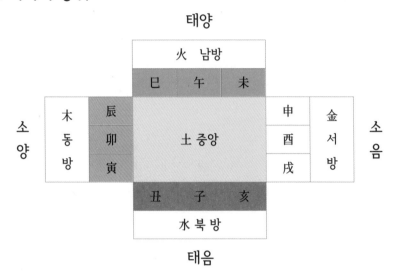

◆ 지지는 방위의 개념을 갖습니다.

방위란 동서남북을 말합니다.

인묘진寅卯辰은 동방東方이라고 하며 동쪽 방향을 뜻합니다.

사오미巳午未는 남방南方이라고 하며 남쪽 방향을 뜻합니다.

신유술申酉戌은 서방西方이라고 하며 서쪽 방향을 뜻합니다.

해자축亥子丑은 북방北方이라고 하며 북쪽 방향을 뜻합니다.

방위는 태양이 뜨고 지는 방향을 기준으로 하고 있습니다.

태양이 동쪽에서 뜨므로 아침을 목木이라고 하는 것입니다.

태양이 남쪽에 높이 걸려있는 한낮을 화火라고 하는 것입니다.

태양이 서쪽에서 지므로 저녁을 금金이라고 하는 것입니다.

태양이 사라지고 없는 방향을 북쪽이라 여기고 밤중을 수水라고 하는 것입니다.

중앙 토土는 지구를 뜻합니다.

지구 주위를 도는 태양을 연상하며 동서남북을 그리고 별자리와 계절에 대입을

하며 지지를 그리게 됩니다.

02 지지의 음양

◆ 지지의 음양은 체용에 따라 다릅니다.

구분	양지陽支	음지陰支
체體	자인진오신술 子寅辰午申戌	축묘사미유해 丑卯巳未酉亥
용用	인신사해진술 寅申巳亥辰戌	자오묘유축미 子午卯酉丑未

자오子午는 체로는 양지이지만 용으로는 음지로 쓰입니다.
사해巳亥는 체로는 음지이지만 용으로는 양지로 쓰입니다.

◆ 간지를 구성하는 지지는 체의 지지를 쓰게 됩니다.
양간은 양지에만 올라타고 음간은 음지에만 올라탑니다.

양간 甲丙戊庚壬	음간 乙丁己辛癸
양지 子寅辰午申戌	음지 丑卯巳未酉亥

◆ 통변하는 지지는 용의 지지를 쓰게 됩니다.

양지陽支	음지陰支
寅申巳亥辰戌	子午卯酉丑未
강하고 빠르다	약하고 느리다

◆ 체용體用이란

체란 몸체를 뜻하며 용이란 쓰임을 뜻합니다.

배에는 여객선도 있고 화물선도 있으며 군함도 있습니다.
배가 체라면 여객선 화물선 군함은 용이라고 합니다.

◆ 지지에서 체용의 관계가 있습니다.

	체	용
양	자 인 진 오 신 술 子 寅 辰 午 申 戌	인 신 사 해 진 술 寅 申 巳 亥 辰 戌
음	축 묘 사 미 유 해 丑 卯 巳 未 酉 亥	자 오 묘 유 축 미 子 午 卯 酉 丑 未

◆ 자오子午와 사해巳亥는 체용에 따라 음양이 다릅니다.

구분	체	용
양	자 오 子 午	사 해 巳 亥
음	사 해 巳 亥	자 오 子 午

자오子午는 갑자甲子, 병오丙午 등 양간을 태우므로 체에서는 양지의 모습이지
만 실제 통변에 사용하는 용에서는 음으로 활용이 됩니다.

사해巳亥는 乙巳, 丁亥 등 체에서는 음간을 태우므로 체에서는 음지의 모습이지
만 실제 통변에 사용하는 용에서는 양으로 활용이 됩니다.

① 체體의 음양

체란 본래 가지고 있는 형상입니다.

천간과 지지가 함께 형상을 이루는 것을 체라고 합니다.

양간을 태우면 양지가 되고 음간을 태우면 음지가 됩니다.

천간과 지지는 양간은 양지끼리 음간은 음지끼리 한 팀입니다.

양간 ▶ 갑병무경임甲丙戊庚壬은

양지 ▶ 자인진오신술子寅辰午申戌에만 올라타고

음간 ▶ 을정기신계乙丁己辛癸는

음지 ▶ 축묘사미유해丑卯巳未酉亥에만 올라탑니다.

甲子	乙丑	丙寅	丁卯	戊辰	己巳	庚午	辛未	壬申	癸酉
甲戌	乙亥	丙子	丁丑	戊寅	己卯	庚辰	辛巳	壬午	癸未
甲申	乙酉	丙戌	丁亥	戊子	己丑	庚寅	辛卯	壬辰	癸巳
甲午	乙未	丙申	丁酉	戊戌	己亥	庚子	辛丑	壬寅	癸卯
甲辰	乙巳	丙午	丁未	戊申	己酉	庚戌	辛亥	壬子	癸丑
甲寅	乙卯	丙辰	丁巳	戊午	己未	庚申	辛酉	壬戌	癸亥

❷ 용用의 음양

용이란 체의 쓰임새입니다.

용의 음양은 쓰임새에 따라 음양의 관계가 성립됩니다.

양	음
인 신 사 해 진 술 寅 申 巳 亥 辰 戌	자 오 묘 유 축 미 子 午 卯 酉 丑 未

인신사해寅申巳亥는 생지生支로서 양간이 정기이며 새로이 태어나는 움직임과 역동적으로 강하게 움직이는 역마의 개념으로 양지로 활용합니다.

양지	인寅	신申	사巳	해亥	진辰	술戌
정기	갑甲	경庚	병丙	임壬	무戊	무戊

자오묘유子午卯酉는 왕지旺支로서 음간이 정기이며 제왕의 근엄함과 제자리에서 화려함을 펼치는 도화의 개념으로 음지로 활용합니다.

음지	자子	오午	묘卯	유酉	축丑	미未
정기	계癸	정丁	을乙	신辛	기己	기己

진술辰戌은 양간인 무토戊土가 정기이므로 양지로 활용하고
축미丑未는 음간인 기토己土가 정기이므로 음지로 활용합니다.

③ 음지와 양지의 속성

◆ 양지는 움직임이 빠르며 음지는 느립니다.

양지陽支	음지陰支
寅 申 巳 亥 辰 戌	子 午 卯 酉 丑 未
강하고 빠르다	약하고 느리다

음양의 속성은 지지에도 그대로 나타납니다.
양지는 빠르게 움직이는 양기의 속성을 가지고 있으므로 길흉도 빠르게 나타나며, 음지는 고요하고 변화가 거의 없는 일정한 음기의 속성을 가지고 있으므로 길흉도 천천히 나타나게 됩니다.

성질 급한 사람은 뒤끝이 없지만 그러하지 않은 사람은 두고두고 곱씹는 것은 역시 음양의 차이라고 할 것입니다.
양지는 충동적이기에 길흉이 빨리 나타나도 금새 사그라지지만, 음지는 기운이 한결같기에 두고두고 곱씹으며 여러 해 동안 걸쳐서 나타나기도 합니다.

핵심 Tip

인신사해는 강하게 움직이므로 역마라고 합니다.
寅申巳亥는 강하고 빠르게 움직이므로 역마라고 합니다.
절기의 시작이므로 움직임이 신속합니다.

자오묘유는 은밀하므로 도화라고 합니다.
子午卯酉는 은밀하게 움직이며 화려하므로 도화라고 합니다.
절기의 중간으로 왕의 자리에 앉아 인정받기를 좋아합니다.

03 지지의 성정

지지	인寅	묘卯	진辰	사巳	오午	미未	신申	유酉	술戌	해亥	자子	축丑
계절	봄			여름			가을			겨울		
방위	동			남			서			북		
절기	입춘 우수	경칩 춘분	청명 곡우	입하 소만	망종 하지	소서 대서	입추 처서	백로 추분	한로 상강	입동 소설	대설 동지	소한 대한
실제 적용 시간	03 ~ 05	05 ~ 07	07 ~ 09	09 ~ 11	11 ~ 13	13 ~ 15	15 ~ 17	17 ~ 19	19 ~ 21	21 ~ 23	23 ~ 01	01 ~ 03
동물	호랑이	토끼	용	뱀	말	양	원숭이	닭	개	돼지	쥐	소

참고 Tip

입춘세수설 立春歲首設	입춘을 설날로 정한다는 주장입니다. 입춘에 甲午년에서 乙未년으로 변합니다. 대부분의 학파가 채용하고 있습니다.
동지세수설 冬至歲首設	동지를 설날로 정한다는 주장입니다. 동지에 甲午년에서 乙未년으로 변합니다. 일부 소수학파가 채용하고 있습니다.

지뢰복地雷復

水기의 왕지, 겨울, 대설 동지, 정북, 정자, 난자, 씨앗, 핵심, 양12월, 음11월,
23시 ~01시

子水라 하며 水기를 가지고 있습니다.

겨울의 지지인 亥子丑의 중심점이 子水입니다. 중심점이기에 水기의 왕지旺支
라고 합니다. 水기가 가장 왕성한 지지입니다.

子월의 절기로는 대설大雪과 동지冬至에 해당합니다.

子월은 대설 절입시간부터 시작됩니다. 이때부터 子월이 시작되는 것입니다.

대설은 양력 12월 7일경이며 날씨가 추워지고 눈이 많이 내립니다. 눈이 많이 내
려야 겨울을 푸근하게 지낼 수 있으며 풍년이 든다고 합니다. 대설은 큰 눈이 오
므로 활동하기 어렵습니다.

동지는 양력 12월 22일경으로 밤이 가장 길고 낮이 가장 짧은 날입니다. 동지는
작은설이라고 하여 양기가 다시 올라오는 시기이므로 이를 기준으로 하여 동지
설날이라고 한 것입니다.

子水는 모든 기운이 응축되어 있습니다.

일년 농사를 지어 추수를 하고 씨앗의 형태로 창고에 저장하여 놓은 때입니다.
모든 기운이 응축되어 있는 씨앗이기도 합니다. 子라는 글자는 씨앗의 뜻이기
때문입니다.

子시는 실제 적용시간으로 전일 23시부터 01시 까지입니다.

子시의 실제 적용시간은 전일 23시부터 01시 까지 입니다.

시계상 표준시간으로는 전일 23시 30분부터 01시 30분까지입니다.

현재 우리가 시계상으로 보는 시간이 표준시간입니다.

子水는 정북의 방향입니다.

亥子丑을 북방北方이라고 하며 子水는 정북正北 중앙에 위치합니다.

방위상으로 子水는 정북 방향입니다. 추운 북극지방에 해당한다고 할 수 있습니다. 지도에 표기되는 자오선子午線은 子水의 정북과 午火의 정남 방향을 가리키는 것입니다.

子水는 쥐에 해당하는 동물상象이 있습니다.

쥐는 밤에 활동하고 새끼를 많이 낳으며 지혜롭고 근면 성실한 면이 있습니다. 사주에 子水가 있다면 쥐의 성격과 행동양상을 지니고 있다고 보아도 됩니다. 은밀하게 움직이고 야행성이며 눈치 빠르고 영리하고 이성을 사귀기 좋아하며 자식을 많이 낳고자 하는 성정이 들어있습니다.

子水는 일양오음一陽五陰이 됩니다.

子水는 양기陽氣가 처음 생겨난다고 합니다. 亥水의 육음六陰에서 음기陰氣가 하나 줄고 하나의 양기인 일양一陽이 생기니 일양오음一陽五陰이 됩니다. 주역에서 지뢰복地雷復 괘라고 합니다.

지지와의 관계

회합	亥子丑방합, 申子辰삼합, 子丑지지합
형충	子卯형, 子午충
파해 신살	子未해, 子酉파, 子未원진, 子酉귀문

지택림地澤臨

水기의 고지, 金기의 묘지, 늦겨울, 소한 대한, 북동쪽, 금고, 후원자, 양1월,
음12월, 01시 ~ 03시

丑土는 金기와 水기를 저장하는 창고이기도 합니다.

土기는 창고 역할을 합니다. 할 일을 다 하고 편히 쉬는 金기의 호텔이고 水기의
휴식처이기도 합니다. 다음의 할 일을 위하여 에너지를 충전하는 곳이기도 합
니다.

丑土는 환절기와 같습니다.

겨울을 지내고 봄을 준비하는 때입니다. 흔히 환절기라고 하며 변화가 많은 시
기입니다. 혹한의 추위를 이겨내고 따뜻함을 준비하는 시기로서, 씨앗을 발아
시키기 위한 준비를 하는 때입니다.

丑월의 절기로는 소한小寒과 대한大寒에 해당합니다.

소한은 양력 1월 5일 경에 절입節入하고 중기中期에 대한의 절기를 갖게 됩니
다. 소한이 시작되면 추위가 절정에 이르게 됩니다. 대지는 꽁꽁 얼고 씨앗은 혹
한의 추위에서 발아할 준비를 하게 됩니다.

대한은 양력 1월 20일 경이며 큰 추위로 겨울을 매듭짓는 때라고 합니다.
추위는 죽음에서 다시 새로운 생명을 탄생시키기 위한 자연의 섭리입니다.
추위가 혹독해야 씨앗은 면역력을 가지게 되는 이치입니다.

丑土는 실제 적용시간으로 01시부터 03시 까지입니다.

丑시의 실제 적용시간은 01시부터 03시 까지입니다.

시계상 표준시간으로는 01시 30분 부터 03시 30분 까지입니다.

丑土는 북동의 방향입니다.

亥子丑을 북방北方이라고 하며 子水가 정북이고 丑土가 북동입니다.

子水 북쪽에서 보면 丑土는 동쪽에 있다는 것입니다.

丑土는 소에 해당하는 동물상象이 있습니다.

丑土는 소의 동물상을 가지고 있습니다. 소는 고집이 세고 우직하고 근면 성실합니다. 내향적이고 속을 잘 드러내지 않는 특징이 있습니다. 열심히 저축하고 근검절약하는 정신이 뛰어납니다.

丑土은 이양사음二陽四陰입니다.

 子水의 일양오음一陽五陰에서 양기가 발전하여, 丑土에서는 양기가 점점 늘면서 2개가 되고 음기가 점점 줄면서 4개가 됩니다. 주역에서 지택림地澤臨 괘라고 합니다

지지와의 관계

회합	亥子丑방합, 巳酉丑삼합, 子丑지지합
형충	丑戌未삼형, 丑未충
파해 신살	丑午해, 丑辰파, 丑午원진, 丑午귀문

지천태地天泰

木기의 록지, 火기의 생지, 초봄, 입춘 우수, 동북쪽, 생기, 권력, 양2월, 음1월, 03시 ~ 05시

寅木은 봄이 시작하는 때입니다.

입춘立春이 시작되면 사주명리에서는 한해가 시작되며 寅월이 됩니다.

봄이 시작되기에 만물은 깨어날 준비를 합니다. 긴 동면을 끝내고 세상 밖으로 나와 활동할 준비를 하게 됩니다.

입춘이 지나고 우수雨水가 되면 얼었던 대지가 녹아 촉촉해지며 부드러워지고, 때맞추어 씨앗은 뿌리 내릴 준비를 하고 새로운 삶을 꿈꾸게 됩니다.

생동감으로 하늘로 솟아오르고자 하는 강함이 木기의 성정입니다.

寅木이라 하며 木火기에 속합니다.

봄철 寅卯辰의 시작이 寅木입니다. 木기의 록지에 해당합니다. 록지는 장성하여 사회에 첫발을 내딛는 시작의 기운이며 사회초년생에 해당합니다.

寅월의 절기로는 입춘立春과 우수雨水에 해당합니다.

입춘은 양력 2월 4일경이며 사주명리상의 일 년이 시작되는 설날이며 봄이 시작되는 날입니다.

우수는 양력 2월 19일경이며 비가 내려 눈을 녹이고 대지를 흠뻑 적시어 싹이 올라오는 것을 돕는다고 합니다. 아직 차가운 한기가 가시어 아니하였으므로 만물이 크게 일어나지는 못하지만 태양의 따뜻함이 필요한 시기입니다.

봄바람이 불며 대동강물이 녹는다고 합니다.

寅시는 실제적용시간으로 03시부터 05시 까지입니다.

寅시의 실제적용시간은 03시부터 05시 까지입니다.

시계상 표준시간으로 03시 30분부터 05시 30분까지 입니다.

寅木은 동북쪽의 방향입니다.

寅卯辰을 동방東方이라고 하며 卯木이 정동正東이고 寅木이 동북쪽입니다.

卯木 동쪽에서 보면 寅木은 북쪽에 있다는 것입니다.

寅木은 호랑이에 해당하는 동물상象이 있습니다.

寅木은 호랑이의 동물상을 가지고 있습니다. 어슬렁거리며 산속의 왕자로 군림하며 결코 서두르는 법이 없습니다. 왕자로서의 권위가 보입니다. 그래서 절대권력자의 상징이기도 합니다.

寅木은 삼양삼음三陽三陰입니다.

 丑土의 이양사음二陽四陰에서 양기가 발전하여, 寅木에서는 음기가 하나 줄어 3개가 되고 양기가 점점 늘면서 3개가 됩니다. 주역에서 지천태地天泰 괘라고 합니다.

지지와의 관계

회합	寅卯辰방합, 寅午戌삼합, 寅亥지지합
형충	寅巳申삼형, 寅申충
파해 신살	寅巳해, 寅亥파, 寅酉원진, 寅未귀문

뇌천대장雷天大壯

木기의 왕지, 경칩 춘분, 봄, 정동, 일어남, 현실성, 양 3월, 음 2월,
05시 ~ 07시

卯木이라 하며 木기에 속합니다.
봄의 계절인 寅卯辰의 중심점이 卯木입니다. 새싹이 올라오는 때입니다.
개나리 진달래 벚나무에서 꽃봉오리가 꽃을 피울 준비를 합니다.

卯木은 열리는 기운입니다.
卯의 형상은 문이 열리는 모습이고 새싹이 두 가닥으로 갈라지는 모습입니다.
대지가 열리며 싹이 올라오는 형상으로 甲木이 뿌리를 내리고 乙木이 싹이 되어
하늘로 올라가게 됩니다. 木기가 푸른 청색이 되는 까닭입니다.

卯木은 실제적용시간으로 05시부터 07시 까지입니다.
묘목의 실제적용시간은 05시부터 07시 까지입니다.
시계상 표준시간으로는 05시 30분부터 07시 30분까지 입니다.

卯木은 정동의 방향입니다.
寅卯辰을 동방東方이라고 하며 卯木이 정동正東이고 중앙입니다.
寅卯辰동방에서 중앙에 위치하고 있는 제왕입니다.

卯월의 절기는 경칩驚蟄과 춘분春分에 해당합니다.
경칩은 양력 3월 6일경으로 겨울잠을 자던 개구리와 도룡농이 천둥 소리에
놀라 깨어나고 알을 낳기 시작한다고 합니다.

춘분은 양력 3월 21일경으로 태양이 적도상에 있어 낮과 밤의 시간이 같아집니다. 분分은 나눈다는 의미가 있습니다. 음양이 고르게 나누어지니 조화가 이루어지는 것입니다.

卯木은 토끼에 해당하는 동물상象이 있습니다.

토끼는 자태가 아름다우나 새끼를 죽이는 잔혹성도 가지고 있습니다. 적들에게 새끼를 빼앗기느니 차라리 죽이는 것입니다. 나의 것을 주지 않겠다는 집착이 대단합니다.

卯木은 사양이음四陽二陰입니다.

 寅木의 삼양삼음三陽三陰에서 양기가 발전하여, 卯木에서는 음기가 하나 줄어 양기가 4개가 되고 음기가 점점 줄면서 2개가 됩니다. 음기가 적고 양기가 많아 매우 양적인 상태가 됩니다. 주역에서 뇌천대장雷天大壯 괘라고 합니다.

지지와의 관계

회합	寅卯辰방합, 亥卯未삼합, 卯戌지지합
형충	子卯형, 卯酉충
파해 신살	卯辰해, 午卯파, 卯申원진, 卯申귀문

택천쾌澤天夬

木기의 고지, 水氣의 묘지, 늦봄, 청명 곡우, 동남쪽, 식사, 권위, 양 4월, 음 3월, 07시 ~ 09시

辰土는 봄의 막바지입니다.

봄은 寅卯辰의 방합을 가지고 있습니다. 봄의 방합을 마무리하므로 辰土는 봄을 마감하는 때인 것입니다. 추위가 물러나고 이제 더위가 시작되는 때입니다. 꽃피는 춘삼월이 辰월에 해당합니다.

辰土는 환절기와도 같습니다.

봄을 지내고 여름을 준비하는 때입니다. 흔히 환절기라고 하며 변화가 많은 시기입니다. 에너지가 많이 소모되므로 면역력이 약해지는 시기입니다.

辰土는 木기와 水기를 저장하는 창고이기도 합니다.

土기가 창고 역할을 하는 것입니다. 할 일을 다 하고 편안히 쉬는 水기의 호텔이고 木기의 휴식처이기도 합니다.

辰월의 절기로는 청명淸明과 곡우穀雨에 해당합니다.

청명은 양력 4월 6일경으로 나무 심기에 적당한 시기이므로 식목일이 이때이며 한식일이 겹치기도 합니다.

곡우는 양력 4월 20일경으로 씨앗을 뿌린다는 뜻으로 봄비가 내리고 농사가 시작됩니다.

辰土는 실제적용시간으로 07시부터 09시 까지입니다.

辰土의 실제적용시간은 07시부터 09시 까지입니다.

시계상 표준시간으로는 07시 30분부터 09시 30분까지 입니다.

辰土는 동남의 방향입니다.

寅卯辰을 동방東方이라고 하며 卯木이 정동正東이고 辰土가 동남쪽입니다.

卯木 동쪽에서 보면 辰土는 남쪽에 있다는 것입니다.

辰土는 용龍에 해당하는 동물상象이 있습니다.

용은 상상의 동물로서 현실세계에는 존재하지 아니합니다. 여러 가지 동물의 모습으로 조합되어 기괴한 형상을 가지고 있습니다. 십이지지 중에 유일하게 하늘을 날 수 있는 동물이기도 합니다.

 辰土는 오양일음午陽一陰입니다.

卯木의 사양이음四陽二陰에서 양기가 발전하여, 辰土에서는 음기가 하나 줄어 양기가 5개가 되고 음기가 점점 줄면서 1개가 됩니다. 주역에서 택천쾌澤天夬 괘라고 합니다.

지지와의 관계

회합	寅卯辰방합, 申子辰삼합, 辰酉지지합
형충	辰辰자형, 辰戌충
파해 신살	卯辰해, 丑辰파, 辰亥원진, 辰亥귀문

중천건重天乾

火土기의 록지, 金기의 생지, 입하 소만, 남동쪽, 초여름, 열정, 홍보, 양 5월, 음 4월, 09시 ~ 11시

巳火라고 하며 火土金기를 가지고 있습니다.
巳午未의 시작이 巳火입니다. 丙火가 정기이면서 록지이기에 왕성합니다.
자신의 할 일을 홍보하며 왕성하게 하는 곳입니다. 본격적으로 여름이 시작되는 시기로서 입하와 소만의 절기가 배치되어 있습니다.

巳火는 여름이 시작되는 때입니다.
봄이 지나가고 여름이 시작되는 입하立夏의 절기입니다. 사주명리에서는 巳午未 계절이 여름입니다. 여름이 시작되기에 만물은 번성할 준비를 하며, 꽃을 피우고 가지에서 나뭇잎들이 나오며 산천을 푸르게 만들어 주며 성장을 합니다.

巳월의 절기로는 입하立夏와 소만小滿에 해당합니다.
입하는 양력 5월 5일경으로 여름이 시작되고 농작물이 자라기 시작하며 농가 일손이 바빠집니다. 병충해도 왕성한 활동을 하므로 방제작업과 잡초 제거에 힘쓰기도 합니다.

소만은 양력 5월 21일경으로 일조량이 많아 만물이 풍성하게 자라므로 가득 찬다는 시기이며 초여름 모내기가 시작됩니다. 보리가 익어가며 부엉이가 우는데 먹을 것이 떨어지는 보릿고개가 시작되는 때이기도 합니다.

巳火는 실제적용시간으로 09시부터 11시 까지입니다.

巳시의 실제적용시간은 09시부터 11시 까지입니다.

시계상 표준시간으로는 09시 30분부터 11시 30분까지 입니다.

巳火는 남동의 방향입니다.

巳午未를 남방南方이라고 하며 午火가 정남正南이고 巳火가 남동쪽입니다.

남쪽에서 보면 동쪽에 있다는 것입니다.

巳火는 뱀에 해당하는 동물상象이 있습니다.

巳는 뱀의 동물상을 가지고 있습니다. 뱀은 환경을 잘 활용합니다. 주변의 온도에 따라 자신의 체온을 바꾸고 겨울에는 동면을 하지만 봄과 여름 그리고 가을에는 왕성한 활동을 하게 됩니다. 따뜻한 햇볕아래에서 일광욕을 즐기는 여유를 갖기도 하며, 이빨에 독이 있어 먹이를 독살시켜 잡아먹는 잔혹성이 있으며 통째로 삼킵니다.

巳火는 육양무음六陽無陰입니다.

 辰土의 오양일음午陽一陰에서 양기가 발전하여, 巳火에서는 음기가 하나 줄고 양기가 6개가 되어 양기가 최고치에 이릅니다. 양기가 최고치이며 음기가 전혀 없기에 순양이라고도 합니다. 주역에서 중천건重天乾 괘라고 합니다.

지지와의 관계

회합	巳午未방합, 巳酉丑삼합, 巳申지지합
형충	寅巳申삼형, 巳亥충
파해 신살	寅巳해, 巳申파, 巳戌원진, 巳戌귀문

천풍구天風姤

火土기의 왕지, 망종 하지, 여름, 정남쪽, 활동, 리더십, 양 6월, 음 5월, 11시 ~ 13시

午火라고 하며 火土기를 가지고 있습니다.
巳午未의 중심점이 午火입니다. 여름에 속하고 더위가 시작하는 때입니다.
모내기가 한창이고 하루 중 낮이 가장 길어 하지라고 합니다.

정오는 태양이 가장 높은 곳에 위치한 때입니다.
하루 중 그림자가 가장 짧은 때이며 午시의 중간을 정오라고 합니다.
태양에서 지구에 직각으로 빛을 비추는 때이며 한낮의 중앙이 됩니다.
정오의 반대는 자정으로 子시의 중간을 말합니다.

午월의 절기로는 망종芒種과 하지夏至에 해당합니다.
망종은 양력 6월 초순에 절기가 시작됩니다. 모내기를 시작하는 때입니다.
망芒은 보리나 벼의 까끄라기를 말합니다. 논보리나 볍씨를 뿌리기에 알맞으므로 농촌에서는 가장 바쁜 때이기도 합니다.

하지는 양력 21일 경으로 태양이 가장 북쪽에 올라와 있기에 낮이 가장 길고 밤이 가장 짧은 때입니다. 동지에 양기가 새로 나온다면 하지에는 음기가 새로 나오게 됩니다. 하지를 정점으로 양에서 음으로 전환하게 됩니다.

午시는 실제적용시간으로 11시부터 13시 까지입니다.

午시의 실제적용시간은 11시부터 13시 까지입니다.

시계상 표준시간으로는 11시 30분부터 13시 30분까지 입니다.

午火는 정남쪽의 방향입니다.

巳午未를 남방南方이라고 하며 午火가 정남正南이므로 巳午未 남쪽의 정중앙이 됩니다.

午火는 말에 해당하는 동물상象이 있습니다.

午火는 말의 상을 가지고 있습니다. 말의 고고한 자태는 위엄이 서려있습니다.

종마는 수많은 말들을 거느리며 무리의 우두머리로서 리더십이 있습니다.

말은 지위의 상징이기도 합니다. 지위가 높은 자들은 좋은 말을 타고 위엄을 자랑합니다.

午火는 오양일음午陽一陰입니다.

 巳火의 육양무음六陽無陰에서 음기가 발전하여, 午火에서는 양기가 하나 줄어 양기가 5개가 되고 음기가 점점 자라며 1개가 됩니다. 午火에서 양기의 성장은 그치고 음기가 성장하기 시작합니다. 주역에서 천풍구天風姤 괘라고 합니다.

지지와의 관계

회합	巳午未방합, 寅午戌삼합, 午未지지합
형충	午午자형, 子午충
파해 신살	丑午해, 午卯파, 丑午원진, 丑午귀문

천산둔天山遯

火기의 고지, 木기의 묘지, 늦여름, 소서 대서, 조정, 분배, 남서쪽, 양 7월, 음 6월, 13시 ~ 15시

未土는 여름의 막바지입니다.

여름은 巳午未의 방합을 가지고 있습니다. 여름의 방합을 마무리하므로 未土는 여름을 마감하는 때입니다. 더위가 본격적으로 맹위를 떨치는 삼복더위의 시기입니다.

未土는 환절기와 같습니다.

여름을 지내고 가을을 준비하는 때입니다. 흔히 환절기라고 하며 변화가 많기에 에너지의 소모가 많은 시기입니다. 더위는 결실을 숙성시키기 위하여 만물의 성장을 멈추게 합니다.

未土는 火기와 木기를 저장하는 창고이기도 합니다.

土기가 창고 역할을 하는 것입니다. 할 일을 마치고 편안히 쉬는 木기의 호텔이고 火기의 휴식처이기도 합니다. 다음의 할 일을 위하여 에너지를 충전하는 곳이기도 합니다.

未월의 절기로는 소서小暑와 대서大暑에 해당합니다.

소서는 양력 7월 5일경으로 본격적인 더위를 예고합니다. 장마 기간으로 습도가 높고 비가 많이 내리는 시기입니다. 소서가 지나면 새색시도 논일을 한다고 하여 농촌일이 매우 바쁜 시기임을 알 수 있습니다.

대서는 양력 7월 23일경으로 장마가 끝나고 더위가 절정에 이르며 천둥 번개를 동반한 소나기가 시원하게 쏟아지기도 합니다. 대서는 큰 더위라는 뜻이며 더위를 피하여 계곡이나 바다로 피서를 가는 때이기도 합니다.

未는 실제적용시간으로 13시부터 15시 까지입니다.
未시의 실제적용시간은 13시부터 15시 까지입니다.
시계상 표준시간은 13시 30분부터 15시 30분까지 입니다.

未土는 남서의 방향입니다.
巳午未를 남방南方이라고 하며 午火가 정남正南이고 未土가 남서쪽입니다.
午火남쪽에서 보면 未土는 서쪽에 있다는 것입니다.

未土는 양羊에 해당하는 동물상象이 있습니다.
양은 고고함이 있습니다. 높은 암벽을 평지 걷듯 자연스럽게 오르내리며 암벽 위에 서 있는 모습은 고고하기까지 합니다.

未土는 사양이음四陽二陰입니다.
午火의 오양일음五陽一陰에서 음기가 발전하여, 未土에서는 양기가 하나 줄어 양기가 4개가 되고 음기가 점점 자라며 2개가 됩니다. 주역에서 천산둔天山遯 괘라고 합니다.

지지와의 관계

회합	巳午未방합, 亥卯未삼합, 午未지지합
형충	丑戌未삼형, 丑未충
파해 신살	子未해, 戌未파, 子未원진, 寅未귀문

천지비天地否

申숲기의 록지, 水기의 생지, 입추 처서, 서남쪽, 초가을, 명분, 경제, 양 8월, 음 7월, 15시 ~ 17시

申金이라고 하며 金水기를 가지고 있습니다.

申酉戌의 시작이 申金입니다. 庚金이 정기이면서 록지이기에 金기가 왕성합니다. 자신의 할 일을 왕성하게 시작하는 곳입니다. 본격적으로 가을이 시작되는 시기로서 입추와 처서의 절기가 배치되어 있습니다.

申金은 가을이 시작되는 때입니다.

여름이 지나가고 가을이 시작되는 입추立秋의 절기입니다. 사주명리에서는 申酉戌 계절이 가을입니다. 가을이 시작되기에 만물은 결실을 숙성시킬 준비를 하며, 가지에서 단풍을 만들고 잎을 떨어뜨리고 결실을 만드는데 집중하게 됩니다.

申월의 절기로는 입추立秋와 처서處暑에 해당합니다.

입추는 양력 8월 8일경으로 가을이 시작되고 과실이 익기 시작하며 말복으로 막바지 더위를 보내기도 합니다.

처서는 양력 8월 23일경으로 여름의 더위가 지나가고 이제 시원한 날씨를 즐길 수 있다고 합니다. 처서는 더위가 물러간다고 하여 붙여진 이름입니다.

申시는 표준시간으로 15시에서 17시 사이입니다.

申시의 표준시간은 15시에서 17시 사이입니다.

시계상 표준시간으로는 15시 30분 부터 17시 30분까지 입니다.

申金는 서남쪽의 방향입니다.

申酉戌을 서방西方이라고 하며 酉金이 정서正西이고 申金이 서남쪽입니다.
서쪽에서 보면 남쪽에 있다는 것입니다.

申金은 원숭이에 해당하는 동물상象이 있습니다.

申金은 원숭이의 동물상을 가지고 있습니다. 원숭이는 영리하고 교활하며 빠릅
니다. 원숭이 역시 환경을 잘 활용합니다. 주변의 높은 곳을 오르내리며 주로 나
무위에서 생활합니다. 무리를 지어서 생활하는 습성이 있고 새끼를 돌보며 기
릅니다.

申金은 삼양삼음三陽三陰입니다.

양기陽氣가 3개이고 음기陰氣도 3개로 음양이 동등합니다.
양기가 점점 줄어들고 음기가 점점 늘어나는 추세에 있습니
다. 음양이 균형을 이루지만 음이 나서고 양이 물러서는 때입
니다. 주역에서 천지비天地否 괘라고 합니다.

지지와의 관계

회합	申酉戌방합, 申子辰삼합, 巳申지지합
형충	寅巳申삼형, 寅申충
파해 신살	申亥해, 巳申파, 卯申원진, 卯申귀문

풍지관風地觀

金기의 왕지, 백로 추분, 가을, 정서쪽, 보석, 예리함, 결실, 양 9월, 음 8월, 17시 ~ 19시

酉金이라고 하며 金氣를 가지고 있습니다.

申酉戌의 중심점이 酉金입니다. 가을에 속하고 청량하고 시원한 날씨가 이어집니다. 들에는 벼가 익어 황금벌판으로 변화합니다. 결실을 거두는 추수의 시기입니다.

酉金은 결실의 기운입니다.

酉金은 결실의 상징입니다. 에너지를 집중하여 결실을 튼실하게 만들고 이를 거두는 때입니다. 결실을 거두고 대보름을 축제의 장으로 만드는 행사가 추석이라는 명절입니다. 정당하게 가꾸고 정당하게 결실을 수확하는 의로움이 있기에 金기는 의義를 숭상합니다.

酉월의 절기로는 백로白露와 추분秋分에 해당합니다.

백로는 양력 9월 8일 경에 절기가 시작됩니다. 기온이 현저히 떨어지며 밤이슬이 하얗게 뭉친다고 하여 백로라고 합니다. 백로는 하얀 이슬이란 뜻입니다.

추분은 양력 9월 23일 경으로 태양이 적도상에 위치하므로 밤과 낮의 길이가 같습니다. 기온이 서늘하고 하늘이 높아지며 맑은 날씨가 계속되며 가을이 왔다는 것을 실감하게 합니다.

酉시는 실제적용시간으로 17시부터 19시 까지입니다.

酉시의 실제적용시간은 17시부터 19시 까지입니다.

시계상 표준시간으로는 17시 30분부터 19시 30분까지 입니다.

酉金은 정서의 방향입니다.

申酉戌을 서방西方이라고 하며 酉金이 정서正西입니다.

서쪽 가운데 중앙에 위치하여 있습니다.

酉金은 닭의 동물상을 가지고 있습니다.

아침이면 꼬끼오하면서 합창을 하는 시골 풍경은 정겹기만 합니다.

닭이 울면 해가 뜨기에 상서로운 동물로 여겼습니다.

 酉金은 이양사음二陽四陰입니다.

申金의 삼양삼음三陽三陰에서 음기가 발전하여, 酉金에서는 양기가 하나 줄어 양기가 2개가 되고 음기가 점점 자라며 4개가 됩니다. 주역에서 풍지관風地觀 괘라고 합니다.

지지와의 관계

회합	申酉戌방합, 巳酉丑삼합, 辰酉지지합
형충	酉酉자형, 卯酉충
파해 신살	酉戌해, 子酉파, 寅酉원진, 子酉귀문

산지박山地剝

金기의 고지, 火기의 묘지, 한로 상강, 서북쪽, 늦가을, 예술, 정신세계, 양 10월, 음 9월, 19시 ~ 21시

戌土는 가을의 막바지입니다.
가을은 申酉戌의 방합을 가지고 있습니다. 가을의 방합을 마무리하므로 戌土는 가을을 마감하는 때인 것입니다. 서서히 추위가 시작이 됩니다.

戌土는 환절기와 같습니다.
가을을 지내고 겨울을 준비하는 때입니다. 흔히 환절기라고 하며 변화가 많은 시기입니다. 결실을 거두는 시기이기도 합니다. 겨울동안 먹을 양식을 저장하고 준비하는 시기입니다. 추위는 만물의 성장을 멈추게 하고 단풍잎을 만들며 휴식을 취하게 합니다.

戌土는 金기와 火기를 저장하는 창고이기도 합니다.
土가 창고 역할을 하는 것입니다. 할 일을 마치고 편안히 쉬는 火기의 호텔이고 金기의 휴식처이기도 합니다. 다음의 할 일을 위하여 에너지를 충전하는 곳이기도 합니다.

戌월의 절기로는 한로寒露와 상강霜降에 해당합니다.
한로는 양력 10월 8일경으로 차가운 이슬이 내리는 때입니다. 한로에는 양기가 부족하므로 국화로 전을 만들고 추어탕으로 양기를 보충하였다고 합니다. 미꾸라지는 가을에 살찌는 물고기라 하여 추어鰍魚라고 합니다.

상강은 양력 10월 23일경으로 기온이 떨어지면서 서리가 내리고 가을 단풍이 한창 무르익어 갈 무렵입니다. 상강霜降이란 서리가 내린다는 뜻입니다. 나뭇잎이 누렇게 되며 낙엽이 되어 떨어지고 겨울잠을 자는 벌레나 동물들이 서서히 동면에 들어가는 때이기도 합니다.

戌시는 실제적용시간으로 19시부터 21시 까지입니다.

戌시의 실제적용시간은 19시부터 21시 까지입니다.

시계상 표준시간으로는 19시 30분부터 21시 30분까지 입니다.

戌土는 서북의 방향입니다.

申酉戌을 서방西方이라고 하며 酉金이 정서正西이고 戌土가 서북쪽입니다.

서쪽에서 보면 북쪽에 있다는 것입니다.

戌土는 개에 해당하는 동물상象이 있습니다.

개는 자신의 주인에게 충성하고 우두머리에게 복종하며 온순한 행동을 하는 특징이 있습니다.

戌土는 일양오음一陽五陰입니다.

戌土에서는 양기가 하나 줄어 양기가 1개, 음기 5개가 됩니다. 마지막 하나 남은 양기가 억지로 매달려 있습니다. 음기에 의하여 밀려나는 양기의 모습이 위태합니다. 주역에서 산지박山地剝 괘라고 합니다.

지지와의 관계

회합	申酉戌방합, 寅午戌삼합, 卯戌지지합
형충	丑戌未삼형, 辰戌충
파해 신살	酉戌해, 戌未파, 巳戌원진, 巳戌귀문

중지곤重地坤

水기의 록지, 木기의 생지, 입동 소설, 북서쪽, 과감성, 임기응변, 양 11월, 음 10월, 21시 ~ 23시

亥水라고 하며 水木기를 가지고 있습니다.

亥子丑의 시작이 亥水입니다. 壬水가 정기이면서 록지이기에 水기가 왕성합니다. 자신의 할 일을 왕성하게 하는 곳입니다. 본격적으로 겨울이 시작되는 시기입니다. 입동과 소설의 절기가 배치되어 있습니다.

亥水는 겨울이 시작되는 때입니다.

가을이 지나가고 겨울이 시작되는 입동立冬의 절기입니다. 사주명리에서는 亥子丑 계절이 겨울입니다. 겨울은 만물이 성장을 멈추고 결실을 거두어 저장하는 때입니다.

봄에서 꽃을 피우고 싹을 내 놓았다면 여름은 나뭇잎을 번성하게 하여 영양분을 만들고 가을에는 열매를 숙성시키는 것이며, 겨울은 씨앗을 저장하고 휴식을 취하며 봄을 기다리게 됩니다.

亥월의 절기로는 입동立冬과 소설小雪에 해당합니다.

입동은 양력 11월 8일경으로 겨울이 시작되고 물이 얼기 시작합니다.
이 시기에는 김장을 담그고 집안을 수리하는 등 겨울준비에 한창입니다.

소설은 양력 11월 23일경으로 찬바람이 불고 겨울 추위를 느끼며 눈이 내리기 시작합니다. 살얼음이 얼며 추워지지만 낮에는 제법 따뜻하여 소춘小春이라고도 하며 작은 봄이라고 부르기도 한답니다. 소설에 추우면 보리농사가 잘 된다고 합니다.

亥시는 실제적용시간으로 21시부터 23시 까지입니다.
亥시의 실제적용시간은 21시부터 23시 까지입니다.
시계상 표준시간으로는 21시 30분부터 23시 30분까지 입니다.

亥水는 북서의 방향입니다.
亥子丑을 북방北方이라고 하며 子水가 정북正北이고 亥水가 북서쪽입니다.
子水북쪽에서 보면 亥水는 서쪽에 있다는 것입니다.

亥水는 돼지의 동물상을 가지고 있습니다.
돼지는 가축으로 기르는 집돼지보다는 야생의 멧돼지가 물상에 적합합니다.
보통 늪지대처럼 물이 풍부하고 시원한 곳에서 사는 동물입니다.

亥水는 육음六陰입니다.
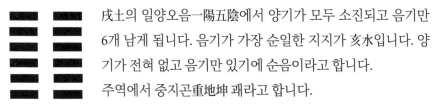
戌土의 일양오음一陽五陰에서 양기가 모두 소진되고 음기만 6개 남게 됩니다. 음기가 가장 순일한 지지가 亥水입니다. 양기가 전혀 없고 음기만 있기에 순음이라고 합니다.
주역에서 중지곤重地坤 괘라고 합니다.

지지와의 관계

회합	亥子丑방합, 亥卯未삼합, 寅亥지지합
형충	亥亥자형, 巳亥충
파해 신살	申亥해, 寅亥파, 辰亥원진, 辰亥귀문

- 고전으로 보는 지지론

상식으로 알아두면 지지를 이해하는데 도움이 됩니다.

◆ 연해자평 지지론

◆ 십이지지의 상징

지지	자子	축丑	인寅	묘卯	진辰	사巳	오午	미未	신申	유酉	술戌	해亥
동물	쥐	소	호랑이	토끼	용	뱀	말	양	원숭이	닭	개	돼지
음양	양	음	양	음	양	음	양	음	양	음	양	음

쥐(子)

눈동자가 없고 음이 지극하여 땅속으로 숨어 다니며 앞발가락이 네 개로 야자시에는 음이고 뒤발가락이 다섯 개로 조자시에는 양이 된다고 한다.

- 야자시와 조자시의 이론의 근거가 됩니다.

소(丑)

송곳니가 없고 새끼를 핥아주며 몹시 아끼고 보살피니 자애로우며 발굽이 둘로 나뉘어져 음이 된다고 한다. - 짝수는 음이고 홀수는 양으로 보는 개념입니다.

호랑이(寅)

양기가 오르며 지나치면 포악하며 사납고 목이 없고 발가락이 다섯 개로 양이 된다.

토끼(卯)

입술이 없고 암컷이 수컷의 털을 핥으며 잉태를 하고 발가락이 네 개로 음이 된다.

용(辰)

양기가 일어나 왕성하게 움직이며 귀가 없고 발가락이 다섯 개로 양이 된다.

뱀(巳)

양기가 일어나 갈지자之로 움직이며 나아가는 것이며 발이 없고 혀가 둘로 나뉘어져 음이 된다.

말(午)

극양으로 밝고 경쾌하며 빠르게 다니며 쓸개가 없고 말발굽이 하나로 양이 된다.

양(未)

눈동자가 없고 꿇어 앉아 젖을 먹으며 발굽이 둘로 나뉘어져 음이 된다.

원숭이(申)

기가 오르며 교활해지며 성질이 강하고 뺨이 없고 발가락이 다섯 개로 양이 된다.

닭(酉)

발을 몸에 합쳐 형체를 없게 하고 교감하지 아니하며 콩팥이 없고 발가락이 네 개로 음이 된다.

개(戌)

밤을 지키며 위장이 없고 발가락이 다섯 개로 양이 된다.

돼지(亥)

침착하고 힘줄이 없고 발톱이 둘로 나뉘어져 음이 된다고 한다.

◆ 십이지지의 뜻

자子는 번성하는 것으로 양기가 비로소 아래로부터 싹트는 것이며

축丑은 묶는 것으로 한기가 스스로 꺾이어 엎드리는 것이며

인寅은 양기가 나오는데 음이 강하여 종지뼈처럼 튀어나온 것이며

묘卯는 만물이 땅을 무릅쓰고 나아가는 것이며

진辰은 만물이 모두 펼치고 뻗으며 나아가는 것이며

사巳는 양기가 마침내 펼치는 것을 그치는 것이며

오午는 음양이 서로 교체함에 놀라 거스르는 것이며

미未는 해가 중천을 지나 양이 기울어 어둠으로 기우는 것이며

신申은 펼침을 거두어 완성하는 것이며

유酉는 만물이 완성되어 익은 것이며

술戌은 만물이 소멸하여 사라지는 것이며

해亥는 만물을 거두어 감추고 씨앗으로 단단하게 하는 것입니다.

◆ 군서고이에서 말하기를

子는 새끼를 낳는 것입니다. 양기가 아래로부터 싹트기 시작하는 것이니, 자궁에서 새끼를 낳듯이 씨앗에서 뿌리를 내리는 것입니다.

丑은 묶이는 것입니다. 차가운 한기가 스스로 굴복하여 꺾여 엎드리는 것이므로 양기가 추위를 묶고 서서히 나오기 시작하는 것입니다.

寅은 무릎의 종지뼈와 같습니다. 양기가 음기를 밀치고 튀어나오려고 하는데, 음기가 오히려 강하여 양기가 종지뼈처럼 아래에서 튀어나오는 것입니다.

卯는 모험하는 것입니다. 겨우 내내 얼었던 땅은 미처 녹지 않고 단단하지만 만물의 싹은 모험을 무릅쓰고 땅위로 나오는 것입니다.

辰은 펼치는 것입니다. 용이 용솟음을 치며 하늘로 오르듯이 만물이 기지개를 펴면서 뻗치고 나아가는 것입니다.

巳는 그치는 것입니다. 양기가 모두 펼쳐져 완성되었으므로 음기에게 자리를 내주고자 하는 것입니다.

午는 거스르는 것입니다. 음기가 갑자기 나오며 자리를 바꾸자고 하니 놀라서 거스른다고 하는 것입니다.

未는 어두워지는 것입니다. 태양이 중천에서 기울어지며 양기가 어두움으로 향하기 때문입니다. 어두움의 골짜기를 귀신이 나오는 유곡이라고 합니다.

申은 펼치는 것을 거두어 완성하는 것입니다. 그러므로 고서에서는 만물이 체성을 다 이루었다고 하는 것입니다. 성장을 그치고 이제 결실을 완성하고자 하는 뜻이 있습니다. 과실을 익히기 위하여 성장을 멈추는 것입니다.

酉는 성취하는 것입니다. 만물이 성취한 것을 숙성시키는 것입니다. 결실이 숙성되어 완성하는 것입니다. 과일이 익고 결실을 거두는 과정입니다. 음이 네 개이니 만물은 음으로 숙성이 되고 양은 씨앗이 되어 저장이 되는 것입니다.

戌은 소멸하는 것입니다. 만물이 멸진하는 것으로 소멸하여 사라지는 것을 말합니다. 나뭇잎이 단풍이 되고 낙엽이 되어 떨어지는 현상과도 같습니다.

亥는 씨앗입니다. 만물의 양기를 거두어 견고한 씨앗에 저장하는 것입니다. 씨앗은 영생을 위한 다리와도 같습니다. 새로운 생명을 이어나가며 후손에게 다음 세대를 물려주는 것으로 영생을 이어나가는 것입니다.

음양은 점차 하나씩 늘어나고 줄어들며 순환하는 것이 자연의 이치입니다.

◆ 칠정산 지지론

칠정산七政算은 세종대왕이 편찬한 역법曆法에 관한 책으로, 세종실록世宗實錄 156~163권에 실려 있습니다. 세종대왕 이전에는 우리나라 자체의 역법서가 없어서, 중국의 역법인 원元나라의 수시력授時曆을 사용하였으나 우리의 실정에 맞지 아니하고 오차가 생기어 사용하기에 불편하므로 세종의 지시로 이순지(李純之,1406~1465)에 의하여 만들어진 역법이 칠정산입니다.

칠정산七政算이란 7개의 움직이는 별을 계산한다는 뜻으로 해, 달, 수성, 화성, 금성, 토성, 목성의 위치를 계산하여 만든 우리나라의 독자적 역법서로서 천문학이 세계적인 수준임을 증명하는 중요한 역사자료이기도 합니다.

24절기는 중국으로 부터 유래 되었으며, 음력을 사용한다고 착각하기 쉽지만 태양의 운행주기에 맞추어 만들어진 것입니다. 그러므로 24절기를 나누는 기준 자체가 달이 아닌 태양을 기준으로 나눈 것입니다.

◆ 칠정산에 수록된 절기의 설명을 참고하면

입춘 우수는 인寅월의 절기이고 우수는 중기로서 동풍이 불어서 언 땅이 녹고 땅 속에서 잠자던 벌레들이 움직이기 시작하면서 물고기가 얼음 밑을 돌아다닌다고 합니다.

경칩 춘분은 묘卯월의 절기이고 춘분은 중기로서 복숭아꽃이 피기 시작하고, 꾀꼬리가 울며, 제비가 날아온다고 합니다.

청명 곡우는 진辰월의 절기이고 곡우는 중기로서 오동梧桐나무에 꽃이 피고 산비둘기가 깃을 털며 뻐꾸기가 뽕나무에 내려앉는다고 합니다.

입하 소만은 사巳월의 절기이고 소만은 중기로서 청개구리가 울고 지렁이가 기어 나오기 시작하고 씀바귀가 올라오며 보리가 익는다고 합니다.

망종 하지는 오午월의 절기이고 하지는 중기로서 왜가리가 울기 시작하며, 사슴의 뿔이 떨어지고 매미가 울기 시작한다고 합니다.

소서 대서는 미未월의 절기이고 대서는 중기로서 더운 바람이 불고 귀뚜라미가 벽에 기어 다니며, 매가 사나워지고, 썩은 풀이 화하여 반딧불이가 되며 흙이 습하고 더워지며 큰 비가 내린다고 합니다.

입추 처서는 신申월의 절기이고 처서는 중기로서 서늘한 바람이 불고 이슬이 내리며, 쓰르라미가 울고 매가 새를 많이 잡으며 벼가 익는다고 합니다.

백로 추분은 유酉월의 절기이고 추분은 중기로서 기러기가 날아오고, 제비가 돌아가며, 새들이 먹이를 저장하며 물이 마르기 시작합니다.
한로 상강은 술戌월의 절기이고 상강은 중기로서 국화가 노랗게 피고, 초목이 단풍이 들며 낙엽지고, 벌레들이 땅속으로 들어갑니다.

입동 소설은 해亥월의 절기이고 소설은 중기로서 물이 얼기 시작하고 땅이 얼기 시작하며, 겨울이 된다고 합니다.

대설 동지는 자子월의 절기이고 동지는 중기로서 호랑이가 교미를 시작하며, 고라니의 뿔이 떨어지고 샘물이 언다고 합니다.

소한 대한은 축丑월의 절기이고 대한은 중기로서 기러기가 북으로 돌아가고, 까치가 깃을 치기 시작하며, 닭이 알을 품고, 호수와 연못이 두껍고 단단하게 언다고 합니다.

◆ 자평진전 지지론

자평진전 저자 심효첨은 천간이 있는데 어찌하여 인묘寅卯가 있는가를 묻고는, 또한 갑을甲乙처럼 음양으로 나누고, 천지로도 나누어 설명할 수 있느냐고 자문 자답하고 있습니다.

목木			
천간		지지	
양	음	양	음
갑甲	을乙	인寅	묘卯

오행이 음양으로 나누어지며 천간이 만들어 집니다.
목木이 갑甲과 을乙로 나누어지는 이치입니다.
갑甲이 양이고 을乙이 음이며 인寅이 양이고 묘卯가 음인 것입니다.

천간은 양이고 지지는 음이므로, 갑을甲乙 인묘寅卯를 음양으로 나누면,
갑을甲乙은 천간으로서 양이 되고 인묘寅卯는 지지로서 음이 되는 것입니다.

목木은 천간에서 상을 이루고 지지에서 형을 이루므로, 갑을甲乙이 천간에서 움직이면 인묘寅卯가 그 기운을 받는 것이며, 인묘寅卯가 지지에 있으면 갑을甲乙이 그 기운을 시행하는 것이라고 합니다.

그러므로 갑을甲乙은 중앙관서의 장과 같고, 인묘寅卯는 지방 관서에 해당하므로, 갑甲의 록은 인寅이며 을乙의 록은 묘卯이니, 정부관리가 군에서, 지방관리가 읍에서 각각 한달동안 명령을 집행하는 것과 같다고 합니다.

04 지장간地藏干

① 지장간의 개념과 구성

지장간은 지지에 저장되어 있는 천간을 말하며, 지지의 특성이기도 합니다.

구분	寅	卯	辰	巳	午	未	申	酉	戌	亥	子	丑
여기	戊	甲	乙	戊	丙	丁	戊	庚	辛	戊	壬	癸
중기	丙		癸	庚	己	乙	壬		丁	甲		辛
정기	甲	乙	戊	丙	丁	己	庚	辛	戊	壬	癸	己

지장간은 사주의 왕쇠판단을 하는 척도가 되며 용신을 판단하는 기준이 되므로 반드시 익혀야 하는 것입니다.

지장간은 여기와 중기 그리고 정기로 구성되어 있습니다.

◆ 여기는 앞의 지지의 정기가 넘어온 기운입니다.

구분	寅	卯	辰	巳	午	未	申	酉	戌	亥	子	丑
여기	戊	甲	乙	戊	丙	丁	戊	庚	辛	戊	壬	癸
중기	丙		癸	庚	己	乙	壬		丁	甲		辛
정기	甲	乙	戊	丙	丁	己	庚	辛	戊	壬	癸	己

인목寅木의 정기인 갑목甲木이 묘목卯木의 여기로 이어지고 있습니다.
묘목卯木의 정기인 을목乙木이 진토辰土의 여기로 이어지고 있습니다.
축미토丑未土를 제외하고 모든 지지가 정기에서 여기로 이어지고 있습니다.
미토未土의 정기 기토己土는 신금申金에서 무토戊土로 바뀌고
축토丑土의 정기 기토己土 역시 인목寅木에서 무토戊土로 바뀝니다.

암기 Tip

	戊庚丙	丙己丁	丁乙己		
	巳	午	未		
乙癸戊	辰		火		申	戊壬庚
甲 乙	卯	木	土	金	酉	庚 辛
戊丙甲	寅		水		戌	辛丁戊
	丑	子	亥		
	癸辛己	壬 癸	戊甲壬		

子는 壬癸시야, 丑구하고 癸辛답니다. 寅간은 戊丙장수한다고 꼴甲하며 운동하고, 卯하게 甲자기 乙지로에서, 辰치고 乙씨구 癸수나 戊꽂고, 귀신이 巳戊치니 丙들고 庚치고, 정午에 丙든 己丁이 나서지만, 未丁인지 乙지로 근정인지 모르겠네요. 申나서 戊壬승차하니 또 庚치네, 酉감스럽게도 庚치고 辛나고 戌마시니 또 辛나고 丁신이 戊리하네요. 밤이 되어 亥가 지니 戊섭고 甲갑하여 壬자 찾아 간답니다.

◆ 중기는 삼합의 성질을 나타냅니다.

삼합	해묘미亥卯未	인오술寅午戌	사유축巳酉丑	신자진申子辰
성질	목木	화火	금金	수水
중기	亥 - 甲木 未 - 乙木	寅 - 丙火 戌 - 丁火	巳 - 庚金 丑 - 辛金	申 - 壬水 辰 - 癸水

삼합은 같은 성질의 지지끼리의 모임입니다.

묘오유자卯午酉子는 왕지이므로 중기가 없으며
오화午火만 예외로 기토己土를 중기로 가지고 있습니다.

◆ 정기는 지지의 대표성분입니다.

구분	寅	卯	辰	巳	午	未	申	酉	戌	亥	子	丑
여기	戊	甲	乙	戊	丙	丁	戊	庚	辛	戊	壬	癸
중기	丙		癸	庚	己	乙	壬		丁	甲		辛
정기	甲	乙	戊	丙	丁	己	庚	辛	戊	壬	癸	己

인목寅木에서 갑목甲木이 대표성분입니다. 지지의 음양을 나타내기도 합니다.
갑목甲木 양간이 정기이므로 인목寅木이 양지라고 하는 것입니다.

묘목卯木에서 을목乙木이 대표성분입니다.
을목乙木 음간이 정기이므로 묘목卯木을 음지라고 하는 것입니다.

진술辰戌은 무토戊土가 대표성분이므로 양토라고 하며
축미丑未는 기토己土가 대표성분이므로 음토라고 합니다.

② 월률분야月律分野

기본개념

구분	寅	卯	辰	巳	午	未	申	酉	戌	亥	子	丑
여기	戊 7	甲 10	乙 9	戊 7	丙 10	丁 9	戊 7	庚 10	辛 9	戊 7	壬 10	癸 9
중기	丙 7		癸 3	庚 7	己 9	乙 3	壬 7		丁 3	甲 7		辛 3
정기	甲 16	乙 20	戊 18	丙 16	丁 11	己 18	庚 16	辛 20	戊 18	壬 16	癸 20	己 18

세부학습

월률분야란 지장간의 여기 중기 정기를 일수로 배분한 것입니다.
월률분야는 한 달 30일을 기준으로 여기 중기 정기의 일수를 배분하여놓은 것
입니다. 고서인 연해자평, 삼명통회 등 고서마다 다른 기준을 제시하지만 대체
로 위의 일수 배분을 일반적으로 활용하고 있습니다.

지장간에 배분한 일수는 기세의 크기로 작용하기도 합니다.
인사신해寅巳申亥의 생지의 월률분야는
여기는 7일이므로 30분의 7의 기세를 가지며
중기는 7일이므로 30분의 7의 기세를 가지며
정기는 16일이므로 30분의 16의 기세를 가집니다.

자묘유子卯酉의 왕지의 월률분야는
여기는 10일이므로 30분의 10의 기세를 가지며
정기는 20일이므로 30분의 20의 기세를 가집니다.

오화午火는 중기를 가지므로
여기는 10일이므로 30분의 10의 기세를 가지며
중기는 9일이므로 30분의 9의 기세를 가지며
정기는 11일이므로 30분의 11의 기세를 가집니다.

진술축미辰戌丑未의 고지의 월률분야는
여기는 9일이므로 30분의 9의 기세를 가지며
중기는 3일이므로 30분의 3의 기세를 가지며
정기는 18일이므로 30분의 18의 기세를 가집니다.

핵심 Tip

기세의 크기는 정기가 가장 큽니다.
정기 > 여기 > 중기

월률분야는 기세의 크기를 판단하는 중요한 기준이 됩니다. 기세의 크기
는 왕쇠강약의 판단척도이며 용신을 판단하는 기준이 됩니다.

지장간은 창고에 보관된 천간이고 지장간에서 천간으로 나오는 것을
투출이라고 하며 천간이 지장간에 뿌리를 내리고 있는 것을 통근이라고
합니다. 통근과 투출은 통변의 중요한 개념입니다.

❸ 통근通根과 투출透出

◆ 통근은 천간이 지지에 뿌리를 내리는 것입니다.

천간	甲乙	丙丁	戊己	庚辛	壬癸
통근 지지	寅卯辰 亥未	巳午未 寅戌	辰戌丑未寅巳 申亥午	申酉戌 巳丑	亥子丑 申辰

천간이 지장간에 같은 오행이 있다면 통근하였다고 합니다.

◆ 투출은 지지의 지장간이 천간으로 나오는 것입니다.

구분	寅	卯	辰	巳	午	未	申	酉	戌	亥	子	丑
여기	戊	甲	乙	戊	丙	丁	戊	庚	辛	戊	壬	癸
중기	丙		癸	庚	己	乙	壬		丁	甲		辛
정기	甲	乙	戊	丙	丁	己	庚	辛	戊	壬	癸	己

천간은 지장간에서 투출하여야 기세가 있는 것이며
천간은 지장간에 통근하여야 세력이 있다고 합니다.

천간이 지장간에 통근이나 투출을 하지 못하면 앙꼬없는 찐빵과도 같아
역할을 제대로 하기 어렵습니다.

왕쇠강약의 기세 판단은 사주통변의 중요한 수단이 됩니다.

지지의 지장간에 천간과 같은 오행이 있다면
뿌리를 내린다고 하며 이를 통근이라고 합니다.

인묘진해미寅卯辰亥未의 지장간에는 갑을목甲乙木이 있으므로 뿌리를 내려
통근하였다고 합니다.

사오미인술巳午未寅戌의 지장간에는 병정화丙丁火가 있으므로 뿌리를 내려
통근하였다고 합니다.

무기토戊己土는 진술축미辰戌丑未에 뿌리를 내리고 오화午火에도 중기에 기토
己土가 있어 뿌리를 내릴 수 있습니다.
인사신해寅巳申亥에서는 여기로 무토戊土가 작용하므로 역시 뿌리를 내릴 수
있습니다.
**다만 일부 학파에서는 인사寅巳는 토土기가 강하므로 뿌리로 인정하지만
신해申亥는 토土기가 약하므로 뿌리로 인정할 수 없다고 주장하기도 합니
다. 이 책에서는 모두 뿌리가 있는 것으로 인정합니다.**

통근은 지지에 무리의 세력을 갖는 것입니다.
천간이 지지에 뿌리를 내리는 것은 세력을 갖는 것으로 보면 됩니다. 갑을목甲乙木
이 지지에 뿌리가 많다는 것은 그만큼 무리의 세력이 있다고 보는 것입니다.

○○甲○ 未辰寅卯	○○甲○ 未申午卯	○○甲○ 戌未申巳
갑목甲木이 지지에 모두 뿌리를 가지고 있으므로 세력이 강하다고 합니다.	갑목甲木이 지지에 미묘未卯에 뿌리를 가지고 있어 세력이 있다고 합니다.	갑목甲木이 지지에 미토未土에만 뿌리가 있으므로 세력이 약하다고 합니다.

지지의 지장간에서 천간에 나오는 것을 투출이라고 합니다.

寅木의 지장간에 있는 戊土와 丙火 그리고 甲木이 천간으로 나오면 투출되었다고 합니다. 마치 집안에 있던 사람이 밖으로 나와서 활동하는 것과 같은 개념입니다.

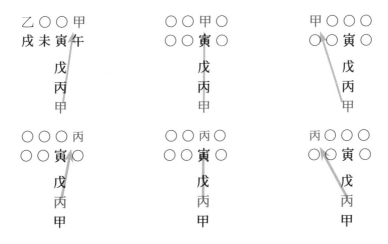

시	일	월	년	구분
丁	己	丙	甲	천간
卯	未	寅	午	지지
甲乙	丁乙己	戊丙甲	丙己丁	지장간

년간 갑목甲木은 월지 인목寅木의 정기와 시지 묘목卯木 여기에서 투출하고 묘미인卯未寅에 통근하여 기세가 매우 강하다고 합니다.

월간 병화丙火는 년지 오화午火의 여기와 월지 인목寅木의 병화丙火에서 투출하고 오인미午寅未에 통근하여 기세가 매우 강합니다.

일간 기토己土는 년지 오화午火의 중기와 일지 미토未土의 정기에서 투출하고 오인미午寅未에 통근하여 기세가 매우 강하다고 합니다.

시간 정화丁火는 년지 오화午火의 정기와 일지 미토未土의 여기에서 투출하고 오인미午寅未에 통근하여 기세가 매우 강하다고 합니다.

◆ 같은 기세를 가졌다면

월지에서 투출한 것이 가장 기세가 강한 것입니다.

월지에 통근한 것도 기세가 강하다고 합니다.

다음으로 시지 일지 년지의 순서로 기세의 크기를 가늠합니다.

월지 > 시지 > 일지 > 년지

위의 경우는 월지 인목寅木에서 투출한 갑목甲木과 병화丙火가 있으나 갑목甲木은 정기이고 병화丙火는 중기이므로 갑목甲木의 기세가 가장 강하다고 하는 것입니다.

정기 > 여기 > 중기

천간	甲	丙	己	丁
투출	寅중 정기 卯중 여기	寅중 중기 午중 여기	午중 중기 未중 정기	午중 정기 未중 여기
통근	寅卯未	寅午未	未午寅	午未寅

기세의 크기 甲 > 丙 > 己 > 丁

천간의 기세의 크기를 살펴보면

월지 인목寅木에서 투출하고 세 지지에 통근한 갑목甲木이 가장 크고 병화丙火가 다음입니다.

◆ 자신의 사주를 적어놓고 기세를 판별하여 봅니다.

시	일	월	년	구분
				천간
				지지
				지장간

천간			
투출			
통근			

기세의 크기

            >   >   >

천간의 세력은 지지의 통근과 투출입니다.

천간의 세력은 기세의 강약을 판정하는 중요한 기준이 됩니다.

천간이 지지에 방합이나 삼합이 형성되면 강한 세력을 갖는다고 하며
지지에 통근처를 갖고 있으면 강하다고 합니다.

통근이란 삼합이나 방합에 뿌리를 내리는 것이며
투출이란 지장간이 천간에 모습을 드러내는 것입니다.

월령에서 투출한 천간이 가장 강한 기세를 갖는 것이며
시지에서 투출한 천간이 다음으로 강한 기세를 갖게 됩니다.

丁 己 丙 甲
卯 未 寅 午

甲木은 寅월에서 투출하고 卯未에 통근하여 강한 세력이고, 丙火도 寅월에
서 투출하고 午未에 통근하여 역시 강한 세력이며, 己土와
丁火는 午未에 통근하여 약하지는 않다고 합니다.

강한 세력을 갖고 있어야 힘을 발휘하게 됩니다.

◆ 지지는 사상四象의 개념입니다.

계절	봄	여름	가을	겨울
사상	소양少陽	태양太陽	소음少陰	태음太陰
지지	寅卯辰	巳午未	申酉戌	亥子丑

◆ 지지의 음양은 체용에 따라 다릅니다.

구분	양지陽支	음지陰支
체體	子寅辰午申戌	丑卯巳未酉亥
용用	寅申巳亥辰戌	子午卯酉丑未

子午는 체로는 양지이지만 용으로는 음지로 쓰입니다.
巳亥는 체로는 음지이지만 용으로는 양지로 쓰입니다.

지지도 천간과 마찬가지로 지지에 오행을 붙여서 읽습니다.

인목寅木, 묘목卯木, 사화巳火, 오화午火, 진토辰土, 술토戌土
축토丑土, 미토未土, 신금申金, 유금酉金, 해수亥水, 자수子水

별도로 외우지 아니하여도 자꾸 읽다보면 숙달이 될 것입니다.

◆ 양지는 움직임이 빠르며 음지는 느립니다.

양지陽支	음지陰支
寅申巳亥辰戌	子午卯酉丑未
강하고 빠르다	약하고 느리다

◆ 지지의 형충회합파해는 지지끼리의 작용입니다.

회會 방국方局	방합方合	寅卯辰, 巳午未, 申酉戌, 亥子丑
	삼합三合	亥卯未, 寅午戌, 巳酉丑, 申子辰
	반합半合	亥卯, 卯未, 亥未, 寅午, 午戌, 寅戌, 巳酉 酉丑, 巳丑, 申子, 子辰, 申辰
지지합 地支合		子丑, 寅亥, 卯戌, 辰酉, 巳申, 午未
충冲		寅申, 巳亥, 子午, 卯酉, 辰戌, 丑未
형刑	삼형三刑	寅巳申, 丑戌未
	자형自刑	辰辰, 亥亥, 酉酉, 午午
		子卯, 寅巳, 巳申, 丑戌, 戌未
파破		午卯, 子酉, 丑辰, 戌未, 寅亥, 巳申
해害(천穿)		丑午, 子未, 寅巳, 申亥, 卯辰, 酉戌

◆ 천간이 지지에 뿌리를 내리는 것을 통근이라고 합니다.

천간	甲乙	丙丁	戊己	庚辛	壬癸
통근	寅卯辰 亥卯未	巳午未 寅午戌	辰戌丑未 寅巳申亥午	申酉戌 巳酉丑	亥子丑 申子辰

◆ 투출은 지지의 지장간이 천간으로 나오는 것입니다.

○ ○ 甲 丙

○ ○ 寅 ○

寅木에는 지장간이 戊丙甲이 있는데 甲木이 월간에 투출하였고,

丙火가 년간에 투출하였다고 합니다.

◆ 지장간과 월률분야

	戊庚丙	丙己丁	丁乙己		
	巳	午	未		
乙癸戊 辰		火		申	戊壬庚
甲 乙 卯	木	土	金	酉	庚辛
戊丙甲 寅		水		戌	辛丁戊
	丑	子	亥		
	癸辛己	壬 癸	戊甲壬		

구분	寅	卯	辰	巳	午	未	申	酉	戌	亥	子	丑
여기	戊 7	甲 10	乙 9	戊 7	丙 10	丁 9	戊 7	庚 10	辛 9	戊 7	壬 10	癸 9
중기	丙 7		癸 3	庚 7	己 9	乙 3	壬 7		丁 3	甲 7		辛 3
정기	甲 16	乙 20	戊 18	丙 16	丁 11	己 18	庚 16	辛 20	戊 18	壬 16	癸 20	己 18

◆ 지지는 세력을 형성합니다.
방합과 삼합은 세력의 모임이기에 회국會局이라고 합니다. 천간이 지지의 회국을 만나면 왕성한 세력을 갖게 되어 막강한 경쟁력을 확보하게 됩니다.

◆ 형충회합파해는 지지간의 경쟁이며 지지를 움직이게 합니다.
지지간의 경쟁은 세력이 강한 자가 이기고 약한 자가 패하기 마련입니다.
지지의 승패는 천간의 승패로 이어집니다.

제5장
육신과 육친

六六
親神

육신과 육친은 다른 개념입니다.

육신은 일간을 기준으로 비겁, 식상, 재성, 관성, 인성을 말하며
육신을 십신으로 표기합니다.

십신표기법

시	일	월	년	구분
편인	일간	정인	정관	십신
丁	己	丙	甲	천간
卯	未	寅	午	지지
편관	비견	정관	편인	십신

지지는 지장간 정기를 기준으로 합니다.

육친이란 일간을 기준으로
부모형제와 배우자, 자식을 말합니다.

육친표기법

시	일	월	년	구분
모친	일간	모친	자식	육친성
丁	己	丙	甲	천간
卯	未	寅	午	지지
자식	배우자	형제	부모	육친궁

천간은 육신으로 육친성을 표기하고
지지의 위치로 육친궁을 표기합니다.

01 육신六神이란

1 육신의 개념

기본개념

일간을 주체로 하여 오행과의 관계가 육신이며, 천간의 관계가 십신입니다.

육신 - 오행	십신 - 천간

육신은 나와 오행과의 생극 관계입니다.

나와 오행이 같으면 비겁이고 십신으로 비견, 겁재라고 합니다.

내가 생하는 오행은 식상이고 십신으로 식신, 상관이라고 합니다.

내가 극하는 오행은 재성이고 십신으로 편재, 정재라고 합니다.

나를 극하는 오행은 관성이고 십신으로 편관, 정관이라고 합니다.

나를 생하는 오행은 인성이고 십신으로 편인, 정인이라고 합니다.

십신은 나와 천간과의 생극 관계입니다.

◆ 육신은 일간과 오행과의 관계입니다.

일간 木	木	火	土	金	水
육신	비겁	식상	재성	관성	인성

일간이 木이라면 木을 비겁이라고 하며 火를 식상이라고 하며
土를 재성이라고 하고 金을 관성이라고 하며 水를 인성이라고 합니다.

일간이 木이라면 비겁은 일간과 같은 木오행입니다.
火식상은 木일간이 생하는 오행입니다. => 목생화
土재성은 木일간이 극하는 오행입니다. => 목극토
金관성은 木일간을 극하는 오행입니다. => 금극목
水인성은 木일간을 생하는 오행입니다. => 수생목

◆ 일간이 土이라면 육신의 관계는 아래와 같습니다.

일간 土	土	金	水	木	火
육신	비겁	식상	재성	관성	인성

일간이 土이라면 土를 비겁이라고 하며 金을 식상이라고 하며
水를 재성이라고 하고 木을 관성이라고 하며 火를 인성이라고 합니다.

일간이 土이라면 비겁은 일간과 같은 土오행입니다.
金식상은 土일간이 생하는 오행입니다. => 토생금
水재성은 土일간이 극하는 오행입니다. => 토극수
木관성은 土일간을 극하는 오행입니다. => 목극토
火인성은 土일간을 생하는 오행입니다. => 화생토

◆ 십신은 일간과 천간과의 관계입니다.

일간 甲	木		火		土		金		水	
	甲	乙	丙	丁	戊	己	庚	辛	壬	癸
십신	비견	겁재	식신	상관	편재	정재	편관	정관	편인	정인

일간과 비겁, 식상, 재성, 관성, 인성을 육신이라고 하는 것입니다.
육신을 천간의 음양으로 분리하여 열 가지로 나누면 십신이 됩니다.
甲木일간에게 木오행은 비겁이 되며 甲木은 일간과 같은 천간이므로 비견이라
고 하며 乙木은 일간과 오행은 같지만 음양이 다르므로 겁재라고 합니다.

甲木일간에게 火오행은 식상이 되며 丙火는 일간과 같은 양간으로 식신이라고
하며 丁火는 일간과 다른 음간으로 상관이라고 합니다.

甲木일간에게 土오행은 재성이 되며 戊土는 일간과 같은 양간으로 편재라고
하며 己土는 일간과 다른 음간으로 정재라고 합니다.

甲木일간에게 金오행은 관성이 되며 庚金은 일간과 같은 양간으로 편관이라고
하며 辛金은 일간과 다른 음간으로 정관이라고 합니다.

甲木일간에게 水오행은 인성이 되며 壬水는 일간과 같은 양간으로 편인이라고
하며 癸水는 일간과 다른 음간으로 정인이라고 합니다.

음양이 같은 양간과 양간 또는 음간과 음간은 편偏이라고 부르며
음양이 다른 양간과 음간은 정正이라고 부릅니다.
재성 관성 인성은 정편으로 부르지만 비겁과 식상은 정편으로 부르지 아니하고
비견 겁재와 식신 상관으로 부릅니다.

◆ 천간을 십신에 대입하면 아래와 같습니다.

천간	일 간									
	甲	乙	丙	丁	戊	己	庚	辛	壬	癸
甲	비견	겁재	편인	정인	편관	정관	편재	정재	식신	상관
乙	겁재	비견	정인	편인	정관	편관	정재	편재	상관	식신
丙	식신	상관	비견	겁재	편인	정인	편관	정관	편재	정재
丁	상관	식신	겁재	비견	정인	편인	정관	편관	정재	편재
戊	편재	정재	식신	상관	비견	겁재	편인	정인	편관	정관
己	정재	편재	상관	식신	겁재	비견	정인	편인	정관	편관
庚	편관	정관	편재	정재	식신	상관	비견	겁재	편인	정인
辛	정관	편관	정재	편재	상관	식신	겁재	비견	정인	편인
壬	편인	정인	편관	정관	편재	정재	식신	상관	비견	겁재
癸	정인	편인	정관	편관	정재	편재	상관	식신	겁재	비견

◆ 십신표기법

시	일	월	년	구분
편인	일간	정인	정관	십신
丁	己	丙	甲	천간
卯	未	寅	午	지지
편관	비견	정관	편인	십신

지지는 지장간 정기를 기준으로 합니다.

◆지지를 십신에 대입하면 아래와 같습니다.

지지	일 간									
	甲	乙	丙	丁	戊	己	庚	辛	壬	癸
寅	비견	겁재	편인	정인	편관	정관	편재	정재	식신	상관
卯	겁재	비견	정인	편인	정관	편관	정재	편재	상관	식신
巳	식신	상관	비견	겁재	편인	정인	편관	정관	편재	정재
午	상관	식신	겁재	비견	정인	편인	정관	편관	정재	편재
申	편관	정관	편재	정재	식신	상관	비견	겁재	편인	정인
酉	정관	편관	정재	편재	상관	식신	겁재	비견	정인	편인
亥	편인	정인	편관	정관	편재	정재	식신	상관	비견	겁재
子	정인	편인	정관	편관	정재	편재	상관	식신	겁재	비견
辰戌	편재	정재	식신	상관	비견	겁재	편인	정인	편관	정관
丑未	정재	편재	상관	식신	겁재	비견	정인	편인	정관	편관

지지는 지장간의 정기를 십신으로 표기합니다.
卯木의 지장간 정기는 乙木이므로 己土 일간에게는 편관이 됩니다.
未土의 지장간 정기는 己土이므로 己土 일간에게는 비견이 됩니다.
寅木의 지장간 정기는 甲木이므로 己土 일간에게는 정관이 됩니다.
午火의 지장간 정기는 丁火이므로 己土 일간에게는 편인이 됩니다.

시	일	월	년	구분
편인	일간	정인	정관	십신
丁	己	丙	甲	천간
卯	未	寅	午	지지
편관	비견	정관	편인	십신

일간을 중심으로 십신을 붙여서 부릅니다.

己土일간에게 丁火는 편인이고 丙火는 정인이며 甲木은 정관입니다.

卯木은 편관이고 未土는 비견이며 寅木은 정관이고 午火는 편인입니다.

십신은 일간을 기준으로 천간의 위치를 나타내며 지지에는 지장간의 정기를 십신으로 표기합니다.

시	일	월	년	
식신	일간	**편재**	**정관**	⇒ 일간 중심으로 천간에 붙인 십신
丙	甲	戊	辛	→ 천간
寅	申	子	丑	→ 지지
↓	↓	↓	↓	
甲	庚	癸	己	⇒ 지지의 정기 지장간
비견	편관	정인	정재	⇒ 일간 중심으로 지지의 정기에 붙인 십신

년지 丑土에는 지장간 정기가 己土이므로 정재라고 부릅니다.

월지 子水에는 지장간 정기가 癸水이므로 정인이라고 부릅니다.

일지 申金에는 지장간 정기가 庚金이므로 편관이라고 부릅니다.

시지 寅木에는 지장간 정기가 甲木이므로 비견이라고 부릅니다.

❷ 육신의 성정과 기능

(1) 비겁比劫

◆ 비견比肩의 협동 기능

비견比肩의 협동 기능	• 협동심 • 경쟁심 • 자신감 • 독립심

일간과 같은 오행이며 일간과 음양이 같은 천간

일간	甲	乙	丙	丁	戊	己	庚	辛	壬	癸
비견	甲	乙	丙	丁	戊	己	庚	辛	壬	癸

비견은 어깨를 나란히 한다는 뜻입니다.
비比는 비교한다는 뜻이 있으며, 견肩은 어깨라는 뜻이 있습니다.

비견은 서로 협력하기도 하며 경쟁하기도 합니다.
어깨를 나란히 하는 것이니 뜻을 함께 하며, 서로 협력하여 일을 도모하고, 획득한 것은 서로 사이좋게 나누는 것을 좋아합니다. 힘이 약하다면 서로 돕고 협력하지만, 힘이 강하다면 서로 차지하기 위하여 경쟁하는 관계로 변하기도 합니다.

비견은 일간과 같기 때문에 모방하고자 합니다.
상대와 같기 때문에 상대와 같은 모습과 생각을 가지고 있으며, 상대가 하자는 대로 따라 하고자 하는 모방심리가 있습니다.

비견이 강하면 자체적으로 자신감과 독립심이 있습니다.

비견은 스스로 하고자 하는 습성이 있고 독립하고자 합니다. 비견이 강하면 남의 지배를 받기 싫어하고 누구와 타협하기 싫어하고 혼자 독단적으로 처리하며 자존심과 자만심이 있습니다.

일간이 약하다면 비견이 도와줍니다.

일간의 힘이 약하다면 비견이 도와주게 됩니다. 사주에 식상이나 재성이나 관성이 많다면 일간이 힘들어 합니다. 이러할 때에 비견이 있다면 일간은 비견과 함께 식상이나 재성 관성을 다스리며 일을 할 수 있습니다.

일간이 강하다면 비견은 경쟁자가 됩니다.

일간의 힘이 강한데 식상이나 재성 관성이 약하다면 서로 경쟁하며 차지하려고 할 것입니다. 그러므로 비견과는 경쟁자의 관계가 되는 것입니다. 선의의 경쟁이면 좋으나 경쟁이 지나치면 서로 반목하고 서로 빼앗으려하니 비견이 겁재로 돌변하기도 합니다.

비견은 재성에 대한 협동심과 경쟁심이 있습니다.

재성이 많다면 비견은 서로 도와서 재성을 획득하여 서로 나누어 가지게 되는 협동심이 있지만, 재성이 적다면 비견은 치열한 경쟁을 하며 서로가 헐뜯고 밀치며 서로 차지하려는 경쟁심이 있습니다. 이것을 군비쟁재群比爭財라고 하는 것입니다.

비견은 관살에 대한 대항심과 협동심이 있습니다.

관살은 일간을 공격하는 존재이기에 일간이 약하다면 비견이 협력하여 관살의 공격을 막아주지만, 일간이 강하다면 관살을 서로 차지하려는 경쟁심이 발동하여 자칫 관재구설에 휘말리기도 합니다.

◆ 겁재劫財의 경쟁 기능

겁재劫財의 경쟁 기능	• 겁탈자	• 승부심	• 경쟁심	• 대항심

일간과 같은 오행이며 일간과 음양이 다른 천간

일간	甲	乙	丙	丁	戊	己	庚	辛	壬	癸
겁재	乙	甲	丁	丙	己	戊	辛	庚	癸	壬

세부학습

겁재는 재물을 빼앗는 것입니다.

겁劫이란 빼앗는 것이고, 재財는 재물을 말합니다.

수단과 방법을 가리지 아니하고 재물을 빼앗는 것이 겁재입니다.

겁재는 일간의 정재를 극하여 빼앗는 존재입니다.

甲木의 정재가 己土인데, 乙木은 겁재가 됩니다.

乙木은 己土 정재를 극하여 甲木의 정재를 탈취하게 됩니다.

그러므로 乙木겁재에게 己土정재를 빼앗긴다고 하는 것입니다.

겁재는 승부적 사업수완이 있습니다.

일간의 것을 빼앗는 존재가 되기도 하지만, 사업수완이 좋아서 승부욕이 강하며 고객의 호주머니를 터는 역할을 아주 잘하므로 부자 사주에 겁재가 많은 까닭입니다.

겁재는 배타적인 경쟁력이 있습니다.

오직 나만을 위한 환경을 만드는 배타적인 면이 있습니다. 상대방을 고려하지 아니하므로 독선적이고 고립주의로 흐를 수 있습니다. 겁재가 강하면 매우 독선적인 인물이 됩니다. 타인과 타협하거나 공조하지 아니하고 독립적으로 활동하며 독재자의 모습을 보이기도 합니다. 긍정적으로 발전하면 독립적으로 활동하는 달인의 경지를 보이거나 운동선수로서 성공하기도 합니다.

일간의 힘이 약하면 겁재는 일간을 도와줍니다.

일간의 힘이 약하면 식상이나 재성 관성을 제대로 통제하기 어렵습니다. 이때 비견이나 겁재가 있다면 일간을 도와주어 서로 협력하게 됩니다. 겁재는 일간을 도와주고는 그 대가를 일간에게 받아가는 것입니다. 만약에 일간이 겁재에게 나누어 주지 아니한다면 겁재는 자신의 것을 일간에게 빼앗아 갑니다.

일간의 힘이 강하면 겁재는 일간과 경쟁을 합니다.

겁재는 일간의 힘이 강하다면 경쟁을 하고자 합니다. 식상이나 재성 관성을 일간에게 빼앗기지 아니하려고 수단과 방법을 가리지 아니하는 것이 겁재의 성품입니다. 이때 일간은 겁재와 선의의 경쟁을 하되 공평한 분배를 통하여 겁재를 달래야 할 것입니다.

겁재는 재성에 대한 협동심과 경쟁심이 있습니다.

재성이 많다면 겁재는 일간을 도와서 재성을 획득하여 서로 나누어 가지게 되는 협동심이 있지만, 재성이 적다면 겁재는 치열한 경쟁을 하며 일간의 재성을 빼앗으려 합니다. 이것을 군겁쟁재群劫爭財라고 하는 것입니다.

겁재는 관살에 대한 대항심과 협동심이 있습니다.

관살은 일간을 공격하는 존재이기에 일간이 약하다면 겁재가 협력하여 관살의 공격을 막아주지만, 일간이 강하다면 관살을 선점하려는 경쟁심이 발동하여 자칫 관재구설에 휘말리기도 합니다.

(2) 식상食傷

◆ 식신의 생산 기능

식신食神의 생산 기능	• 표현 능력 • 제조 생산 • 연구 개발 • 식복 · 장수의 별

일간이 생하는 오행이며 일간과 음양이 같은 천간

일간	甲	乙	丙	丁	戊	己	庚	辛	壬	癸
식신	丙	丁	戊	己	庚	辛	壬	癸	甲	乙

세부학습

식신을 일간의 밥그릇이라고 합니다.

농사를 지어 먹을 것을 해결하여 주니 대체로 먹을 복이 있다는 육신으로 해석을 하곤 합니다. 일간에게는 길신으로 건강과 수명을 보장하며, 경제활동을 하는 역할을 합니다.

식신은 재성을 생산하는 기능이 있습니다.

재성을 생하여 재물을 생산하는 역할을 하는 것이 식신입니다. 그래서 식신생재食神生財라고 합니다. 무에서 유를 창조하여 재물을 풍성하게 생산하고 의식주를 풍족하게 만들어 줍니다. 재성을 생산하는 도구로서의 역할도 합니다.

식신이나 상관이 없으면 재성을 생산하기 어렵습니다.

식신은 연구 개발하는 능력이 있습니다.

무에서 유를 창조하려고 연구하고 개발하는 능력이 뛰어납니다. 창의력이 뛰어나고 제조 생산 능력이 뛰어납니다. 언어 창조 능력도 탁월하여 문화 예술 분야에서 각광을 받기도 합니다.

식신은 칠살을 억제하는 기능이 있습니다.

일간을 공격하는 칠살을 억제하여 일간의 수명을 보호합니다. 이것을 식신제살食神制煞이라고 합니다. 甲木이 일간이라면 庚金이 칠살이고 丙火가 식신입니다. 庚金이 금극목하는데 丙火가 나서서 화극금하여 일간을 보호합니다.

식신은 생산성과 연구성이 있습니다.

재성이 농산물이라면 식신은 농사짓는 행위와도 같습니다. 그래서 생산성이 있다는 것입니다. 무에서 유를 창조하는 생산이기에 연구성도 있다고 합니다. 작물에 대한 깊은 통찰이 없이는 농사를 제대로 짓지 못하고 만족할 만한 결실을 생산하기 어렵기 때문입니다.

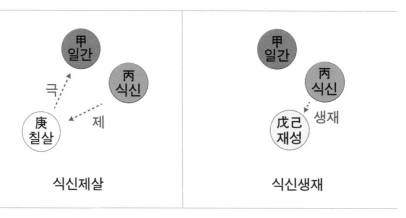

| 식신제살 | 식신생재 |

- 극剋은 상대를 공격하여 빼앗으려는 행위이고
  제制는 상대의 공격행위를 억제하여 방어하는 행위입니다.
- 식신제살은 외부의 공격으로 부터 일간을 보호하며
  식신생재는 경제활동으로 의식주를 생산하여 제공합니다.

◆ 상관의 표현 기능

상관傷官의 활동 기능	• 진보 개혁 • 직관적 표현력 • 순발력 • 우월감 • 반항심

일간이 생하는 오행이며 일간과 음양이 다른 천간

일간	甲	乙	丙	丁	戊	己	庚	辛	壬	癸
상관	丁	丙	己	戊	辛	庚	癸	壬	乙	甲

세부학습

상관이란 정관을 상하게 한다고 하여 붙여진 이름입니다.
정관이란 국가기관인데 이를 상하게 하는 것이니 반역과도 같은 것입니다. 기존 세력과는 타협하지 아니하고 반항하는 심리가 있으며 진보와 개혁에 앞장서니 옛날 시대에는 두려운 존재로서 흉신으로 분류하였습니다.

상관은 반항심이 있습니다.
기존 세력에 대한 반항심이 작용하며 비판적이며 타인을 무시하는 언행을 서슴치 않습니다. 그러므로 조직이나 직장생활에 적합하지 아니하고 노조활동이나 비평가 또는 인권변호사, 예술가 등 전문가로서의 직업 활동에 알맞습니다.

상관이란 진보 개혁의 별입니다.

보수적이고 구태의연한 것을 싫어하며 진보적이고 개혁적입니다. 요즈음과 같이 하루가 다르게 변화하는 현대사회에서는 매우 필요한 존재이기도 합니다. 시대에 걸맞은 인재로서 활약을 하기도 합니다.

상관은 재능과 총명을 나타냅니다.

상관이 인성이나 겁재의 에너지를 받으면 매우 총명한 별로서 인정을 받습니다. 상관패인傷官佩印이 그러한 대표적인 총명한 끼를 나타냅니다. 식신보다 우수한 재능을 가진 것이 상관이라고 하는 것입니다. 학자나 예술인에게서 많이 보게 됩니다.

상관의 직관적 표현력은 끼를 발휘합니다.

연예인들의 끼는 상관성이라고 합니다. 예술적인 장인 정신 역시 상관성입니다. 세계적인 문화 예술 작품들은 직관적인 상관성이라고 할 수 있습니다. 우리나라 여자들의 양궁실력이나 골프실력은 끼가 없으면 못하는 것들입니다.

상관의 활동성은 순발력이 있습니다.

상관은 내 맘대로 저지르는 성격으로 인하여 속전속결하는 순발성이 있습니다. 생각하는 대로 내지르기에 수많은 시행착오를 겪기도 합니다. 말솜씨에도 순발력이 있어 언변이 매우 좋아 임기응변에 매우 능하고 협상 테이블에서 항상 우위를 차지하지만, 실속 없는 허풍으로 사기꾼이 되기도 합니다.

일간의 힘이 약하다면 상관은 인성을 써야 합니다.

상관이 인성을 쓰는 것을 상관패인傷官佩印이라고 합니다. 상관이 인성의 적절한 제재를 받으니 내적으로 성숙하여지며 총명한 별이 됩니다.

일간의 힘이 강하다면 상관으로 재성을 생합니다.

상관으로 재성을 생하는 것을 상관생재傷官生財라고 합니다. 상관 전문가의 별이 특수한 기술로 재성을 생하니 부가가치가 높은 재물을 생산하게 됩니다.

(3) 재성財星

◆ 편재의 영역 확장 기능

편재偏財의 영역 확장 기능	• 영역 확장성 • 사업성 • 공적 재물 • 투기성

일간이 극하는 오행이며 일간과 음양이 같은 천간

일간	甲	乙	丙	丁	戊	己	庚	辛	壬	癸
편재	戊	己	庚	辛	壬	癸	甲	乙	丙	丁

세부학습

편재는 영역 확장성이 있습니다.
정재가 좁은 영역이라면 편재는 넓은 영역으로 확장하는 것입니다. 한 지역에서 고정된 자리에서 활동하는 것이 정재라면 편재는 전국적이고 세계적으로 확장되는 것이라고 합니다.

편재는 공공의 재산입니다.
편재는 공공의 재산으로 자신의 소유라고 할 수 없습니다. 법인의 자산은 대표자의 소유가 아닙니다. 법인의 소유가 됩니다. 주식회사는 주주의 소유가 됩니다. 대표자의 소유가 아닙니다. 법인과 주식회사가 편재라고 하는 이유입니다.

편재는 사업적 능력입니다.

활동무대가 넓고 투자 범위가 넓어 사업가에게 알맞은 육신이기도 합니다.
능력있는 사업가라면 정재보다는 편재를 택할 것입니다. 그만큼 기회가 많기
때문입니다. 물론 변동폭이 크고 가변적이기에 하루아침에 부자가 되기도 하고
거지가 되기도 합니다.

편재는 천간보다 지지에 있는 것이 효과적입니다.

적천수에서 재성은 암장되어야 한다고 합니다. 재성이 드러나면 쉽게 탈취당하
기 때문에 지장간에 숨겨 놓아야 안전하다는 것입니다. 운에서 편재가 천간에
온다면 큰 재물이 들어오기도 합니다.

일간에게 힘이 있다면 사업으로 큰돈을 벌기도 합니다.

일간이 비겁과 함께하고 식상으로 생재를 한다면 사업으로 큰돈을 벌 수 있는
기회가 생깁니다. 신왕재왕身旺財旺의 상으로 부자의 요건이 됩니다.

일간에게 힘이 없다면 재성을 감당하기 어렵습니다.

일간이 편재를 다스릴 능력이 없다면 재다신약財多身弱이 될 것입니다.
재다신약이란 재성이 많고 일간이 약하여 재성을 감당하기 어렵다는 것입니다.

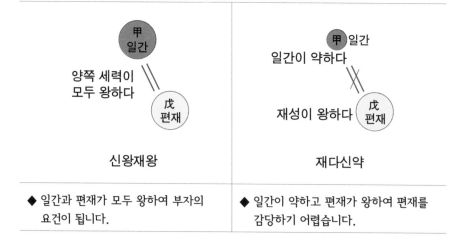

신왕재왕	재다신약
◆ 일간과 편재가 모두 왕하여 부자의 요건이 됩니다.	◆ 일간이 약하고 편재가 왕하여 편재를 감당하기 어렵습니다.

◆ 정재의 소유 기능

정재正財의 소유 기능	• 합리적 소유 • 치밀한 계산 • 저축성 • 사적 재물

일간이 극하는 오행이며 일간과 음양이 다른 천간

일간	甲	乙	丙	丁	戊	己	庚	辛	壬	癸
정재	己	戊	辛	庚	癸	壬	乙	甲	丁	丙

세부학습

정재는 합리적인 소유자산입니다.

음양의 결합으로 일간의 소유가 완전하게 되는 것이니 합리적인 소유자산이라고 하는 것입니다. 흔히 주머니속의 지갑이라고 표현하기도 합니다. 회사원의 월급도 이에 속하고, 일정한 수입이 들어오는 사업 소득도 정재라고 할 수 있습니다. 임대 사업 등이 그러합니다.

정재는 치밀한 계산 능력입니다.

가계 수입과 지출을 정리하는 가계부의 역할이 정재라고 할 수 있습니다. 일정한 수입으로 일정한 지출을 하며 일정한 저축을 하는 형태를 말합니다. 회사의 회계장부도 이에 속한다고 할 수 있습니다. 계산기를 두드리며 수입과 지출을 관리하는 회계 형태이기도 합니다. 활동무대는 내부적이어서 비교적 좁다고 할 수 있습니다.

정재는 저축성입니다.

지출을 절제하고 근검절약하는 모습입니다. 이것이 심해지면 자린고비吝嗇考妣나 구두쇠의 모습이 될 수도 있습니다. 자린고비란 매우 인색하고 비정한 모습을 말합니다.

정재는 사적 재물입니다.

편재가 공적 재물이라면 정재는 사적 재물입니다. 개인 자산이란 뜻입니다. 자신의 이름으로 등기된 모든 자산을 말하기도 합니다. 기업가에게는 직원도 모두 정재에 속합니다. 나에게 소속된 사람이기 때문입니다.

일간에게 힘이 있다면 많은 재산을 소유하기도 합니다.

일간이 인수와 함께하고 식상으로 생재를 한다면 많은 재산을 소유할 수 있게 됩니다. 역시 신왕재왕身旺財旺의 상으로 부자의 요건이 됩니다.

일간에게 힘이 없다면 재성을 감당하기 어렵습니다.

일간이 정재를 다스릴 능력이 없다면 재다신약財多身弱이 될 것입니다. 재성이 많고 일간이 약하다면 재성을 감당하기 어렵습니다.

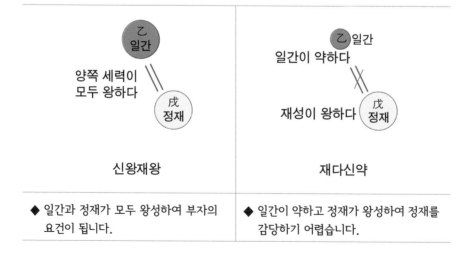

신왕재왕	재다신약
◆ 일간과 정재가 모두 왕성하여 부자의 요건이 됩니다.	◆ 일간이 약하고 정재가 왕성하여 정재를 감당하기 어렵습니다.

(4) 관성官星

◆ 편관의 통제 기능

편관偏官의 통제 기능	• 생사 여탈권 • 의협심 • 전투성 공격 • 영웅적 명예심

일간을 극하는 오행이고 음양이 같은 천간

일간	甲	乙	丙	丁	戊	己	庚	辛	壬	癸
편관	庚	辛	壬	癸	甲	乙	丙	丁	戊	己

편관은 일간을 극제하므로 칠살七煞이라고도 합니다.
일간의 일곱 번째 기운으로 일간을 공격하여 죽이려고 하는 기운을 칠살七煞이
라고 합니다. 살煞은 신살神煞적인 흉성凶星이 의미가 있습니다.

칠살을 제화시켜 쓰면 유용하게 쓰입니다.
칠살이 식신이나 인성으로 제화制化되면 유용하게 쓰입니다. 식신으로 칠살을
통제하는 것을 식신제살食神制煞이라고 합니다. 인성으로 칠살을 화하는 것을
살인상생煞印相生이라고 합니다. 공격성의 칠살을 교화시켜 유용하게 쓰는 것
입니다.

편관은 의협심이 있습니다.
편관은 불의로부터 법과 규율을 수호하는 역할을 합니다. 국가를 보호하는 군대의 역할, 국민을 보호하는 경찰의 역할, 범죄자를 심판하는 판검사의 역할을 하는 것이 편관입니다.

편관은 질병을 치료하는 의사와도 같습니다.
편관은 질병을 치료하여 일간을 보호하는 역할을 하기도 합니다. 질병을 제압하여 건강을 지켜주는 의사, 간호사 등 의료인과도 같습니다. 편관을 잘 쓰면 이러한 직업에 종사하기도 합니다.

일간의 힘이 약하면 인성으로 화하는 것이 상책입니다.
제화되지 아니한 칠살은 일간의 힘이 약하면 공격적이 되므로 매우 위험합니다. 심각한 질병에 걸리기도 하고 불법적인 일에 연루되기도 합니다. 이럴 때는 인성으로 교화하여 쓰는 것이 상책입니다.

일간의 힘이 강하면 식상으로 제하여 쓰는 것이 상책입니다.
일간의 힘이 강하면 칠살을 능히 감당할 수 있지만, 싸우면 양쪽 모두 상처를 입으므로 바람직하지 아니합니다. 이때는 식상으로 칠살을 제압하여 써야 합니다.

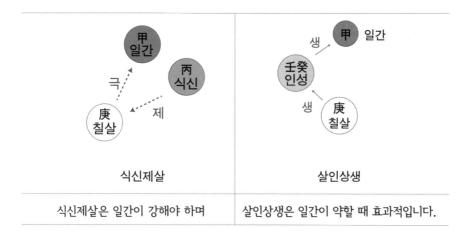

식신제살	살인상생
식신제살은 일간이 강해야 하며	살인상생은 일간이 약할 때 효과적입니다.

◆ 정관의 관리 기능

정관正官의 관리 기능	• 조직 소속감 • 도덕적 정의감 • 원리원칙 • 권위적 명예심								

일간을 극하는 오행이고 음양이 다른 천간

일간	甲	乙	丙	丁	戊	己	庚	辛	壬	癸
정관	辛	庚	癸	壬	乙	甲	丁	丙	己	戊

세부학습

정관은 조직에 소속되어 직무를 수행하는 것입니다.

정관은 조직에 소속되어 법과 규정에 의하여 직무를 수행하는 것입니다.

조직은 국가나 기업의 조직을 말합니다. 조직에서 직무를 수행하고 일정한 급여를 받는 것을 녹봉祿俸 또는 급여給與라고 합니다.

정관은 원리 원칙에 의하여 직무를 수행합니다.

조직에서 정한 법과 규정을 지키며 직무를 수행하는 것이 정관입니다.

그러므로 원리 원칙주의자라고 할 수 있습니다. 융통성이 별로 없는 것이 정관입니다. 시키는 대로 정해진 대로 움직이는 것입니다.

정관은 법과 규정을 수호하므로 도덕적 정의감이 있습니다.

정관은 규정된 범위에서만 움직이므로 사회규범에 의한 도덕적 규범도 철저히 지키려고 합니다. 교통신호를 철저히 지키며 아무도 보지 아니하여도 신호에 따라 움직입니다.

정관은 권위적이고 명예심을 중시합니다.
자신의 직무를 수행함에 권위적입니다. 불의와 타협하지 아니하고 원리 원칙에
따라 수행하며 자신의 직책을 자랑스럽게 여기며 명예스러워합니다.

정관은 보수적이고 규범적입니다.
법과 규율을 지키는 군자의 행위로 보수적이고 규범적입니다. 흔히 공무원을
정관에 비유하는데 국가의 법과 규정에 따라 일을 집행하기 때문입니다.
옛날에는 정관은 벼슬을 상징하기도 하였습니다.

정관은 나의 재물을 지켜주는 수호신입니다.
나의 재물은 겁재에게 항상 위협을 당하고 있으나 국가의 법과 규율이 겁재로
부터 지켜주므로 수호신이라고 하는 것입니다. 겁재가 나타나면 정관이 겁재가
재물을 탐하지 못하도록 막아주기 때문입니다.

정관은 재성과 인성을 좋아합니다.
식상이 있다면 재성이 교량 역할을 하여주고, 인성이 식상을 극제하여 정관을
보호하여 주므로 정관은 재성과 인성을 좋아하게 됩니다.

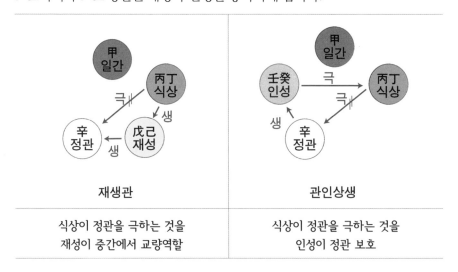

재생관	관인상생
식상이 정관을 극하는 것을 재성이 중간에서 교량역할	식상이 정관을 극하는 것을 인성이 정관 보호

(5) 인성印星

◆ 편인의 권리 기능

편인偏印의 권리 기능	• 신비주의적 • 직관력 • 전문기술성 • 명예직

일간을 생하는 오행이고 음양이 같은 천간

일간	甲	乙	丙	丁	戊	己	庚	辛	壬	癸
편인	壬	癸	甲	乙	丙	丁	戊	己	庚	辛

편인은 신비주의적 경향이 있습니다.
종교 철학 예술에 의존하는 신비주의적 경향이 있습니다. 편인은 일간과 음양이 같으므로 다소 불안정한 요소가 있습니다. 직관력과 영적인 능력이 있으므로 종교, 철학, 의료 등지에서 영적인 수행자나 전문가로 활약하기도 합니다.

편인은 전문적인 기술을 연마하기도 합니다.
정상적인 학습이 아닌 어깨 넘어 배운 지식 등을 활용하며 자신만의 노하우를 만들기 때문에 달인의 경지에 오르기도 하고, 자신만의 특수한 기술을 구사하기도 합니다.

편인은 명예직입니다.

특수 임무나 임시 직위에 임명되는 것과 같다고 할 수 있습니다.

선거로 선출된 명예직이나 임명직이 편인의 직위라고 할 수 있습니다.

편인을 효신梟神이라고도 합니다.

효梟는 올빼미가 자신의 어미를 잡아먹는 불효로 나무에 목을 매달아 처단한다
는 뜻이 있습니다. 죄인의 머리를 나무에 높이 매다는 효수형梟首刑이 이로 인
한 것이라고 합니다. 사납고 용맹스러우나 불효를 저지르는 무모함이 있습니
다. 그래서 편인을 흉신으로 분류하기도 합니다.

편인을 도식倒食이라고도 합니다.

편인은 식신을 극하여 밥그릇을 엎는다고 하여 도식이라고도 합니다. 식복과
수명의 별인 식신을 극하여 엎어버리니 식복과 수명에 지장을 받게 된다는 것
입니다. 그러므로 편인을 흉신으로 보는 것입니다.

흔히 효신 탈식梟神奪食이라고도 합니다. 효신이 식신의 밥그릇을 빼앗는다는
뜻으로 쓰입니다.

◆ 정인의 자격 기능

기본개념

정인正印의 자격 기능	• 학문성 • 지위 자격 • 순수한 자비 • 권리 문서								
일간을 생하는 오행이고 음양이 다른 천간									
일간	甲	乙	丙	丁	戊	己	庚	辛	壬	癸
정인	癸	壬	乙	甲	丁	丙	己	戊	辛	庚

인성은 학문의 별입니다.
일간은 정인을 통하여 공부하고 지식을 쌓으며 지혜를 만들고 인격을 풍부하게
합니다. 그래서 학문의 별이라고 하는 것입니다. 학문을 숭상하고 덕을 따르고
명예를 숭상하는 군자의 도를 만들어줍니다.

인성은 자격과 직위입니다.
공부를 통하여 자격증을 획득하고 자신의 학위와 경력으로 직위를 확보합니다.
학생은 학위 등 각종 자격으로 스펙을 쌓으며 자신의 역량을 키우고, 국가 공무
원이나 사회 기업의 회사원들은 승진 등으로 계장, 과장, 부장, 이사 등의 직위를
확보하게 됩니다.

인성은 권리를 주장하는 권리 문서입니다.
자격을 갖춘 학위증이나 자격증은 문서로 이루어져 있습니다. 이외에 권리를
주장하는 부동산 등기 문서, 매매계약서, 주식 등 유가증권, 혼인 등 각종 증명서
등이 모두 이에 해당합니다.

인성은 어머니의 자애로움이 있습니다.
자식을 기르는 어머니의 마음이 인성입니다. 자신을 희생하며 자식을 키우는
자애로움이 있습니다. 이를 모성애라고 합니다.

인성은 일간을 생하므로 정인과 편인을 구분하지 아니합니다.
정인은 친어머니이고 편인은 계모라고 합니다. 친모나 계모는 모두 나를 길러
주는 모정이 있기에 구분하지 아니합니다.

육신과 십신의 기준은 일간입니다.

◆ 일간과 오행의 관계를 표현한 것이 육신입니다.
木일간이 火를 보고 식상이라고 표현합니다.

육신 - 오행	십신 - 천간

육신 - 오행
- 비겁 木
- 인성 水
- 나 木
- 식상 火
- 관성 金
- 재성 土

십신 - 천간
- 비겁 / 비견, 겁재 / 甲 乙
- 인성 / 편인, 정인 / 壬 癸
- 나 / 甲
- 식상 / 식신, 상관 / 丙 丁
- 관성 / 편관, 정관 / 庚 辛
- 재성 / 편재, 정재 / 戊 己

◆ 일간과 천간의 관계를 표현한 것이 십신입니다.
甲木일간이 丙火를 보고 식신이라고 합니다.

육신과 십신론은 일간을 중심으로 다른 오행이나 천간과의 관계이지만, 육친은 대인관계로서 육신이나 십신을 부모 형제 배우자 자녀에 대입한 것입니다.

통변은 육신이나 십신으로 하는 것이 일반적입니다.
육친관계를 육신이나 십신에 대입하여 통변합니다.

02 육친六親이란

❶ 육친의 개념

육친六親은 가족이라는 뜻이 있습니다.
부父, 모母, 형제, 배우자, 자식과 나로 구성됩니다.

◆ 육친성은 남성과 여성이 다릅니다.

◆ 남성의 육친관계 　　　　　　　◆ 여성의 육친관계

남성의 모친은 정인입니다. 정인이 비겁을 생하므로 모친이 비겁인 나와 형제를 낳은 것입니다. 모친의 남편은 정인을 극하는 편재가 됩니다.
남성의 부인은 정재이고 재성이 관살을 생하므로 부인이 낳은 자식이 관살로 나의 자식이 됩니다. 그리고 남성의 식상은 육친해당 사항이 없습니다.

여성의 모친도 정인이며 형제는 비겁이고 부친도 편재가 됩니다.
여성이 낳은 자식은 식상이 되며 남편은 정관이 됩니다.

❷ 육친성六親星

육친을 부르는 육신을 육친성이라고 합니다.

육친성은 모친과 부부의 기준으로 관계가 설정됩니다.

	모친기준		부부기준	
육친 육친성	모친 정인	형제 비겁	모친 정인	부친 편재
	여성 나	자식 식상	여성 나	남편 관성
	남성 나	자식 관성	남성 나	부인 정재

모친기준은 모친과 부친 그리고 형제와의 관계입니다.
고대사회는 모계사회로서 여자가 가족의 중심이 되었습니다.
모친이 중심이 되는 가족관계가 형성되는 것입니다.

모친은 나와 형제를 낳아주므로 육신으로 나와 비겁을 생하는 정인입니다. 인
성에는 편인과 정인이 있는데 정인은 나를 낳아준 생모이고 편인을 나를 길러
주는 모친으로 편모라고도 합니다.

모친의 남편인 부친은 정인을 극하는 편재라고 할 수 있습니다.

정인이 양이라면 편재는 음이고 정인이 음이라면 편재는 양이므로 음양이 다르게 됩니다. 부부는 음양이 다릅니다.

형제는 비견과 겁재로 볼 수 있는데 나와 성별이 같은 형제가 비견이고 나와 성별이 다른 형제를 겁재로 볼 수 있습니다.

남성에게 비견은 남자형제이고 겁재는 여자형제가 되는 것이며

여성에게 비견은 여자형제이고 겁재는 남자형제가 되는 것입니다.

부부기준은 남편과 부인 그리고 자식과의 관계입니다.

부부는 음양이 다른 사람끼리의 결합입니다. 그래서 남편이 양이면 부인은 음이고 부인이 양이면 남편이 음이 되는 것입니다.

남성의 부인은 정재가 되는 것이고 여성의 남편은 정관이 됩니다.

일간이 양이면 정재는 음이고 정관도 음이 됩니다. 즉, 일간이 甲木남편이라면 정재는 己土부인이 되는 것입니다. 일간이 甲木부인이라면 정관 辛金은 남편이 되는 것입니다.

남성에게 부인이 재성이 되는 이유는 모계사회와 연관이 깊으며 집안의 재정을 관리하고 책임지는 일을 부인이 하였기 때문에 남성에게 부인을 재성으로 한 것이라고 합니다. 지금도 자신의 부인을 재무부장관이라고 부르는 이유입니다.

여성에게 남편이 관성이 되는 이유는 관살은 가정의 조직이므로 가정의 가장이 남편이기 때문입니다. 또한 여성 일간은 관성의 재성이 되기 때문입니다.

남성의 자식은 부인 정재가 낳으므로 관살이 되며 여성의 자식은 식상이 되는 것입니다. 자식의 성별은 관살과 식상의 음양으로 보는 것이 일반적이지만 음양을 구분하지 아니하기도 합니다.

❸ 남녀의 육친관계

육신	십신	남성	여성
인성	편인	조부, 외손자, 장인	조부, 손녀
	정인	모친 숙모, 외손녀	모친 사위, 손자
비겁	비견	남자형제 고모부	여자형제 고모부
	겁재	여자형제 며느리, 사촌형제	남자형제 시부, 사촌형제
식상	식신	증조부, 사위, 손자	딸 증조부
	상관	조모, 손녀, 장모	아들 조모
재성	편재	부친 숙부	부친 숙부, 시모, 외손녀
	정재	부인 고모, 처형제	고모, 외손자
관성	편관	아들	시누이, 며느리
	정관	딸 증조모	남편 시숙부, 증조모

육친관계는 친인척관계를 모두 망라하였습니다.
남성과 여성의 육친관계가 다소 다르지만 모친기준과 부부기준을 이해하면 쉽게 유추할 수 있습니다.

④ 사회적 육친관계

◆ 사회적 육친관계

비겁	친구, 학우, 직장 동료
식상	후배, 직장 후배, 아래사람, 제자
재성	내가 고용한 직원, 내가 통제하는 직원, 하인
관성	나를 통제하는 상사, 내 회사의 사장이나 부서장
인성	선배, 직장 선배, 위사람, 스승

비겁은 나와 동등한 위치에 있는 사람입니다.
식상은 나보다 나이가 어리거나 직급이 낮은 사람입니다.
재성은 내가 고용한 사람이나 내가 지시를 내리는 사람입니다.
관성은 나를 고용한 사람이나 나에게 지시를 내리는 사람입니다.
인성은 나보다 나이가 많거나 직급이 높은 사람입니다.

비겁의 기세가 강하다면 친구나 동료가 나에게 강한 존재가 됩니다.
나에게 해로운 작용을 한다면 좋지 않은 관계이고 나에게 이로운 작용을
한다면 좋은 관계라고 봅니다.

식상의 기세가 강하다면 후배나 아랫사람이 나에게 강한 작용을 합니다.
사주 구성에 따라 해로운 작용과 이로운 작용을 하게 됩니다.

재성, 관성, 인성도 역시 마찬가지입니다.
강한 기세이거나 약한 기세이거나 나에게 해로운 작용을 한다면 좋지 않은
것이고 이로운 작용을 한다면 좋다고 합니다.

5 육친궁六親宮

◆ 지지는 육친궁으로 통변합니다.

시지	일지	월지	년지	구분
자식궁	부부궁	형제궁	부모궁	육친궁

지지는 육친이 머무는 공간이라고 보면 됩니다.
년월지에는 부모와 형제가 머무는 공간이므로 부모의 집입니다.
일시지에는 부부와 자식이 머무는 공간이므로 나의 집입니다.

◆ 천간은 육친성으로 통변하고 지지는 육친궁으로 통변합니다.

시	일	월	년	구분
편모-편인	일간	모친-정인	자식-정관	육친성
丁	己	丙	甲	천간
卯	未	寅	午	지지
자식궁	배우자궁	형제궁	부모궁	육친궁

년지와 월지는 부모형제가 사는 집입니다.
년지는 부모궁이고 월지는 형제궁으로 부모 형제가 사는 집입니다.
午火는 인성이고 寅木은 관성으로 년지는 모친의 사랑이 가득하고
월지는 형제를 자식처럼 돌보아야 하는 것입니다.

일지와 시지는 내가 사는 집입니다.
일지는 부부궁이고 시지는 자식궁으로 나의 가족이 사는 집입니다.
未土는 비견으로 친구 같은 부인이고 卯木은 관성으로
자식을 돌보아야 하는 것입니다.

Summary

육신 - 오행	십신 - 천간

◆ 육신은 일간과 오행과의 관계입니다.

일간 木	木	火	土	金	水
육신	비겁	식상	재성	관성	인성

◆ 십신은 일간과 천간과의 관계입니다.

일간 甲	木		火		土		金		水	
	甲	乙	丙	丁	戊	己	庚	辛	壬	癸
십신	비견	겁재	식신	상관	편재	정재	편관	정관	편인	정인

◆ 천간을 십신에 대입하면 아래와 같습니다.

천간	일 간									
	甲	乙	丙	丁	戊	己	庚	辛	壬	癸
甲	비견	겁재	편인	정인	편관	정관	편재	정재	식신	상관
乙	겁재	비견	정인	편인	정관	편관	정재	편재	상관	식신
丙	식신	상관	비견	겁재	편인	정인	편관	정관	편재	정재
丁	상관	식신	겁재	비견	정인	편인	정관	편관	정재	편재
戊	편재	정재	식신	상관	비견	겁재	편인	정인	편관	정관
己	정재	편재	상관	식신	겁재	비견	정인	편인	정관	편관
庚	편관	정관	편재	정재	식신	상관	비견	겁재	편인	정인
辛	정관	편관	정재	편재	상관	식신	겁재	비견	정인	편인
壬	편인	정인	편관	정관	편재	정재	식신	상관	비견	겁재
癸	정인	편인	정관	편관	정재	편재	상관	식신	겁재	비견

◆ 십신표기법

시	일	월	년	구분
편인	일간	정인	정관	십신
丁	己	丙	甲	천간
卯	未	寅	午	지지
편관	비견	정관	편인	십신

지지는 지장간 정기를 기준으로 합니다.

◆ 지지는 지장간 정기를 기준으로 합니다.

지지	일 간									
	甲	乙	丙	丁	戊	己	庚	辛	壬	癸
寅	비견	겁재	편인	정인	편관	정관	편재	정재	식신	상관
卯	겁재	비견	정인	편인	정관	편관	정재	편재	상관	식신
巳	식신	상관	비견	겁재	편인	정인	편관	정관	편재	정재
午	상관	식신	겁재	비견	정인	편인	정관	편관	정재	편재
申	편관	정관	편재	정재	식신	상관	비견	겁재	편인	정인
酉	정관	편관	정재	편재	상관	식신	겁재	비견	정인	편인
亥	편인	정인	편관	정관	편재	정재	식신	상관	비견	겁재
子	정인	편인	정관	편관	정재	편재	상관	식신	겁재	비견
辰戌	편재	정재	식신	상관	비견	겁재	편인	정인	편관	정관
丑未	정재	편재	상관	식신	겁재	비견	정인	편인	정관	편관

시	일	월	년	
식신	**일간**	**편재**	**정관**	⇒ 일간 중심으로 천간에 붙인 십신
丙	甲	戊	辛	→ 천간
寅	申	子	丑	→ 지지
↓	↓	↓	↓	
甲	庚	癸	己	⇒ 지지의 정기 지장간
비견	편관	정인	정재	⇒ 일간 중심으로 지지의 정기에 붙인 십신

◆ 십신의 기능

비견比肩의 협동 기능	- 협동심 - 자신감	- 경쟁심 - 독립심
겁재劫財의 경쟁 기능	- 겁탈자 - 경쟁심	- 승부심 - 대항심
식신食神의 생산 기능	- 표현 능력 - 연구 개발	- 제조 생산 - 식복 / 장수의 별
상관傷官의 활동 기능	- 진보 개혁 - 순발력	- 직관적 표현력 - 우월감 / 반항심
편재偏財의 영역 확장 기능	- 영역 확장성 - 공적 재물	- 사업성 - 투기성
정재正財의 소유 기능	- 합리적 소유 - 저축성	- 치밀한 계산 - 사적 재물
편관偏官의 통제 기능	- 생사 여탈권 - 전투성 공격	- 의협심 - 영웅적 명예심
정관正官의 관리 기능	- 조직 소속감 - 원리원칙	- 도덕적 정의감 - 권위적 명예심
편인偏印의 권리 기능	- 신비주의적 - 전문기술성	- 직관력 - 명예직
정인正印의 자격 기능	- 학문성 - 순수한 자비	- 지위 자격 - 권리 문서

◆ 육친성은 남성과 여성이 다릅니다.

◆ 육친성은 모친과 부부의 기준으로 관계가 설정됩니다.

	모친기준		부부기준	
육친 육친성	모친 정인	형제 비겁	모친 정인	부친 편재
	여성 나	자식 식상	여성 나	남편 관성
	남성 나	자식 관성	남성 나	부인 정재

모친기준은 모계사회에서 여성이 가정을 구성하는 핵심요소이기 때문이며 부부기준은 남녀의 음양이 다르기 때문입니다.

그러므로 모친기준과 부부기준을 이해하여야 육친관계를 이해할 수 있습니다.

제6장
천간 지지의 운용

天干地支運用

천간지지의 운용은
통변의 법칙입니다.

천간은 천간합과 생극으로 운용하며
지지는 회합과 지지합, 형충파해로 운용합니다.

통변에 사용되는 간지의 운용

천간		지지		
생극	천간합	회합	지지합	형충파해

천간합

甲己	乙庚	丙辛	丁壬	戊癸

지지합

寅亥	卯戌	辰酉	巳申	午未	子丑

회합과 형충파해

회합		형충파해			
방합	삼합	형	충	파	해
寅卯辰 巳午未 申酉戌 亥子丑	亥卯未 寅午戌 巳酉丑 申子辰	寅巳申 丑戌未 辰辰 亥亥 酉酉 午午 子卯	寅申 巳亥 子午 卯酉 辰戌 丑未	午卯 子酉 丑辰 戌未 寅亥 巳申	丑午 子未 寅巳 申亥 卯辰 酉戌

01 천간의 생극

천간의 생生	천간의 극剋

◆ 천간의 생극은 오행의 생극 개념과 같습니다.

천간의 상생	천간의 상극
甲乙木이 丙丁火를 목생화	甲乙木이 戊己土를 목극토
丙丁火는 戊己土를 화생토	戊己土는 壬癸水를 토극수
戊己土는 庚辛金을 토생금	壬癸水는 丙丁火를 수극화
庚辛金은 壬癸水를 금생수	丙丁火는 庚辛金을 화극금
壬癸水는 甲乙木을 수생목	庚辛金은 甲乙木을 금극목

음양간의 상생은 에너지 소모의 크기가 다릅니다.

갑목甲木이 병화丙火를 생하는 에너지보다 정화丁火를 생하는 에너지가 더 큽니다. 을목乙木이 정화丁火를 생하는 에너지보다 병화丙火를 생하는 에너지가 더 큽니다.

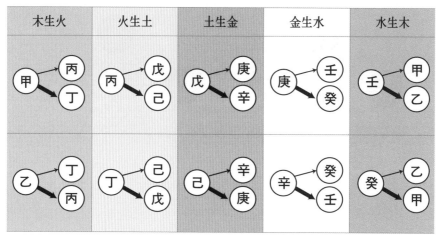

木生火	火生土	土生金	金生水	水生木

굵은 선은 에너지의 소모가 많다는 것입니다.

음양이 같은 천간끼리의 생은 에너지 소모가 적습니다.

양간이 양간을 생하거나 음간이 음간을 생하는 에너지는 소모가 적습니다.

갑목甲木은 병화丙火를 생하는 목생화와 을목乙木이 정화丁火를 생하는 목생화 역시 소모가 적습니다.

음양이 다른 천간끼리의 생은 에너지 소모가 많습니다.

양간이 음간을 생하거나 음간이 양간을 생할 때는 에너지 소모가 큽니다.

갑목甲木이 정화丁火를 생하는 목생화나 을목乙木이 병화丙火를 생하는 목생화의 에너지는 소모가 큽니다.

음양간의 상극은 에너지 소모의 크기가 다릅니다.
경금庚金이 갑목甲木을 극할 시에는 에너지의 소모가 많지만
경금庚金이 을목乙木을 극할 시에는 에너지의 소모가 적습니다.

신금辛金이 갑목甲木을 극하면 에너지의 소모가 비교적 적지만
신금辛金이 을목乙木을 극하면 에너지의 소모가 많게 됩니다.

굵은 선은 에너지의 소모가 많다는 것입니다.

음양이 같은 천간끼리의 극은 에너지가 강하게 충돌합니다.
양간이 양간을 극하거나 음간이 음간을 극하는 것은 에너지의 충돌이 강합니다. 경금庚金이 갑목甲木을 극하거나 신금辛金이 을목乙木을 극하는 금극목은 에너지의 충돌이 강합니다.

음양이 다른 천간끼리의 극은 에너지의 충돌이 약합니다.
양간이 음간을 극하거나 음간이 양간을 극할 때는 에너지의 충돌이 약합니다. 경금庚金이 을목乙木을 극하거나 신금辛金이 갑목甲木을 극하는 금극목은 에너지의 충돌이 약합니다.

02 천간합天干合

천간합	甲己합	乙庚합	丙辛합	丁壬합	戊癸합
화오행 化五行	土	金	水	木	火

◆ 천간합은 음양의 합입니다.

양간	음간	관계
甲	己	양간의 甲木과 음간의 己土의 합
庚	乙	음간의 乙木과 양간의 庚金의 합
丙	辛	양간의 丙火와 음간의 辛金의 합
壬	丁	음간의 丁火와 양간의 壬水의 합
戊	癸	양간의 戊土와 음간의 癸水의 합

◆ 천간합이 화化하는 조건

월지나 대운지지가 화化오행과 같은 오행이어야 합니다.

천간합	甲己	乙庚	丙辛	丁壬	戊癸
화化오행	土	金	水	木	火
월지 또는 대운지지	辰戌丑未	申酉	亥子	寅卯	巳午

❶ 천간합의 조건과 작용

(1) 음양간의 합

◆ 천간합은 양간과 음간의 합입니다.

양간	甲	庚	丙	壬	戊
음간	己	乙	辛	丁	癸

甲木은 己土를 애정 관계로 보므로 극을 하지 않고 합을 합니다.
庚金은 乙木을 애정 관계로 보므로 극을 하지 않고 합을 합니다.
丙火는 辛金을 애정 관계로 보므로 극을 하지 않고 합을 합니다.
壬水는 丁火를 애정 관계로 보므로 극을 하지 않고 합을 합니다.
戊土는 癸水를 애정 관계로 보므로 극을 하지 않고 합을 합니다.

음양간의 합이므로 남녀의 합이 됩니다.
양간이 남성이면 음간이 여성이 되는 것입니다.
양간이 여성이면 음간이 남성이 되는 것입니다.

음양은 서로 상대적이므로 양간만이 남성이 되는 것이 아니고 음간만이 여성이 되는 것은 아닙니다. 남성에게도 여성상이 있으며 여성에게도 남성상이 있습니다.

음양간이 만나서 합방을 하고 자식을 낳은 것을 화化오행이라고 합니다.
합방은 조건이 있으므로 쉽게 합하지 아니합니다.

(2) 합合과 불합不合

천간합은 글자가 붙어있어야 합을 합니다.

1	2	3
○ ○ 庚 乙 ○ ○ ○ ○	庚 ○ ○ 乙 ○ ○ ○ ○	庚 ○ 乙 ○ ○ ○ ○ ○
합	불합	불합

1번은 붙어 있으므로 乙庚합이 성립되어 합이 됩니다.

2번과 3번은 떨어져 있으므로 乙庚합이 안되어 불합不合이라고 하며 합하지 아니하고 합하려는 정만 가득합니다.

시 일 월 년
○ ○ 庚 乙   년과 월이 붙어있으므로 합이 됩니다.
○ ○ ○ ○

시 일 월 년
庚 ○ ○ 乙   년과 시가 떨어져 있으므로 합이 안 됩니다.
○ ○ ○ ○

시 일 월 년
○ 乙 ○ 庚   년과 일이 떨어져 있으므로 합이 안 됩니다.
○ ○ ○ ○

시 일 월 년
乙 ○ 庚 ○   월과 시가 떨어져 있으므로 합이 안 됩니다.
○ ○ ○ ○

참고 Tip

불합不合은 서로 떨어져 있어 합이 이루어지지 아니한 것으로 서로 애타게 그리워하는 마음만 있는 것입니다. 乙木은 庚金을 그리워하고, 庚金은 乙木을 그리워합니다.

(3) 기반과 합거

기반羈絆은 묶인다는 뜻이 있으며, 합거合去는 합하여 사라진다는 뜻이 있습니다.

천간합이 되면 천간은 기반되므로 속성을 잃습니다.

1	2	3
○ ○ 庚 乙 ○ ○ 酉 ○	○ ○ 丁 壬 ○ ○ 寅 ○	○ ○ 壬 丁 ○ ○ 未 ○
乙庚합이 되어 金오행으로 화함	丁壬합이 되어 木오행으로 화함	丁壬합이불화로 기반되어 합거

1번은 酉월이므로 乙庚합으로 인하여 金오행을 만들어 월령의 기운을 돕지만, 乙木과 庚金은 자신의 속성이 기반되어 역할이 제한됩니다.

2번은 寅월이므로 丁壬합으로 인하여 木오행을 만들어 월령의 기운을 돕지만, 壬水와 丁火는 자신의 속성이 기반되어 역할이 제한됩니다.

3번은 未월이므로 丁壬합이지만 합이불화로 인하여
화化오행을 만들지도 못하고 자신들은 기반되어 합거合去되어 버립니다.

기반과 합거는 년월간의 합일 경우에 주로 일어납니다.

○ ○ 庚 乙   ○ ○ 庚 乙
○ ○ 酉 ○   ○ ○ ○ ○

년월간의 천간합은 酉월에 金오행을 산출하므로 월령을 도우므로 기반이 되지만 자신의 역할만 묶이게 됩니다. 그러나 申酉월이 아니면 金오행을 산출하지 못하므로 합거되어 그대로 사라져버립니다. 아무 역할도 못한다는 뜻입니다.

서로 떨어져 있으면 합하기 어려워 기반이 안됩니다.

○	庚	○	乙		乙	○	○	庚
○	○	○	○		○	○	酉	○

천간이 서로 떨어져 있으므로 합하기 어렵습니다.

그러므로 기반과 합거가 일어나지 아니합니다.

운에서 합을 하여 오면 기반과 합거가 일어납니다.

○	乙	○	庚	← 乙	⇦ 대운에서 乙木이 온다면 乙庚합이 되어 대운에서 온 乙
○	○	○	○		木과 庚金은 합거가 됩니다.

○	乙	○	庚	← 乙	⇦ 대운에서 乙酉가 온다면 乙庚합이 되어 金오행을 산출
○	○	○	○	← 酉	하고 대운에서 온 乙木과 庚金은 기반이 됩니다.

○	乙	○	庚	← 乙	⇦ 대운에서 乙卯가 온다면 乙庚합이 되지만 金오행을 산
○	○	○	○	← 卯	출하지 못하고 대운에서 온 乙木과 庚金은 합거가 됩 니다.

용어 Tip

천간합이 되면 기반되어 합거된다고 합니다.

기반羈絆이란 소나 말에 재갈을 물리어 묶어두는 것입니다.

합거合去란 묶이어 역할이 사라진다는 뜻입니다.

마치 신랑 신부가 신혼방에 합방하므로 사랑을 하느라 아무 것도 못하고 묶이어 있는 것과 마찬가지입니다.

(4) 일간의 합

일간의 합은 화격化格 이외에는 합으로 작용하지 아니합니다.

```
庚乙庚辛
辰酉申酉
```

월령이 金이고 사주가 金기로 구성되어 있고 火기가 없다면 乙木일간은 金으로
화하여 화격이 됩니다.

화격이란 일간이 세력이 없어 자신을 버리고 천간합하는 것입니다.
위의 경우 乙木이 庚金에 합하여 자신을 버리고 金기에 따라가는 것입니다.
이러한 경우를 화격化格이라고 합니다.

```
壬丙辛壬
辰子亥子
```

월령이 水이고 사주가 水기로 구성되어 있고 土기가 없다면 丙火일간은 辛金과
합하여 水기로 화하여 화격化格이 됩니다.

```
○乙庚○
○○寅○
```

화격이 되지 아니한다면 일간은 庚金이 옆에 있어도 합하지 못합니다.

단지 庚金을 바라는 마음이 크므로 귀하게 쓰려고 합니다.

```
庚乙庚○
○○○○
```

庚金이 두 개 있어도 일간은 합하지 아니하고 단지 바라는 마음이 분산되어 있
으니 복잡하여집니다. 이를 쟁합 또는 투합이라고 합니다.
乙木이 庚金과 합하려고 하는데 庚金이 또 있다면 서로 차지하려고 경쟁을 하고
투기하는 마음이 큰 것입니다.

(5) 화化오행의 조건

음양간이 합을 하면 화오행化五行을 낳습니다.

음양간이 합방을 하면 자식을 낳는데 이를 화오행이라고 합니다.

음양간이 합하여 변화하였다고 하여 화오행이라고 부르는 것입니다.

甲己가 합하여 낳은 화오행이 土입니다.

甲己合化土 갑기합화토	乙庚合化金 을경합화금	丙辛合化水 병신합화수	丁壬合化木 정임합화목	戊癸合化火 무계합화화

화오행은 조건이 되어야 만들어집니다.

음양간이 합방한다고 하여 화오행이 무조건 만들어지지 아니합니다.

일정한 조건이 있어야 만들어지는 것이 화오행입니다.

천간합이 화化하는 조건

월지나 대운지지가 화化오행과 같은 오행이어야 합니다.

천간합	甲己	乙庚	丙辛	丁壬	戊癸
화化오행	土	金	水	木	火
월지 또는 대운지지	辰戌丑未	申酉	亥子	寅卯	巳午

甲己는 월지 또는 대운의 지지가 辰戌丑未이어야 합니다.

乙庚은 월지 또는 대운의 지지가 申酉이어야 합니다.

丙辛은 월지 또는 대운의 지지가 亥子이어야 합니다.

丁壬은 월지 또는 대운의 지지가 寅卯이어야 합니다.

戊癸는 월지 또는 대운의 지지가 巳午이어야 합니다.

◆ 천간합은 일정한 조건이 구비되어야 화化오행이 만들어집니다.

1	2	3
○ ○ 庚 乙 ○ ○ 酉 ○	○ ○ 丁 壬 ○ ○ 寅 ○	○ ○ 壬 丁 ○ ○ 未 ○
乙庚합이 酉월이므로 金오행으로 화함	丁壬합이 寅월이므로 木오행으로 화함	丁壬합이 未월이므로 합이불화

1번은 乙庚합이 酉월에 태어나 월령을 득하여 金오행으로 화합니다.
2번은 丁壬합이 寅월에 태어나 월령을 득하여 木오행으로 화합니다.
3번은 丁壬합이 未월에 태어나 월령을 득하지 못하여 화하지 못하고
기능을 상실하므로 합이불화合而不化라고 합니다.

◆ 조건이 안 되었다면 화化오행을 사용할 수 없습니다.

○ ○ 甲 己 ○ ○ 辰 ○	甲 己 合 土

辰월의 조건이 되었으므로 土化오행을 사용할 수 있습니다.

○ ○ 甲 己 ○ ○ 寅 ○	甲 己 合 土

寅월이므로 조건이 안 되어 土化오행을 사용할 수 없습니다.

○ ○ 乙 庚 ○ ○ 酉 ○	乙 庚 合 金

酉월의 조건이 되었으므로 金化오행을 사용할 수 있습니다.

(6) 쟁합과 투합

1	2	3
庚 乙 庚 ○ ○ ○ ○ ○	乙 庚 乙 ○ ○ ○ ○ ○	庚 庚 乙 ○ ○ ○ ○ ○

◆ 1번은 乙木일간이 두 개의 庚金과 쟁합하고 있습니다.
두 개의 庚金은 乙木일간을 쟁합하고 있습니다.

◆ 2번은 庚金일간을 사이에 두고 두 개의 乙木이 투합하고 있습니다.
두 개의 乙木은 庚金일간을 투합하고 있습니다.

◆ 3번은 庚金일간이 乙木을 두고 시간의 庚金과
   쟁합을 하고 있습니다.
두 개의 庚金이 乙木을 쟁합하고 있습니다.

乙木이 하나인데 두 개의 庚金이 경쟁을 하는 것을 쟁합이라고 합니다.
두 개의 乙木이 하나의 庚金과 합하고자 경쟁을 벌이는 것을 투합이라고 합니다. 쟁합과 투합은 합이 이루어지지 아니합니다.

쟁합과 투합의 구분은 음양간으로 합니다.
하나의 양간을 두고 두 개의 음간이 경쟁을 벌이는 것을 투합이라고 합니다.

하나의 음간을 두고 두 개의 양간이 경쟁을 벌이는 것을 쟁합이라고 합니다.

남자가 경쟁하면 쟁합이고 여자가 경쟁하면 투합이라고 합니다.
어딘지 모르게 남존여비의 사상이 깃들어 있는 느낌입니다.
그래서 이들 모두 쟁합이라고 부르는 것이 좋습니다.

쟁합

투합

● **합이불화合而不化**는 합하였으나 화하지 못하고 합거되어 기능을 상실하였다는 뜻입니다.

● **화오행化五行**은 천간합으로 낳은 자식을 화오행이라고 합니다. 천간합은 기반되어 있으므로 자신의 역할을 하기는 어렵지만, 화오행을 산출하여 월령의 기운을 돕게 됩니다.

○○壬丁
○○寅○ 에서 壬水와 丁火는 합으로 묶이어 있으므로 水와 火로서 천간의 역할은 제한되지만, 木이라는 화化오행을 산출하여 월령의 기운을 돕게 됩니다. 화化오행은 다른 천간과의 생극제화 활동을 하지는 못하고 단순히 월령의 기운만 돕습니다.

● **기반羈絆**이란 소나 말이 재갈에 물리어 고삐에 묶여 있다는 뜻으로 꼼짝을 하지 못한다는 것입니다. 천간이 합하면 사랑을 속삭이느라 자신의 역할을 하지 아니하므로, 화오행을 산출하여도 묶이어 있으므로 역할이 제한됩니다.

● **합거合去**란 월령의 기운을 득하지 못하여 화오행을 산출하지도 못하였다면 이를 합거라고 하며 천간으로서의 역할을 하지 못하고 쓸모없이 묶이어 있는 것입니다.

● **탐합망극貪合忘剋**이란 합을 탐하다가 극을 잊어버린다는 것입니다. 예로 甲木일간에게 丙火는 상관이고 庚金을 제살하여 일간을 보호하고 있는데, 辛金이 나타나면 丙辛합을 하므로 丙火상관이 庚金칠살을 제살하는 것을 잊어버려 일간을 보호하지 못한다고 하여 탐합망극한다고 합니다.

03 형충회합파해刑沖會合破害

◆ 지지의 작용에는 형충회합파해의 작용이 있습니다.

회會 방국方局	방합方合	寅卯辰, 巳午未, 申酉戌, 亥子丑	
	삼합三合	亥卯未, 寅午戌, 巳酉丑, 申子辰	
	반합半合	亥卯, 卯未, 亥未, 寅午, 午戌, 寅戌 巳酉, 酉丑, 巳丑, 申子, 子辰, 申辰	
지지합 地支合		子丑, 寅亥, 卯戌, 辰酉, 巳申, 午未	
충沖		寅申, 巳亥, 子午, 卯酉, 辰戌, 丑未	
형刑	삼형三刑	寅巳申, 丑戌未	
	자형自刑	辰辰, 亥亥, 酉酉, 午午	
		子卯, 寅巳, 巳申, 丑戌, 戌未	
파破		午卯, 子酉, 丑辰, 戌未, 寅亥, 巳申	
해害(천천穿)		丑午, 子未, 寅巳, 申亥, 卯辰, 酉戌	

형충회합파해는 지지를 움직이는 작용을 합니다.

1 방합方合

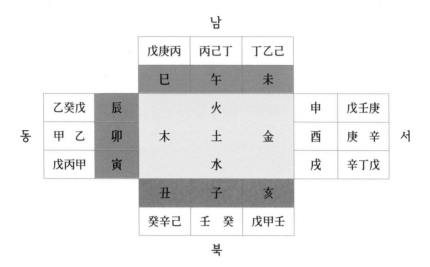

방합은 같은 방향에 있는 지지끼리의 합입니다.

寅卯辰은 동쪽 집안의 합입니다.

巳午未는 남쪽 집안의 합입니다.

申酉戌은 서쪽 집안의 합입니다.

亥子丑은 북쪽 집안의 합입니다.

◆ 방합은 가족합이라고도 하며 결속력이 가장 강합니다.

寅卯辰	巳午未	申酉戌	亥子丑
동木	남火	서金	북水

土는 별도의 방합이 없습니다.

辰戌丑未가 바로 그러합니다.

辰土는 동방에 붙어서 동방과 남방의 연결과 조절을 하여주며

未土는 남방에 붙어서 남방과 서방의 연결과 조절을 하여주며

戌土는 서방에 붙어서 서방과 북방의 연결과 조절을 하여주며

丑土는 북방에 붙어서 북방과 동방의 연결과 조절을 하여줍니다.

○○○○
○ 寅 卯 辰 ← 戌

사주에 寅卯辰 방합이 구성되어 있습니다. 방합은 집안의 결속이므로 합력이 매우 강합니다. 그러므로 웬만해서는 해체가 되지 아니합니다.

戌년의 세운에는 寅戌반합과 卯戌합과 辰戌충이 일어납니다.
寅戌반합과 辰戌충의 작용은 미미하지만 卯戌지지합의 작용은 일어나며 卯木이 사랑에 빠지게 됩니다.

즉, 戌土는 卯木과의 사랑을 위하여 寅木과의 화합이나 辰土와의 싸움을 회피하게 되고, 卯木은 戌土를 보자 사랑에 빠지지만 집안의 결속력을 깨지는 못합니다.

○○○○
○ 寅 卯 辰 ← 酉

酉년이 온다면 卯酉충이 일어나지만 酉金이 寅卯辰의 세력을 어찌하지는 못합니다. 오히려 충의 효과로 木기의 결속력은 더욱 더 단단해진다고 할 수 있습니다. 단지 酉金은 辰土와의 합을 즐기고자 합니다.

○○○○
○ 寅 卯 辰 ← 巳

巳년이 온다면 寅巳형이 일어나지만 寅卯辰의 세력을 어찌하지는 못합니다. 다만 형으로 인하여 다소 불안하기는 하지만 오히려 木기의 결속력은 더욱 더 단단해진다고 할 수 있습니다.

❷ 삼합三合

방합을 방국方局이라고 한다면 삼합은 회국會局이라고도 합니다.
목적이 같은 지지끼리의 모임이 삼합입니다.

삼합은 목적이 같은 지지끼리의 합입니다.
사회적인 목적을 이루기 위한 합으로 사회합社會合이라고도 합니다.

목적	木	火	金	水
삼합	亥卯未	寅午戌	巳酉丑	申子辰
반합	亥卯 卯未 亥未	寅午 午戌 寅戌	巳酉 酉丑 巳丑	申子 子辰 申辰

亥卯未 삼합은 木이라는 목적을 가진 회합입니다.
寅午戌 삼합은 火라는 목적을 가진 회합입니다.
巳酉丑 삼합은 金이라는 목적을 가진 회합입니다.
申子辰 삼합은 水라는 목적을 가진 회합입니다.

반합은 삼합의 50%의 작용을 합니다.
삼합의 세 글자중 두 글자의 합을 반합半合이라고 합니다.
삼합이 100%의 작용을 가진다면 반합은 50%의 작용을 합니다.

亥卯未 중 亥卯, 卯未, 亥未 등 두 글자가 있으면 반합이 됩니다.
寅午戌 중 寅午, 午戌, 寅戌 등 두 글자가 있으면 반합이 됩니다.
巳酉丑 중 巳酉, 酉丑, 巳丑 등 두 글자가 있으면 반합이 됩니다.
申子辰 중 申子, 子辰, 申辰 등 두 글자가 있으면 반합이 됩니다.

삼합은 천간과 같은 작용을 합니다.

천간은 동적이고 지지는 정적입니다. 천간은 동적이기에 스스로 움직이지만
지지는 정적이기에 스스로 움직이지 못합니다. 그러나 삼합이 되면 지지끼리의
뭉침이므로 천간과 같은 동적인 작용을 합니다.

삼합이 되면 천간의 동적인 작용을 하게 됩니다.
寅午戌 삼합은 丙丁火와 같은 작용을 합니다.
亥卯未 삼합은 甲乙木과 같은 작용을 합니다.
申子辰 삼합은 壬癸水와 같은 작용을 합니다.
巳酉丑 삼합은 庚辛金과 같은 작용을 합니다.

삼합은 형충의 작용에 합이 깨지기도 합니다.

방합은 혈맹관계이므로 형충의 작용에 쉽게 깨지지 아니하지만
삼합은 목적성 회합이므로 형충의 작용에 쉽게 깨지기도 합니다.

참고 Tip

반합에 대한 적용은 학파에 따라 다릅니다.
가운데 왕지가 반드시 있어야 반합이 된다고 하는 학파와 세 글자중 두 글
자만 있어도 반합이 된다는 학파가 있습니다.
※ 왕지 → 子午卯酉
예를 들면 火의 반합에 있어 寅午와 午戌은 모두 인정하지만 寅戌은 午火
인 왕이 참여하지 않으므로 반합으로 인정하지 아니하는 학파와, 寅戌도
반합이라고 인정하는 학파로 양분됩니다.

삼합은 지장간의 성분으로 합하는 것이므로 왕지가 없다하여도 합의 효과
는 일어난다고 보는 것이 일반적입니다.
寅戌도 모두 火의 성분을 지장간으로 가지고 있기 때문입니다.

○ ○ ○ ○
○ 寅 午 戌
지지에 寅午戌 삼합이 형성되어 있습니다.
천간에 丙丁火가 투출된 것과 동일한 효과가 있습니다.

○ ○ 丙 ○
○ 寅 午 戌
지지에 寅午戌 삼합이 형성되고 천간에 丙火가 있다면 천간의 유인력으로
火氣의 기세가 매우 강하다고 하는 것입니다.

○ ○ 丙 壬
○ 寅 午 戌
지지에 寅午戌 삼합이 형성되고 천간에 丙火가 있는데, 년간의 壬水에 의
하여 丙火가 水剋火를 당하지만 丙火의 기세가 왕강하므로 壬水는 丙火를
극하지 못합니다.

○ ○ ○ ○ ← 壬
○ 寅 午 戌 ← 申
壬申년에 寅申충이 일어나며 삼합의 작용은 약해집니다.

○ ○ 丙 ○ ← 壬
○ 寅 午 戌 ← 子
壬子년에 천간에서는 水剋火가 진행되고 지지에서는 子午충이 일어나며
火氣의 세력이 무너지므로 잘 나가던 일이 무너지기도 합니다.

③ 충沖

寅申충	巳亥충	子午충	卯酉충	辰戌충	丑未충

일곱 번째의 지지를 충하므로 칠충七沖이라고도 합니다.
寅木에서 申金까지는 7번째가 됩니다.

고대의 전투장면을 보면 충을 이해 할 수 있습니다.

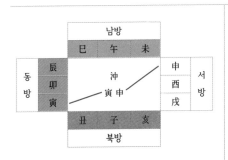

동방진영의 寅木과
서방진영의 申金의 싸움입니다.
沖은 가운데 충으로서 싸우는 장소를
말하는 것입니다.

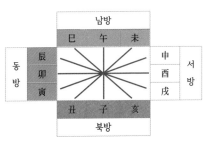

싸움의 상대는 서로 대칭되는
상대끼리만 싸웁니다.

양쪽 진영이 동서 혹은 남북으로 서로 마주보며 대치하여 있고, 가운데에서
장수들끼리 힘겨루기가 이루어집니다.
동쪽 진영에서 寅木이라는 장수가 나오면, 서쪽 진영에서 실력이 비슷한
申金이라는 장수가 나와 서로 힘겨루기를 합니다.

이긴 쪽의 진영에 사기가 올라가는 것이고, 지는 쪽의 진영은 사기가 떨어짐은
말할 필요가 없는 것입니다. 당연히 사기가 올라가는 쪽이 전쟁에서 이기는 것
입니다.

충이란 가운데에서 실력을 겨룬다는 의미가 있습니다.

동서의 진영에서 나오는 장수들끼리의 싸움이 이루어지는데

寅木은 申金과 상대하니 寅申충입니다.

卯木과 酉金이 상대하니 卯酉충이 되는 것입니다.

辰土와 戌土가 상대하니 辰戌충이 되는 것입니다.

남북의 진영에서 나오는 장수들끼리의 싸움이 이루어지는데

巳火는 亥水와 상대하니 巳亥충입니다.

午火는 子水와 상대하니 子午충이 되는 것입니다.

未土와 丑土가 상대하니 丑未충이 되는 것입니다.

旺者沖衰衰者拔 衰神沖旺旺神發 왕자충쇠쇠자발 쇠신충왕왕신발

왕성한 지지가 쇠약한 지지를 충하면 쇠약한 지지는 뿌리째 뽑히게 됩니다.

쇠약한 지지가 왕성한 지지를 충하면 왕성한 지지는 도리어 발전하게 됩니다.

- 적천수

왕성한 지지가 쇠약한 지지를 충하면 쇠약한 지지가 지면서 뿌리째 뽑히니 피해가 막심하게 됩니다.

쇠약한 지지가 왕성한 지지를 충하면 왕성한 지지는 오히려 기세가 배가 되면서 발전하게 됩니다.

쇠약한 신神이 왕성한 신神을 도우므로 신神이라고 하고, 왕성한 놈이 쇠약한 놈을 뽑아버리므로 놈자者라고 하는 것입니다.

◆ 충은 반드시 자신의 상대가 고정되어 있습니다.

동쪽진영		서쪽진영		남쪽진영		북쪽진영
寅	↔	申		巳	↔	亥
卯	↔	酉		午	↔	子
辰	↔	戌		未	↔	丑

고정된 상대하고만 충이 이루어지며, 세력이 강한 놈이 이기기 마련입니다.
약한 자가 강한 자에게 덤볐다가는 자칫 강한 자를 화나게 하여 오히려 분발하
게 만듭니다.

핵심 Tip

◆ 극과 충의 개념 정립

극剋	오행의 극관계는 천간끼리의 작용입니다. 木剋土, 土剋水, 水剋火, 火剋金, 金剋木 극剋은 일방적인 소유 개념입니다. 木이 土를 극하여 소유하는 것입니다. 다만, 세력이 약하여 역극逆剋을 당하는 경우도 있습니다. 이는 상대방의 세력이 강하여 상대를 소유할 수 없으므로 세력에 굴복하는 것입니다.
충冲	지지의 충관계는 지지끼리의 싸움입니다. 寅申 , 巳亥 , 子午 , 卯酉 , 辰戌 , 丑未 충冲은 대등한 개념입니다. 寅申 에서 寅木과 申金의 대등한 대결입니다. 그러므로 金剋木이라고 하면 오류가 생깁니다. 이긴자가 상대를 굴복시키는 것입니다.

○ ○ ○ ○
○ 戌 卯 酉

이 경우에는 일지와 월지가 卯戌합을 하며 卯酉충을 해소하고 있습니다. 卯木은 戌土와 사랑을 하고 싶어도 酉金이 방해를 하고 있어 사랑에 열중하지 못합니다. 각자 자신의 할 일을 할 뿐입니다.

○ ○ ○ ○
辰 戌 卯 酉

이 경우에는 년월지가 卯酉충을 하고 일시지가 辰戌충을 하고 있습니다. 각각의 충작용에 의한 대립관계에 있습니다. 卯戌은 서로 눈치만 보고 있습니다. 辰酉도 역시 눈치만 보고 있습니다. 사랑이 먼저가 아닙니다. 싸움이 먼저입니다. 사주팔자의 지지에서는 대립관계로 움직이지 아니합니다. 운에서 작용을 하여야 움직입니다.

○ ○ ○ ○
○ ○ 卯 戌   ← 운에서 酉金이 오는 경우

이 경우에는 사주에서 년월지가 卯戌합을 하며 사랑을 하고 있어 방해를 받지 아니합니다. 그런데 운에서 酉金이 오며 卯酉충을 하니 역시 卯戌합의 사랑은 방해를 받게 됩니다. 그러므로 酉金운의 기간에는 卯戌합의 사랑을 하지 못하고 각자 할 일을 하게 됩니다.

○ ○ 乙 丁
○ ○ 卯 酉

이 경우에는 년월지가 卯酉충을 하고 있습니다. 卯木은 자신의 기사인 乙木을 태우고 있으니 기세가 왕성합니다. 酉金은 오히려 적장 丁火를 태우고 있으니 기세가 쇠약합니다. 그러므로 卯木의 승리로 酉金은 뿌리가 뽑힐 지경이 됩니다.

4 형刑

형刑	삼형三刑	寅巳申, 丑戌未
	자형自刑	辰辰, 亥亥, 酉酉, 午午
	子卯, 寅巳, 巳申, 寅申, 丑戌, 戌未, 丑未	

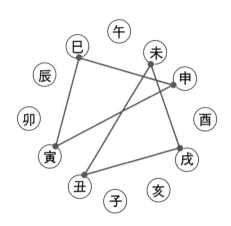

형이란 에너지 증폭과 갈등 상황을 나타냅니다.
삼합과 방합의 만남으로 인하여 에너지 증폭이 일어나고,
삼합과 방합의 분쟁, 소송, 조정, 수리 등 갈등을 조절하는 과정입니다.

火의 에너지 증폭 그리고 火방합과 火삼합의 갈등상황이고
金의 에너지 증폭 그리고 金방합과 金삼합의 갈등상황이며
水木의 에너지 증폭 그리고 水木방합과 水木삼합의 갈등상황입니다.

에너지 증폭으로 인하여 갈등이 생깁니다.
삼합과 방합이 만나면서 에너지가 증폭되므로 이로 인하여
갈등이 생기므로 갈등을 조절하지 아니하면 피해가 발생합니다.

◆ 火의 에너지 증폭과 갈등

火의 방합	火의 삼합	火의 형
巳	寅	寅巳형
午	午	午午자형
未	戌	戌未형

巳午未 방합은 火의 집안이고, 寅午戌 삼합은 火의 모임입니다.
火기의 집안과 모임이 모였으니 火기의 에너지 증폭이 폭발적으로 일어나게 됩니다.

방합의 입장에서는 火기가 자신의 고유의 영역인데 午火의 왕이 火기의 삼합 모임을 만들고 있으니 방합과 삼합의 갈등이 되는 것입니다. 그러므로 분쟁, 갈등, 조정, 수리의 양상이 나타나게 됩니다.

◆ 金의 에너지 증폭과 갈등

金의 방합	金의 삼합	金의 형
申	巳	巳申형
酉	酉	酉酉자형
戌	丑	丑戌형

申酉戌 방합은 金의 집안이고, 巳酉丑 삼합은 金의 모임입니다.
金기의 집안과 모임이 모였으니 金기의 증폭이 폭발적으로 일어나게 됩니다.

방합의 입장에서는 金기가 자신의 고유의 영역인데 酉金의 왕이 金기의 삼합 모임을 만들고 있으니 방합과 삼합의 갈등이 되는 것입니다. 그러므로 분쟁, 갈등, 조정, 수리의 양상이 나타나게 됩니다.

水木의 에너지 증폭과 갈등

水木의 형은 火나 金의 형하고 양상이 조금 다릅니다.

火나 金은 자체로 양적인 성분이므로 에너지의 증폭이 폭발적으로 일어나면서 형작용이 일어나지만, 水나 木은 자체로 음적인 성분이므로 서로 생하므로 에너지의 증폭은 그다지 크지 아니합니다.

또한 水木은 서로 다른 집안이기에 분쟁, 갈등, 조정, 수리의 양상이 그다지 크지 아니합니다. 주된 형이 子卯형이나 형작용이 미미하고, 亥亥자형과 辰辰자형은 오히려 에너지가 고립되기도 합니다.

구분	水			木		
방합	亥	子	丑	寅	卯	辰
삼합	亥	卯	未	申	子	辰
형	亥亥자형	子卯형	丑未형	寅申형	子卯형	辰辰자형

삼형은 에너지 증폭 작용이 가장 크게 일어납니다.

寅巳申 삼형과 丑戌未 삼형이 있습니다.

삼형은 에너지의 증폭이 크므로 형 작용이 크게 일어납니다.

寅巳申삼형을 양적인 에너지의 증폭이라고 하며,

丑戌未삼형을 음적인 에너지 증폭이라고도 합니다.

寅巳申 삼형은 원심력이고, 丑戌未 삼형은 구심력입니다.

회오리바람이나 토네이토를 보면 지상에서 하늘로 올라가는 회오리바람이 있고, 하늘에서 지상으로 내려오는 회오리바람이 있습니다.

하늘로 올라가는 회오리바람을 원심력이라고 한다면, 하늘에서 지상으로 내려오는 회오리바람을 구심력이라고 할 수 있습니다.

寅巳申 삼형은 하늘로 올라가는 회오리바람으로 양적인 원심력의 에너지를 방출하고, 丑戌未 삼형은 지상으로 내려오는 회오리바람으로 음적인 구심력의 에너지를 방출합니다. 그러므로 형의 에너지는 상상을 초월한답니다.

삼형에 휘말리면 여러 가지 어려움을 많이 겪는 이유입니다.

그러나 삼형의 에너지를 잘 활용하면 커다란 발전이 있게 됩니다.

삼형의 에너지는 매우 모호하다고 합니다.

에너지의 크기가 매우 크기 때문에 삼형이 사주에 있거나 운에서 온다면 회오리바람에 휩쓸리는 사건을 경험하거나 이로 인하여 커다란 발전을 할 수도 있습니다.

자평진전에서도 같은 삼형인데 어떤 때는 크게 낭패를 당하기도 하고 어떤 때는 크게 발전하기도 하니, 삼형의 뜻은 의문이 든다고 하며 비록 그렇게 된 연유를 모른다고 하여도 명리를 공부하는데 해가 없다고 말하고 있습니다.

그만큼 삼형의 뜻은 모호하다고 하는 것입니다.

자형은 에너지 겹침 현상입니다.

子卯형과 午午자형, 酉酉자형, 亥亥자형, 辰辰자형은 자체의 에너지가 겹치는 상황이므로 스스로 자신의 힘에 고립되는 현상을 가져오기도 합니다.

그러므로 일의 지체나 중복현상이 일어나게 되며 다소 어려운 갈등 상황을 만들기도 합니다.

자형의 에너지는 오히려 작용이 지체되기도 합니다.

동일한 에너지가 겹치면 에너지가 배가 되어 커지게 마련입니다.

그러나 에너지가 증폭되면 오히려 자체로 무거워 작용이 지체되며 이로 인하여 작용이 지체되고 길흉이 나타나게 됩니다.

○○○○
○ 寅 巳 申
년월일지에 寅巳申 삼형이 되어 있습니다. 사주에 회오리바람을 일으킬 소지가 많다는 것입니다. 운에서의 작용에 따라 움직이며 길흉이 나타납니다.

○○○○
○ 寅 巳 ○   ← 申
월일지에 寅巳형이 되어 있습니다. 운에서 申金이 온다면 寅巳申 삼형이 발동하게 됩니다.

○○○○   대운 세운
○○ 巳 ○   ← 申 ← 寅
월지에 巳火가 있는데 대운에 申金이 오면서 巳申형이 작동하는데, 세운에서 寅木이 온다면 寅巳申 삼형을 만들어 작동하며 길흉이 나타나게 됩니다.

○○○○
○○ 子 ○   ← 卯
월지에 子水가 있는데 운에서 卯木이 온다면 子卯형이 작동이 되며 길흉이 나타납니다.

○○○○   대운 세운
○○ 子 ○   ← 卯 ← 酉
월지에 子水가 있고 대운에서 卯木이 와서 형을 하고 있는데, 세운에서 酉金이 오며 卯酉충이 된다면 子卯형은 해소가 됩니다.

5 파破

寅	午	戌	申	子	辰
亥	卯	未	巳	酉	丑
寅亥	午卯	戌未	巳申	子酉	丑辰

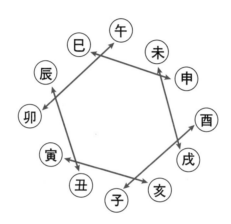

음양의 운동을 파괴하는 작용을 합니다.

寅午戌과 申子辰의 水火운동을 亥卯未와 巳酉丑이 방해하며 음양의 운동을 파괴
합니다.

亥卯未는 寅午戌과 함께 양의 편이라고 합하지만 양의 세력이 커지고, 巳酉丑은
申子辰과 함께 음의 편이라고 합하지만 음이 세력이 커지게 되는 것이니, 이로
써 음양의 불균형이 만들어지고 결국 음양의 운동을 파괴하게 됩니다.

파의 작용은 모든 것을 파괴한다고 하며, 반목, 질시, 분리, 절단, 이별 등이 나
타납니다.

⑥ 해害(천穿)

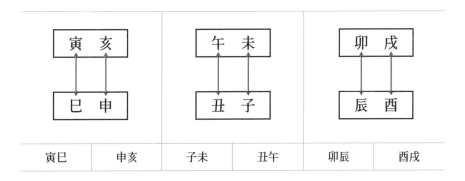

| 寅巳 | 申亥 | 子未 | 丑午 | 卯辰 | 酉戌 |

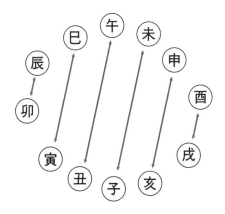

천穿이란 지지합끼리 서로 충하여 파괴하는 작용입니다.

해害는 천穿이라고도 합니다. 지지합을 충하여 파괴하므로서 지지합의 사랑을 방해하는 작용을 하는 것입니다. 상대가 원하지 않은 상황을 만들어 방해를 하니 해害라고 하는 것입니다.

해는 질시, 방해, 이간질, 박복함 등을 암시합니다.

특히 子未, 丑午는 원진元嗔과 겹쳐 강하게 작용합니다. 일명 상천살相穿殺이라고도 하는데 서로가 상대를 맞뚫어 버리며 상처를 입힌다는 뜻으로도 해석합니다.

◆ 자평진전 형충론

지지합으로 형충을 해소합니다.

酉월생이 卯를 만나면 卯酉충이 되나, 혹 지지에 戌이 있으면 卯戌이 합하여 충이 해소가 된다고 하는 것입니다. 또한 辰이 있으면 辰酉가 합하여 역시 충이 해소가 된다고 합니다.

子卯형이 되는데, 戌이 있으면 卯戌이 합하여 子卯형이 되지 않습니다.
또한 丑이 있으면 子丑이 합하여 역시 子卯형이 되지 않습니다.

삼합으로 형충을 해소합니다.

亥未가 있으면 亥卯未가 합하여 卯酉충이 되지 않는다고 하며,

巳丑이 있으면 巳酉丑이 회합하여 역시 충하지 않는다고 합니다.

亥未가 있으면 亥卯未가 회합하여 子卯형이 되지 않으며, 역시 申辰이 있으면
申子辰이 회합하여 子卯형이 되지 않습니다.

지지합으로 인하여 오히려 형을 얻게 됩니다.

子월생이 지지에서 두 개의 卯가 서로 나란히 있을 때, 두 개의 卯는 하나의 子를
형할 수 없으므로 子卯형이 일어나지 아니합니다.

그런데 지지에 戌이 있다면 卯戌합이 되어 子卯형이 일어나게 됩니다.

반합으로 인하여 오히려 충을 얻게 됩니다.

子년 午월인데 일지가 丑이면 子丑합이 되어서 子午충을 해소한다고 합니다.

그런데 시지에서 巳를 만나면 巳丑합이 되어 子午충이 일어나고, 酉를 만나면 酉
丑이 합하여 子午충이 일어나게 됩니다.

반합으로 인하여 오히려 형을 얻게 됩니다.

子년 卯월이고 일지에 戌이 앉아있으면 卯戌이 합하여 子卯형을 해소 할 수 있습
니다. 그러나 시에서 寅을 만나면 寅戌합으로 子卯형이 다시 일어나며, 시에 午
를 만나 午戌합이 되면 역시 子卯형이 다시 일어나게 됩니다.

◆ 적천수 형충론

적천수 원문에서 생방生方은 움직이는 것이 두렵고, 고庫는 여는 것이 마땅하며, 패지敗地가 충을 만나면 자세하게 추리해야 한다고 합니다.

생방生方이란 寅申巳亥를 말하는 것으로 생지生支라고도 합니다.
생지는 양지이므로 움직이기를 좋아하지만, 충으로 움직이면 파괴되기 쉬우므로 두려워 한다는 것입니다.

고庫는 辰戌丑未를 말하는 것으로 묘고라고도 합니다.
묘는 묘지이고 고는 창고를 말합니다. 그러므로 마땅히 충으로 열어야 안에 있는 것을 꺼내어 쓸 수 있다는 것입니다.

자평진전에서는 충으로 묘고를 열어 쓰는 것을 부정하지만, 적천수에서는 개고開庫라 하여 창고를 열어서 안에 있는 지장간을 꺼내어 쓸 수 있다고 합니다.
충은 문을 두드리는 것으로 두드려야 창고문이 열린다고 하는 것입니다.

패敗란 子午卯酉를 말하는 것으로 욕패지浴敗支라고도 합니다.
도화살이 있는 지지이므로 목욕하는 철부지를 뜻하기도 합니다. 벌거벗고 목욕하며 낭비가 심하므로 욕패지라고 합니다. 욕패지가 충을 만나면 깨지기 쉬우므로 낭패를 보기 십상입니다. 그러므로 주위의 여건을 살펴보아야 한다는 것입니다.

적천수에서는 지지는 오로지 충으로 움직이는 것이니 이를 중요하게 여기고, 형과 해(천)은 움직여도 움직이지 아니하는 것과 같으니 미미한 것이라고 하여 무시하기도 합니다.

형충회합파해는 지지를 움직이게 하는 작용입니다.

형은 에너지의 증폭으로 세력을 증가시킵니다.
충은 에너지의 충돌로 승리자가 영역을 차지합니다.

회합은 에너지의 뭉침으로 무리를 형성합니다.
파해는 시기, 질투의 모습으로 말썽만 일으킵니다.

寅巳申 삼형은 양적 에너지로 태풍과도 같으므로 모든 것을 날려 버릴 수
있습니다.
丑戌未 삼형은 음적 에너지로 블랙홀과도 같으므로 모든 것을 수장시킬
수도 있습니다.

辰辰, 亥亥, 午午, 酉酉 등 자형과 子卯형은 혼자만의 힘이니 자만심이 생기
기도 합니다.

충은 힘이 있는 지지가 이기기 마련입니다.
싸움에서 지면 자신의 영역을 내어주어야 합니다.
승리자가 모든 권한을 갖게 됩니다.

강한 세력을 갖고 있어야 힘을 발휘하게 됩니다.

旺者冲衰衰者拔 衰神冲旺旺神發
왕자충쇠쇠자발 쇠신충왕왕신발

04 지지합

지지합은 지지의 음양간의 합입니다.

양	子	寅	卯	辰	巳	午
음	丑	亥	戌	酉	申	未

음양이 합하면서 사랑을 하게 됩니다.

子丑합, 寅亥합, 卯戌합, 辰酉합, 巳申합, 午未합이라고 합니다.

丑寅卯辰巳午가 양의 지역이고 未申酉戌亥子가 음의 지역입니다.

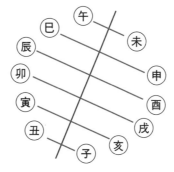

지지합은 태양과 달이 만나는 음양의 합입니다.

子월에 丑방향을 보면 태양과 달이 서로 만나고 있습니다.

이를 합삭이라고 하며 음력 초하루를 말하는 것입니다.

지지합을 하면 음양이 만나 사랑을 하므로 자신의 할 일을 잊게 됩니다.

지지합의 사랑은 형충으로 방해합니다.

지지합은 음양의 합이므로 사랑을 속삭이는 시간입니다.

그러므로 자신의 할 일을 잊어버리고 사랑에 열중하게 됩니다.

지지합을 해소하는 것은 형충의 작용이 있어야 합니다.

○ ○ ○ ○
○ ○ 卯 戌

년월지에 卯戌합이 되어 있습니다. 사랑에 열중하여 卯木과 戌土로서의 작용을 잊고 있습니다. 그러므로 지지의 작용을 멈추고 있다고 하는 것입니다.

○ ○ ○ ○
○ 酉 卯 戌

이 경우에는 일지와 월지가 卯酉충을 하며 합을 해소하고 있습니다.
卯木과 戌土가 사랑에 열중하지 못하게 酉金이 卯木을 충하며 사랑을 방해하고 있습니다. 그러므로 합의 작용이 방해를 받고 있어 각자 자신의 할 일을 할 수 있습니다.

○ ○ ○ ○
○ 子 卯 戌

이 경우에는 일지와 월지가 子卯형을 하며 역시 卯戌합의 사랑을 방해하고 있습니다. 그러므로 충과 마찬가지로 합의 작용에 방해를 받고 있어 각자 자신의 할 일을 할 수 있습니다.

○ ○ ○ ○
○ ○ 卯 戌 ← 운에서 酉金이 오는 경우

이 경우에는 사주에서 년월지가 卯戌합을 하며 사랑을 하고 있어 방해를 받지 아니합니다. 그런데 운에서 酉金이 오며 卯酉충을 하니 역시 卯戌합의 사랑은 방해를 받게 됩니다. 그러므로 酉金운의 기간에는 卯戌합의 사랑을 하지 못하고 각자 할 일을 하게 됩니다.

○ ○ ○ ○
○ ○ 卯 戌 ← 운에서 丑土가 오는 경우

이 경우에는 사주에서 卯戌합의 방해를 받지 아니하나, 운에서 丑土가 오며 丑戌형의 작용으로 역시 卯戌합의 사랑은 방해를 받게 됩니다. 그러므로 丑土운의 기간에는 각자 할 일을 하게 됩니다.

○ ○ ○ ○   대운 세운
○ ○ 卯 戌 ← 丑 ← 酉

이 경우에는 사주에서 卯戌합의 방해를 받지 아니하나, 운에서 丑土가 오며 丑戌형의 작용으로 역시 卯戌합의 사랑은 방해를 받게 됩니다. 그러나 세운에서 酉金이 온다면 酉丑합으로 인하여 사주에 있는 卯戌은 사랑을 방해받지 아니합니다.

○ ○ ○ ○   대운 세운
○ ○ ○ 戌 ← 卯 ← 酉

이 경우에는 대운에서 卯木이 오면서 사주의 戌土와 사랑을 하고자 합니다. 그러나 세운에서 酉金이 오면서 卯木을 충하니 卯木은 사랑을 하기 어렵습니다.

05 육십갑자六十甲子

① 육십갑자의 개념

소길은 오행대의에서 말하기를

간지는 오행으로 세운 것이라고 하며, 옛날에 헌원씨의 시기에 대요씨가 만든 것이라고 합니다. 채옹의 월령장구에서 말하기를 대요씨는 오행의 성정을 채취해서, 북두칠성을 근본으로 하여 점을 친 것이라고 합니다.

처음에 甲乙로 시작해서 일에 이름을 붙친 것을 간幹이라 하고, 子丑으로 시작해서 월에 이름 붙인 것을 지支라고 하였다고 합니다. 또한 천간은 10개이고 지지는 12개가 있으니 돌아가면서 서로 배합하면 癸亥에서 마치므로 60일이 있고, 10일이 1순이므로 6순이 있는 것이라고 합니다

서대승은 연해자평에서 말하기를

전설에 의하면 황제가 치우를 무찌르고 목욕재계하여 하늘에 제사를 지내니 하늘이 십간과 십이지를 내려주었다고 합니다.

황제는 십간을 둥글게 펴서 하늘을 형상화하고, 십이지를 모나게 펼쳐 땅을 형상화하였으니, 이로써 천간은 하늘이고 지지는 땅이 된 시초가 되었으며, 하늘에서 내려준 빛을 합쳐 직분을 나누어 베풀고 난후에 다스릴 수 있었다고 합니다.

그런 후에 대요씨 시대에 후세사람의 근심을 미리 알고 탄식하기를, 슬프도다. 황제가 성인인데도 불구하고 오히려 그 나쁜 살을 다스릴 수 없어 고통을 당하면 어찌할 것인가 하면서, 드디어 10간 12지를 분배하여 60갑자를 완성하였다고 합니다.

육십갑자는 연월일시를 각자 운행합니다.

년은 년대로 육십갑자의 순서대로 운행하며

월은 월대로 육십갑자의 순서대로 운행하며

일은 일대로 육십갑자의 순서대로 운행하며

시는 시대로 육십갑자의 순서대로 운행합니다.

년이 육십갑자를 운행하면 60년이 되고

월이 육십갑자를 운행하면 60개월(5년)이 되며

일이 육십갑자를 운행하면 60일(2개월)이 되고

시가 육십갑자를 운행하면 60시진(120시간)이 됩니다.

❷ 육십갑자표

甲子	乙丑	丙寅	丁卯	戊辰	己巳	庚午	辛未	壬申	癸酉
甲戌	乙亥	丙子	丁丑	戊寅	己卯	庚辰	辛巳	壬午	癸未
甲申	乙酉	丙戌	丁亥	戊子	己丑	庚寅	辛卯	壬辰	癸巳
甲午	乙未	丙申	丁酉	戊戌	己亥	庚子	辛丑	壬寅	癸卯
甲辰	乙巳	丙午	丁未	戊申	己酉	庚戌	辛亥	壬子	癸丑
甲寅	乙卯	丙辰	丁巳	戊午	己未	庚申	辛酉	壬戌	癸亥

육십갑자를 암기하는 방법입니다.

왼쪽 손가락 마디에 지지를 순서대로 그려 넣습니다.

왼손 엄지손가락으로 子水부터 甲子 乙丑 丙寅 丁卯를 짚어나가면 60갑자의 마지막 癸亥가 됩니다. 자꾸 하다보면 손가락 위치만으로도 지지를 그릴 수 있습니다.

06 왕상휴수旺相休囚

왕상휴수는 기운의 성쇠盛衰를 나타냅니다.
왕상旺相은 왕성한 기운이고 휴수休囚는 쇠락하는 기운입니다.

왕상휴수는 기운의 성쇠를 표현한 것입니다.
왕旺이란 가장 왕성하다는 것이며
상相이란 돕는다는 뜻이 있으며
휴休는 휴식의 의미가 있고
수囚는 갇힌다는 의미가 있습니다.

지지地支		木	火	金	水
		寅卯辰	巳午未	申酉戌	亥子丑
오행	목木	왕旺	휴休	수囚	상相
	화火	상相	왕旺	휴休	수囚
	토土	상相	왕旺	휴休	수囚
	금金	수囚	상相	왕旺	휴休
	수水	휴休	수囚	상相	왕旺

왕상은 왕성한 기운이고 휴수는 쇠락하는 기운입니다.

왕상휴수는 지지가 주요기준입니다.

오행이 지지에서 성쇠盛衰를 나타내는 것이 왕상휴수입니다.

토土는 화火의 지지를 같이 쓰므로 화火의 왕쇠를 따라가지만

진술축미辰戌丑未에서는 土왕의 세력을 동시에 갖게 됩니다.

지지地支		木	火	金	水
		寅卯辰	巳午未	申酉戌	亥子丑
오행	목木	왕旺	휴休	수囚	상相
	화火	상相	왕旺	휴休	수囚
	토土	상相	왕旺	휴休	수囚
	금金	수囚	상相	왕旺	휴休
	수水	휴休	수囚	상相	왕旺

왕상휴수는 지지에서 오행의 성쇠를 나타냅니다.

목木의 지지 인묘진寅卯辰의 구역에서는
목木은 가장 왕성한 세력을 가지므로 왕旺이라고 하며
화火와 토土는 자라나는 구역이라고 하여 상相이라고 하며
금金은 기운에 갇힌다는 표현을 하므로 수囚라고 하며
수水는 할 일을 다 하고 쉬는 구역이라 휴休라고 합니다.

화토火土의 지지 사오미巳午未의 구역에서는
화火와 토土는 가장 왕성한 세력을 가지므로 왕旺이라고 하며
금金은 태어나고 자라나는 구역이라고 하여 상相이라고 하며
수水는 기운에 갇힌다는 표현을 하므로 수囚라고 하며
목木은 할 일을 다 하고 쉬는 구역이라 휴休라고 합니다.

금金의 지지 신유술申酉戌의 구역에서는
금金은 가장 왕성한 세력을 가지므로 왕旺이라고 하며
수水는 태어나고 자라나는 구역이라고 하여 상相이라고 하며
목木은 기운에 갇힌다는 표현을 하므로 수囚라고 하며
화火와 토土는 할 일을 다 하고 쉬는 구역이라 휴休라고 합니다.

수水의 지지 해자축亥子丑의 구역에서는
수水는 가장 왕성한 세력을 가지므로 왕旺이라고 하며
목木은 태어나고 자라나는 구역이라고 하여 상相이라고 하며
화火와 토土는 기운에 갇힌다는 표현을 하므로 수囚라고 하며
금金은 할 일을 다 하고 쉬는 구역이라 휴休라고 합니다.

토土는 진술축미에서 토土왕의 세력을 나타냅니다.

왕旺이란 가장 왕성한 활동을 한다는 의미가 있습니다.
상相이란 돕고 기른다는 뜻이 있습니다.
휴休는 왕의 시기에 열심히 일하고 휴식하는 의미가 있습니다.
수囚는 갇히므로 전혀 활동을 하지 못한다는 의미가 있습니다.

왕 > 상 > 휴 > 수
기의 크기는 왕이 가장 크고 상 휴 수의 순입니다.

왕한 것은 기운이 강한 것이고 쇠한 것은 기운이 약한 것입니다.

목木은 水木의 지지에 왕하고 火金의 지지에 쇠하다고 합니다.
화토火土는 木火의 지지에 왕하고 金水의 지지에 쇠하다고 합니다.
금金은 火金의 지지에 왕하고 水木의 지지에 쇠하다고 합니다.
수水는 金水의 지지에 왕하고 木火의 지지에 쇠하다고 합니다.

왕상을 왕하다고 하며 휴수를 쇠하다고 합니다.

사주팔자에 왕한 것이 많으면 기운이 강한 것이며
쇠한 것이 많으면 기운이 약한 것이 됩니다.

기운이 강하여야 삶에서 능력을 발휘할 수 있습니다.
기운이 약하다면 능력을 발휘하기 어렵습니다.

기운의 세기는 왕쇠로 가늠할 수 있는 것입니다.
기운은 삶의 능력이 되는 것입니다.

오행의 왕쇠의 판단

시	일	월	년	구분
丁	己	丙	甲	천간
卯	未	寅	午	지지

봄에 태어났으므로 목木의 기가 왕하다고 합니다.

寅월에 갑목甲木은 왕성하지만 병정화丙丁火와 기토己土는 상相의 시기이므로 길러지고 도움을 받아야 하므로 갑목甲木보다는 기가 약한 것입니다.

갑목甲木의 사회적인 능력이 크고 병정화丙丁火와 기토己土는 아직 어리므로 경험이 부족하다고 보는 것입니다.

자신의 사주팔자를 적어놓고 오행의 왕쇠를 판단하여 봅니다.

시	일	월	년	구분
				천간
				지지

07 십이운성

십이운성十二運星은 오행의 왕상휴수를 세분한 것입니다.

사상이 왕상휴수로 전개되고, 왕상휴수는 12운성으로 전개됩니다.

오행에 대한 12운성은 천간 지지의 십이운성으로 발전하게 됩니다.

12운성은 오행을 사람의 일생에 대비하여 12단계로 구분하여 표현한 것입니다.

뱃속에서 자라고 태어나서 어린 시절, 청장년과 노년의 시절로 표현한 것입니다.

◆ 오행에 대한 12운성 조견표

구분		목木		화火		토土		금金		수水	
木	寅	왕	록	상	생	상	생	수	절	휴	병
	卯		왕		욕		욕		태		사
	辰		쇠		대		대		양		묘
火	巳	휴	병	왕	록	왕	록	상	생	수	절
	午		사		왕		왕		욕		태
	未		묘		쇠		쇠		대		양
金	申	수	절	휴	병	휴	병	왕	록	상	생
	酉		태		사		사		왕		욕
	戌		양		묘		묘		쇠		대
水	亥	상	생	수	절	수	절	휴	병	왕	록
	子		욕		태		태		사		왕
	丑		대		양		양		묘		쇠

왕상은 청소년의 시절로서 자라나고 왕성한 기운이며 휴수는 장노년의 시절로서 쇠퇴하는 기운입니다.

① 십이운성의 개념

12운성은 오행을 사람의 일생에 비유하여
태어나고 자라면서 늙어가는 과정을 그린 것입니다.

왕상휴수를 세분한 것이 12운성입니다.
왕旺은 청장년의 젊은 시절로 록祿, 왕旺, 쇠衰로 나누어지고
상相은 어린 시절로 생生, 욕浴, 대帶로 나누어지고
휴休는 노년의 시절로 병病, 사死, 묘墓로 나누어지고
수囚는 태아의 시절로 절絶, 태胎, 양養으로 나누어집니다.

왕旺		쇠衰	
상相	왕旺	휴休	수囚
생욕대	록왕쇠	병사묘	절태양
소년시절	청장년시절	노년시절	태아시절

소년과 청장년의 시절에는
태어나서 길러지고 사회적으로 왕성한 활동을 하며 발전하는 기운이므로 왕하
다고 하며

노년과 태아의 시절은
기운이 쇠퇴하고 아직 태어나지 아니한 기운으로 쇠하다고 하는 것입니다.

이를 각 단계별로 설명한다면 아래와 같습니다.

② 십이운성의 각 단계별 의미와 작용

생生은 뱃속에서 갓 태어난 아기입니다. 아기이기에 어머니의 보살핌이 필요한 시기이며, 새로운 삶에 적응하기 위한 준비를 하는 시기입니다. 세상에 모습을 드러냈으나 혼자서는 살아가기 어렵습니다.

욕浴은 철부지 어린아이로서 어머니가 목욕을 시켜주고 씻기고 먹여주어야 합니다. 세상물정을 모르기에 천방지축 뛰어노는 아이와 같습니다. 세상만사 걱정이 없는 때이지만 주위 사람들이 보기에 위태롭습니다. 도화의 성정이 있어 멋과 풍류를 즐기려고만 합니다.

대帶는 청소년기로서 교육을 받는 시기이며, 결혼을 하며 독립된 가정을 꾸미는 시기이기도 합니다. 사춘기의 성정으로 용기는 있지만 무모하며 반항심이 있고 고집이 강하나 칭찬에는 약하기도 합니다.

록祿은 사회에 첫발을 내딛는 사회초년생이며 자신의 사회적 위치를 만들기 위하여 경험을 쌓는 시기이기도 합니다. 추진력은 대단하지만 경험부족으로 망신을 당하기도 하며 포용력이 부족하기도 합니다.

왕旺은 인생에서 가장 왕성하게 일을 하는 시기이며, 노력한 만큼의 결과를 만들어 내며 성취를 하는 시기입니다. 명예를 소중하게 여기며 승부욕이 강하고 혼자서 모든 것을 해결하고자 하는 자주성이 있습니다.

쇠衰는 경험과 노하우는 풍부하지만 정년퇴직을 하여야 하는 시기로서 후배에게 자리를 물려주고, 원로로서 축적된 지혜와 경험으로 자문역할을 하는 시기입니다.

병病은 늙고 병들어 노쇠한 시기로서 휴식을 하며 요양생활을 하는 시기입니다. 누군가 돌보아야 하는 위치로서 혼자서는 생활하기 어려운 상태입니다. 또는 의사, 간호사, 변호사처럼 누군가를 돌보고 대리인의 역할을 하여야 하는 직업을 가지기도 합니다.

사死는 죽음을 맞이하는 시기입니다. 영적세계에 들어섰으니 정신적인 삶을 추구하고 연구 사색 등의 학문 예술적 활동을 하기도 합니다.

묘墓는 죽음을 맞이하고 묘지에 묻히는 시기입니다. 먹고 마시는 일이 없으므로 가능한 절약하며 부를 축적하기 위한 삶을 살기도 합니다. 근검 절약하는 삶이기도 하나, 구두쇠와 수전노의 삶이 되기도 합니다.

절絶은 현실 세계와는 단절된 영혼의 세계에 있는 시기입니다. 영적인 생활을 하므로 현실세계와 동떨어진 사고개념을 가지기도 합니다. 현실세계에 모습을 드러내지 아니하기 위하여 숨어서 살기도 하고, 자신의 삶을 들키지 아니하려고 눈치가 빠르기도 합니다.

포태법에서는 절은 포胞라고 부르지만 같은 개념입니다.
십이운성을 포태법胞胎法이라고 부르기도 합니다.

태胎는 뱃속의 태아로서 잉태되는 시기입니다. 새로운 출발을 하며 새로운 삶을 꿈꾸며 이상세계에 대한 동경심을 갖기도 합니다. 이성과의 만남을 좋아하며 행복한 미래를 꿈꾸는 시기입니다.

양養은 뱃속의 태아로서 자궁에서 자라나는 시기입니다. 혼자서 독수공방을 하지만 어머니 뱃속이라 편안합니다. 자신만의 삶을 꿈꾸며 새로운 삶에 대한 기대에 부풀기도 하며, 낙천적인 삶을 살기도 합니다.

③ 천간의 십이운성

천간은 지지의 시간적 개념에 따라 변화합니다.
천간은 지지의 시간적 흐름에 따라 왕상휴수의 변화를 가지게 됩니다.
왕상휴수는 십이운성으로 세분되며 기의 왕쇠를 나타냅니다.

왕상은 기가 왕한 것이며 휴수는 기가 쇠한 것입니다.
왕상휴수는 십이운성으로 발전합니다.

◆ 오행의 십이운성은 천간의 십이운성으로 세분합니다.

구분		목木		화火		토土		금金		수水	
木	寅	왕	록	상	생	상	생	수	절	휴	병
	卯		왕		욕		욕		태		사
	辰		쇠		대		대		양		묘
火	巳	휴	병	왕	록	왕	록	상	생	수	절
	午		사		왕		왕		욕		태
	未		묘		쇠		쇠		대		양
金	申	수	절	휴	병	휴	병	왕	록	상	생
	酉		태		사		사		왕		욕
	戌		양		묘		묘		쇠		대
水	亥	상	생	수	절	수	절	휴	병	왕	록
	子		욕		태		태		사		왕
	丑		대		양		양		묘		쇠

천간의 십이운성은 양간과 음간으로 구분하여 양간은 순행하고 음간은 역행하게 됩니다.

◆ 양간과 음간의 십이운성

양간	음간

甲 (양간) / 乙 (음간)

		병	사	묘		
		巳	午	未		
쇠	辰		휴		申	절
왕	卯	왕	甲	수	酉	태
록	寅		상		戌	양
		丑	子	亥		
		대	욕	생		

		욕	생	양		
		巳	午	未		
대	辰		상		申	태
록	卯	왕	乙	수	酉	절
왕	寅		휴		戌	묘
		丑	子	亥		
		쇠	병	사		

丙戊 (양간) / 丁己 (음간)

		록	왕	쇠		
		巳	午	未		
대	辰		왕		申	병
욕	卯	상	丙戊	휴	酉	사
생	寅		수		戌	묘
		丑	子	亥		
		양	태	절		

		왕	록	대		
		巳	午	未		
쇠	辰		왕		申	욕
병	卯	휴	丁己	상	酉	생
사	寅		수		戌	양
		丑	子	亥		
		묘	절	태		

庚 (양간) / 辛 (음간)

		생	욕	대		
		巳	午	未		
양	辰		상		申	록
태	卯	수	庚	왕	酉	왕
절	寅		휴		戌	쇠
		丑	子	亥		
		묘	사	병		

		사	병	쇠		
		巳	午	未		
묘	辰		휴		申	왕
절	卯	수	辛	왕	酉	록
태	寅		상		戌	대
		丑	子	亥		
		양	생	욕		

壬 (양간) / 癸 (음간)

		절	태	양		
		巳	午	未		
묘	辰		수		申	생
사	卯	휴	壬	상	酉	욕
병	寅		왕		戌	대
		丑	子	亥		
		쇠	왕	록		

		태	절	묘		
		巳	午	未		
양	辰		수		申	사
생	卯	상	癸	휴	酉	병
욕	寅		왕		戌	쇠
		丑	子	亥		
		대	록	왕		

◆ 양간의 십이운성

천간		甲		丙		戊		庚		壬	
봄	寅	왕	록	상	생	상	생	수	절	휴	병
	卯		왕		욕		욕		태		사
	辰		쇠		대		대		양		묘
火	巳	휴	병	왕	록	왕	록	상	생	수	절
	午		사		왕		왕		욕		태
	未		묘		쇠		쇠		대		양
金	申	수	절	휴	병	휴	병	왕	록	상	생
	酉		태		사		사		왕		욕
	戌		양		묘		묘		쇠		대
水	亥	상	생	수	절	수	절	휴	병	왕	록
	子		욕		태		태		사		왕
	丑		대		양		양		묘		쇠

◆ 음간의 십이운성

천간		乙		丁		己		辛		癸	
봄	寅	왕	왕	휴	사	휴	사	수	태	상	욕
	卯		록		병		병		절		생
	辰		대		쇠		쇠		묘		양
여름	巳	상	욕	왕	왕	왕	왕	휴	사	수	태
	午		생		록		록		병		절
	未		양		대		대		쇠		묘
가을	申	수	태	상	욕	상	욕	왕	왕	휴	사
	酉		절		생		생		록		병
	戌		묘		양		양		대		쇠
겨울	亥	휴	사	수	태	수	태	상	욕	왕	왕
	子		병		절		절		생		록
	丑		쇠		묘		묘		양		대

◆ 천간의 십이운성은 일간을 위주로 보는 것이 일반적입니다.

시	일	월	년	구분
丁	己	丙	甲	천간
卯	未	寅	午	지지
병	대	사	록	십이운성

지지 \ 일간	甲	乙	丙	丁	戊	己	庚	辛	壬	癸
장생(長生)	亥	午	寅	酉	寅	酉	巳	子	申	卯
목욕(沐浴)	子	巳	卯	申	卯	申	午	亥	酉	寅
관대(冠帶)	丑	辰	辰	未	辰	未	未	戌	戌	丑
건록(建祿)	寅	卯	巳	午	巳	午	申	酉	亥	子
제왕(帝王)	卯	寅	午	巳	午	巳	酉	申	子	亥
쇠(衰)	辰	丑	未	辰	未	辰	戌	未	丑	戌
병(病)	巳	子	申	卯	申	卯	亥	午	寅	酉
사(死)	午	亥	酉	寅	酉	寅	子	巳	卯	申
묘(墓)	未	戌	戌	丑	戌	丑	丑	辰	辰	未
절(絶)	申	酉	亥	子	亥	子	寅	卯	巳	午
태(胎)	酉	申	子	亥	子	亥	卯	寅	午	巳
양(養)	戌	未	丑	戌	丑	戌	辰	丑	未	辰

년지 午火에서 己土는 록지가 되므로 왕성한 활동을 하게 됩니다.
월지 寅木에서 己土는 사지가 되므로 사회적 활동을 멈추고 연구활동을 하게 됩니다.
일지 未土에서 己土는 관대지이므로 교육받는 시기가 됩니다.
시지 卯木에서 己土는 병지이므로 누군가를 돌보는 삶을 살게 됩니다.

년월은 사회적 영역이므로 사회적 활동을 열심히 하다가 퇴직하여 연구활동에 전념한다는 것이며 일시는 개인적 영역이므로 끊임없이 배우고 익히며 남을 위하여 가르치고 베푸는 삶을 살게 되는 것입니다.

왕상휴수로 오행의 기의 왕쇠를 판단하면

인寅월은 목木의 기가 왕하며 화토火土의 기는 상에 속합니다.
갑목甲木의 기운이 제일 왕하고 병화丙火, 기토己土,
정화丁火의 기운은 상相에 해당합니다.

시	일	월	년	구분
丁	己	丙	甲	천간
상	상	상	왕	왕쇠

그러므로 甲木의 기운이 寅월에 가장 왕성하다고 하는 것입니다.
이러한 개념은 전문가 영역인 용신론에서 자세히 언급이 됩니다.

◆ 십이운성 시작점은 생지입니다.

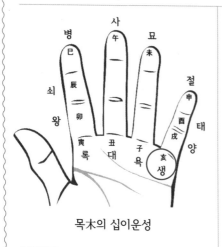

목木의 십이운성

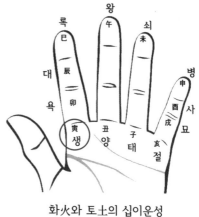

화火와 토土의 십이운성

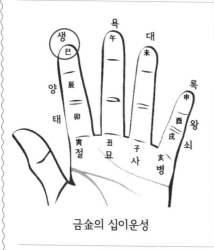

금金의 십이운성

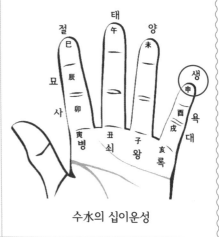

수水의 십이운성

손가락으로 짚어가며 암기합니다.

핵심 Tip

태극이 나누어지니 음양이 되고
음양이 나누어지니 사상과 오행이 됩니다.

사상은 봄 여름 가을 겨울의 사계절을 나타냅니다.

토土를 중심으로 음양이 둘로 나누어지니 오행이 되고
오행이 둘로 나누어지니 천간이 됩니다.

오행을 음양으로 나누면 10천간이 되고
사상을 음양으로 나누면 12지지가 됩니다.
천간과 지지가 다른 이유입니다.

낮과 밤, 남과 여, 밝음과 어둠, 움직임과 고요함
음양은 거울을 보고 마주 대하며
상대성과 상호보완성, 공존성으로 작용합니다.

생극은 오행의 작용으로
생은 순행으로 흐르는 것이고
극은 역행으로 흐르는 것입니다.

왕상휴수는 계절에 의한 오행의 왕쇠로서 12운성으로 표현합니다.

오행의 왕쇠를 월지를 기준으로 하는 이유입니다.

④ 지지의 십이운성(십이신살)

지지의 십이운성은 십이신살이라고 합니다.

십이신살은 삼합의 운동성입니다.
지지의 십이운성은 십이신살로 불리워지며 삼합과 지지의 작용입니다. 삼합이 지지를 운행하며 일으키는 작용이라고 할 수 있습니다. 삼합이 각 지지를 운행하며 일으키는 여러 가지 작용을 표현함으로써 길흉을 만들어 내는 것입니다.

십이신살은 년지와 일지를 위주로 봅니다.
구법명리에서는 신살의 특징상 주로 년지를 위주로 보지만, 현대명리에서는 일지를 위주로 보기도 합니다. 또한 세운의 지지를 위주로 보면서 당해년도의 신수身數로 길흉화복을 가늠해 보기도 합니다.

◆ 지지의 십이신살 조견표

십이 신살	겁살	재살	천살	지살	년살	월살	망신살	장성살	반안살	역마살	육해살	화개살
寅午戌 火국	亥	子	丑	寅	卯	辰	巳	午	未	申	酉	戌
亥卯未 木국	申	酉	戌	亥	子	丑	寅	卯	辰	巳	午	未
申子辰 水국	巳	午	未	申	酉	戌	亥	子	丑	寅	卯	辰
巳酉丑 金국	寅	卯	辰	巳	午	未	申	酉	戌	亥	子	丑

수장도手掌圖

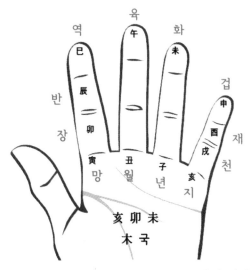

수장도는 고서에서 자주 보는 것으로 손가락을 통하여 지지나 십이운성, 십이신살을 암기하기 편하도록 응용하고 있습니다.
손바닥을 펴서 엄지손가락으로 짚어가며 읽어나갑니다.

亥卯未 목국이 申金에서 겁살이 되고 酉金이 재살이 됩니다.
寅午戌 화국이 亥水에서 겁살이 되고 子水가 재살이 됩니다.
巳酉丑 금국이 寅木에서 겁살이 되고 卯木이 재살이 됩니다.
申子辰 수국이 巳火에서 겁살이 되고 午火가 재살이 됩니다.

겁재천지 년월 망장 반역육화

겁재가 천지에서 생하고 – 삼합의 생지
년월에 망신살은 왕장군이고 – 삼합의 왕지가 장군
반역하여 살육하니 화개장터묘지이네 – 삼합의 묘지가 화개

여기서는 십이신살의 각 단계별 의미와 작용에 대하여 알아봅니다.

(1) 겁살劫煞

년지/일지	寅午戌	亥卯未	申子辰	巳酉丑
겁살	亥	申	巳	寅

겁살은 빼앗는다는 의미입니다.
적지의 관문으로 들어가며 검문검색을 당하고 자신이 지닌 것을 빼앗긴다는 뜻이 있습니다. 길신과 함께 하면 도움을 받아 위기를 모면하고 오히려 지모와 재략으로 부귀를 이룰 수도 있습니다.

겁살은 적지에 들어가는 관문입니다.
寅午戌의 경우 亥子丑이 적지입니다. 亥水는 적지의 관문으로 火기를 지녔는지 검문을 하고 火기가 보이면 빼앗습니다. 제대로 숨기지 아니하면 빼앗깁니다. 그래서 亥水가 겁살이라고 하는 것입니다.

亥卯未의 경우 申酉戌이 적지입니다. 申金은 적지의 관문으로 木기를 지녔는지 검문을 하고 木기가 보이면 빼앗습니다. 제대로 숨기지 아니하면 빼앗깁니다. 그래서 申金이 겁살이라고 하는 것입니다.

申子辰의 경우 巳午未가 적지입니다. 巳火는 적지의 관문으로 水기를 지녔는지 검문을 하고 水기가 보이면 빼앗습니다. 제대로 숨기지 아니하면 빼앗깁니다. 그래서 巳火를 겁살이라고 하는 것입니다.

巳酉丑의 경우 寅卯辰이 적지입니다. 寅木은 적지의 관문으로 金기를 지녔는지 검문을 하고 金기가 보이면 빼앗습니다. 제대로 숨기지 아니하면 빼앗깁니다. 그래서 寅木을 겁살이라고 하는 것입니다.

겁살을 상대하는 것은 망신살입니다.

망신살은 겁살에게 모든 것을 보여 주고는 망신을 당한다는 뜻이 있습니다.

망신살이 겁살을 만나면 모든 것을 빼앗기는 이유입니다. 그러나 잘만하면 겁살의 것을 오히려 빼앗을 수도 있습니다. 망신살은 상대의 겁살이기 때문입니다.

운에서 겁살이 온다면

주로 시비나 관재구설이 생기며 도난, 재물손재수, 투자실패 등으로 어려움이 따르게 됩니다.

사주의 월지나 일지 또는 대운의 지살과 합이 된다면 다소 시끄러워도 오히려 새로운 환경을 통하여 영전하거나 승진하는 등의 길 작용이 일어나기도 합니다. => 인해합, 사신합

(2) 재살災煞

년지/일지	寅午戌	亥卯未	申子辰	巳酉丑
재살	子	酉	午	卯

재살은 적지의 중앙입니다.

겁살을 통과한 기는 적지의 중앙에서 왕지를 만나게 됩니다. 왕지는 적장으로 재살이 됩니다. 적장이 재살이므로 꼼짝할 수 없습니다. 가진 것을 빼앗기게 되므로 불의의 재액이나 형액을 당하는 것 입니다.

재살은 수옥살囚獄煞이라고 합니다.

왕지는 상대의 최고 실력자이며 적장입니다. 적장을 이기기는 어렵습니다.

그러므로 적장의 포로가 되어 옥에 갇히어 꼼짝을 못하게 됩니다.

그래서 재살을 수옥살이라고 합니다.

재살을 상대하는 것은 장성살입니다.

재살은 적지의 장성이니 내가 위험에 처하였을 때 나를 구원하여 주는 것은 장성살입니다. 그러므로 장성살이 있다면 재살이 있어도 그다지 어려움은 당하지 아니합니다.

운에서 재살이 온다면

흉액을 당하기 마련입니다. 대세운이 모두 재살이라면 흉액을 감당하기 어려운 지경이 되기도 합니다. 대운이 재살인데 세운에서 생조하여 준다면 더욱 어려운 것이고 질병이나 사고 관재구설로 고생하기도 합니다.

(3) 천살天煞

년지/일지	寅午戌	亥卯未	申子辰	巳酉丑
천살	丑	戌	未	辰

천살은 적지의 마지막 관문입니다.

겁살이 적지의 입구라면 재살은 적지의 중앙이고 천살은 적지의 마지막 관문입니다. 적지에 들어온 기운은 겁살 재살을 간신히 지나고 천살에 왔습니다. 자신의 기운을 빼앗기지 않고 용케 숨겨가지고 온 것입니다. 그래도 아직 적지를 벗어나지 못하였습니다.

천살은 하늘의 처분만 바랄 뿐입니다.

그래서 천살입니다. 하늘은 인간의 의지로서는 극복할 수 없는 대상입니다.
천살이 형충을 하면 천재지변을 당하는 것과 같습니다.

천살을 자궁살이라고도 합니다.

엄마의 뱃속에서 웅크리고 있는 아기는 하늘의 처분만 바라고 있습니다. 때가 오면 자궁문을 열고 나아가야 하는 어려움이 있습니다. 하늘의 도움이 없이는 도저히 엄두가 나지 않는 것입니다. 때를 기다리는 모습이 천살의 모습입니다.

천살은 반안살과 대응합니다.

천살의 반대 방향이 반안살입니다. 반안살은 상대의 천살이기도 합니다. 상대가 하늘만 쳐다보고 있을 때 부가이익을 얻을 수도 있습니다. 일명 전리품이라고도 합니다.

운에서 천살이 온다면

여러 가지 재화가 따르고 사건 사고 등이 일어날 수 있습니다. 사주의 지지와의 형충파해 등이 일어난다면 예기치 않은 일들로 고생하게 됩니다.

(4) 지살地煞

년지/일지	寅午戌	亥卯未	申子辰	巳酉丑
지살	寅	亥	申	巳

지살은 새로운 시작입니다.

적지를 지나온 기운은 이제 새로운 시작을 준비합니다. 삼합의 첫 글자이기에 그러합니다. 자신이 정착할 곳을 찾아 움직입니다. 뱃속의 아기가 이제 자궁을 박차고 나오므로 새 세상에 적응하기 위한 움직임이라고 할 수 있습니다.

지살은 스스로 이동하는 것입니다.

역마살의 움직임이 타의에 의하여 어쩔 수 없이 이동하는 것이라면, 지살은 자의에 의하여 스스로 이동하는 것입니다.

세상 밖으로 나온 아기가 정착할 곳을 찾아 움직이는 것입니다. 그러므로 새로운 삶의 터전을 찾아 이동하는 것입니다. 새집으로의 이사나 새로운 직장으로의 이동, 또는 새로운 환경에서의 삶을 살기 위한 해외 이민을 뜻하는 이유입니다.

지살은 역마살과의 충파를 두려워합니다.

지살은 이동하는 수단이기에 역마살과의 충파를 당하면 교통사고와도 같습니다. 역마살은 억지로 움직이는 것이기에 해로움이 배가 됩니다. 특히 운에서 지살이 삼형살에 해당한다면 피해는 크게 일어나게 됩니다.

(5) 년살年煞

년지/일지	寅午戌	亥卯未	申子辰	巳酉丑
년살	卯	子	酉	午

년살은 도화살桃花煞이라고도 합니다.

도화는 복숭아꽃으로 화려하고 아름다운 광경을 비유합니다. 주로 남녀 간의 농도 짙은 육감적인 색정을 표현합니다. 대체로 아름답게 꾸미기를 좋아하고 상대를 유혹하여 사랑을 받으려고 합니다. 관상에서도 눈이 촉촉하고 얼굴에 홍조가 짙으면 복숭아꽃과 같아 도화살이 있다고 합니다.

년살을 함지살咸池殺이라고도 합니다.

회남자淮南子에 의하면 함지는 태양이 지는 서쪽에 있는 전설의 호수로서 태양이 할 일을 마치고 목욕하는 연못이라고 합니다. 석양이 만들어내는 황혼의 아름다움은 도화에 비할 바가 아닙니다. 화려하고 아름다운 모습에서 년살의 모습을 그려봅니다.

년살은 목욕살沐浴煞, 욕패살浴敗煞이라고도 합니다.

함지에서 목욕하는 태양신에게 시중드는 선녀들의 요염한 모습을 연상하고 목욕살이라고도 하며, 子午卯酉의 패지敗支가 목욕지沐浴支라고 하여 욕패살이라고도 합니다. 도화살, 함지살과 같은 뜻이 있습니다.

子水가 년살이면 요염하고 음란하여 치정 사건이 일어날 수 있으며
午火가 년살이면 열정적으로 활동하나 실속이 없어 속빈 강정이고
卯木이 년살이면 대인관계가 원활하여 요식업 등에서 활약하며
酉金이 년살이면 경제적 능력은 있으나 구두쇠가 될 수 있다고 합니다.

년살은 도화살, 함지살, 목욕살 등과 관련이 있으므로 연예인, 예술가, 기능인, 요식업계에서 두각을 나타내기도 합니다.

년살에 대항하는 것은 육해살입니다.

년살이 즐거움과 쾌락을 누린다면 육해살은 슬픔과 고통을 당하는 것입니다. 년살은 상대의 육해살이기도 합니다. 상대의 고통이 나의 즐거움이 되기도 하며, 나의 즐거움은 상대에게 고통이 되기도 합니다.

년살은 왕지이므로 누군가가 자신을 바라보며 인정을 해주어야 가치를 느낍니다. 왕은 신하가 있어야 대접을 받을 수 있으며 연예인은 팬이 있어야 인기를 누릴 수 있습니다.

(6) 월살月煞

년지/일지	寅午戌	亥卯未	申子辰	巳酉丑
월살	辰	丑	戌	未

월살을 고초살枯草煞이라고도 합니다.
풀이 마른다고 하여 고초살이라고 하는 것입니다. 재관이 입묘되니
고통스럽다는 것입니다. 마치 보릿고개를 지나는 것과 같습니다.
寅午戌 火기의 관성인 水기가 辰土에서 입묘되고
亥卯未 木기의 관성인 金기가 丑土에서 입묘되고
申子辰 水기의 재성인 火기가 戌土에서 입묘되고
巳酉丑 金기의 재성인 木기가 未土에서 입묘가 됩니다.

월살에 대응하는 것이 화개살입니다.
월살이 물질적 고초라면 화개살은 정신적인 고초입니다. 나의 월살이 상대의
화개살에 해당합니다. 어려움이 많지만 정신적인 의지가 있다면 능히 견딜 수
있는 것입니다.

(7) 망신살亡身煞

년지/일지	寅午戌	亥卯未	申子辰	巳酉丑
망신살	巳	寅	亥	申

망신살은 초보운전자와 같습니다.
이제 학교를 졸업하고 사회에 첫발을 내딛는 사회초년생이므로 초보 운전자와
같습니다. 운전면허증을 갓 딴 초보 운전자이므로 모든 것이 서툽니다. 열심히
하느라고 했는데도 불구하고 모든 것이 서툴기에 망신을 당하는 것입니다.

망신은 자신도 모르게 자신의 비밀을 흘려버리는 것입니다.

망亡자는 옆의 구멍이 뚫리어 자신도 모르게 남들에게 자신의 속을 남에게 다 보여주고 흘리며 망신을 당한다는 것입니다. 커튼도 치지 아니하고 창문 옆에서 사랑행위를 하는 것과도 같습니다. 나도 모르게 나의 비밀을 모두 보여주는 것과 같습니다. 암호를 유출하여 상대가 나의 비밀을 해독하게 만들어 주는 것입니다.

망신살은 다른 무리를 같은 무리로 착각하는 경우입니다.

寅午戌 火기가 巳火를 보며 같은 火기라고 모든 것을 보여주었는데, 알고 보니 巳火는 巳酉丑 金기의 무리라는 것입니다. 나의 비밀을 보여주어 낭패를 당하였으니 망신을 당한다는 것입니다.

亥卯未 木기가 寅木을 보면 같은 木기라고 모든 것을 보여주었는데,
알고 보니 寅木은 寅午戌 火기의 무리라는 것입니다.
申子辰 水기가 亥水를 보면 같은 水기라고 모든 것을 보여주었는데,
알고 보니 亥水는 亥卯未 木기의 무리라는 것입니다.
巳酉丑 金기가 申金을 보면 같은 金기라고 모든 것을 보여주었는데,
알고 보니 申金은 申子辰 水기의 무리라는 것입니다.

(8) 장성살將星煞

년지/일지	寅午戌	亥卯未	申子辰	巳酉丑
장성살	午	卯	子	酉

장성이란 장군의 별을 의미합니다.

다자란 어른으로서 강한 리더십이 있고 활동성이 있으며 권위와 명예를 숭상합니다. 경험과 노하우가 풍부하고 싸움에서 백전백승하는 강함이 있습니다.

장성살은 전쟁터에서 두각을 발휘하며 승부욕과 결단성이 강한 것이 특징입니다. 앞장서는 솔선수범과 통솔력이 뛰어나고 과감한 행동으로 상대를 제압하는 뛰어난 능력이 있습니다.

장성살은 장군성 기질이 있습니다. 그러므로 경쟁 사회에서 역량을 발휘하기도 합니다. 뛰어난 능력으로 위기를 극복하며 주변사람들을 통솔하나, 독불장군이 된다면 외롭거나 고독하고 주변에 간신배들만 득실거리게 됩니다.

여성이 장성살이 있으면
사회활동을 왕성하게 하며 실질적 가장의 역할을 하는 경향이 있습니다. 그러나 부부화합이 제대로 되지 아니하며 고집이 세고 자신의 주도대로 이끌고자 하므로 남편과 갈등이 많게 됩니다.

운에서 장성살이 온다면
상대의 재살을 막아주므로 길신의 역할을 하지만, 흉신의 역할을 한다면 자기 고집대로 일처리를 하려고 하므로 오히려 일의 지체만 가져오고 재앙이 따르게 됩니다.

장성살은 재살과 대항합니다.
적지의 장성살이 바로 재살입니다. 적장인 재살과 대항할 수 있는 유일한 존재입니다.

(9) 반안살攀鞍煞

년지/일지	寅午戌	亥卯未	申子辰	巳酉丑
반안살	未	辰	丑	戌

반안살은 말위에 높이 앉아 있는 노장老將의 모습입니다.

풍파를 겪고 만인이 우러러 보이는 자리에 앉아 있는 늙은 장군의 모습이 반안살입니다. 지혜와 경험이 풍부하므로 다른 사람들을 지도하며 자문하는 역할도 합니다.

운에서 반안살이 온다면

고시생은 시험 합격운이 될 것이며 직장인은 승진운이 되기도 합니다.

반안살이 흉신으로 작용한다면 오히려 반대의 작용을 하게 됩니다.

천을귀인이 함께 하면 길한 작용이 배가 되고 흉작용은 반감되기도 합니다.

(10) 역마살驛馬煞

년지/일지	寅午戌	亥卯未	申子辰	巳酉丑
역마살	申	巳	寅	亥

역마살은 피신하여 움직이는 것입니다.

병이 들면 피병避病하기 위하여 살던 곳을 떠나야 합니다. 요양시설로 떠나는 병자의 모습이기도 합니다.

한곳에 머물지 못하고 늘 이리 저리 떠돌아 다녀야 하는 액운이기도 합니다. 쉴 새 없이 돌아다니며 고향을 떠나 떠돌이 신세로 살아야 하는 것이기도 합니다.

역마살이 운에서 온다면

좌천으로 인한 하급부서나 지방으로의 전근이나 이직, 이사 등으로 이동하는 운이 됩니다. 운이 길한 작용을 한다면 직업상 비약적인 발전을 가져오기도 하지만, 부부와의 별거가 불가피할 경우도 생기기도 합니다.

(11) 육해살六害煞

년지/일지	寅午戌	亥卯未	申子辰	巳酉丑
육해살	酉	午	卯	子

육해살은 근심과 질병의 살입니다.

조상과 부모형제 등 주변 사람들로 인한 근심걱정이 끊이지 아니합니다. 고독하고 박명하며 신병神病과 육신肉身의 고통으로 힘들어 합니다. 저승사자가 당도해 있는 것과 같습니다.

육해살은 장성살의 마부라고도 합니다.

힘든 일을 도맡아하며 남들이 알아 주지도 않지만 장성살은 마부가 없으면 자신의 할 일을 하기 어렵습니다. 어둡고 그늘진 곳에서 어렵게 일을 하지만 항상 찬밥신세를 면하지 못합니다. 좋은 주인을 만난다면 대접을 받을 수 있습니다.

(12) 화개살華蓋煞

년지/일지	寅午戌	亥卯未	申子辰	巳酉丑
화개살	戌	未	辰	丑

화개살은 수행살修行煞이기도 합니다.
꽃을 덮는다는 뜻이 있어 화려한 삶을 덮는 것이니 자신의 삶을 마감하고 새로운 시기가 올 때까지 자숙하면서 기다리며 수행을 하여야 한다는 것입니다.

자신의 할 일을 모두 마치고 화려한 우산을 쓰고 휴양을 떠난다는 의미도 있습니다. 화개는 화려한 우산이란 뜻도 있습니다.

자신의 평생 업적을 감추는 행위입니다.
이제 적지를 지나가야 하므로 자신의 평생 업적을 겁살에게 빼앗기지 아니하려고 깊숙이 감추어야 합니다.

자신의 평생 업적은 지혜로 활용됩니다.
화개살은 자신의 평생 업적을 깊숙이 보관하고 새로운 후손에게 이를 물려주어야 합니다. 자신의 평생 업적은 자신의 노하우가 되면서 후손에게는 지혜로 작용합니다. 지혜로 승화시키기 위하여 수행을 하면서 더욱 더 빛을 내려고 합니다. 화개살을 가진 사람이 수행자가 많은 까닭입니다.

십이신살은 년지를 위주로 보면 외부환경을 주로 보는 것이고, 일지를 위주로 보면 내부환경을 주로 보는 것이고, 세운을 위주로 보면 세운의 환경을 주로 보는 것입니다.

◆ 12신살은 지지 삼합의 왕상휴수입니다.

기	삼합	상 지 년 월	왕 망 장 반	휴 역 육 화	수 겁 재 천
火	寅午戌	寅 卯 辰	巳 午 未	申 酉 戌	亥 子 丑
水	申子辰	申 酉 戌	亥 子 丑	寅 卯 辰	巳 午 未
木	亥卯未	亥 子 丑	寅 卯 辰	巳 午 未	申 酉 戌
金	巳酉丑	巳 午 未	申 酉 戌	亥 子 丑	寅 卯 辰

12신살은 주로 년지와 일지로 보지만 세운으로도 봅니다.
년지는 대외적인 관점에서 나를 바라보는 것이며
일지는 나의 관점에서 대외적인 것을 바라보는 것입니다.
세운은 세운의 관점에서 사주를 바라보는 것입니다.

년월은 사회적인 환경이고, 일시는 개인적인 환경입니다.
사회적인 환경으로 부모형제, 명예, 직장, 직위 등이고
개인적인 환경으로 부부자식, 재산, 학업, 적성, 기술 등입니다.

삼재三災는 십이신살의 휴休의 시기로서 기운이 쇠퇴하는 세운의
시기입니다. 寅午戌띠의 삼재는 申酉戌세운입니다.
申년에는 역마살의 해로서 삼재가 드는 들삼재의 해입니다.
酉년에는 육해살의 해로서 삼재가 본격적인 눌삼재의 해입니다.
戌년에는 화개살의 해로서 삼재가 나가는 날삼재의 해입니다.

삼재의 해에 무조건 어려운 것은 아닙니다.
사주구조에 따라 오히려 발전하기도 합니다.

◆ 지지의 십이운성은 년일지를 위주로 보는 것이 일반적입니다.

시	일	월	년	구분
丁	己	丙	甲	천간
卯	未	寅	午	지지

년지 午火를 기준으로 하면 寅午戌 火국이 되므로 지지의 십이운성과 십이신살을 작성하여보면

시	일	월	년	구분
卯	未	寅	午	지지
욕	쇠	생	왕	십이운성
년살	반안살	지살	장성살	십이신살

년지 午火에서는 寅午戌 火국의 왕지가 되며 장성살이 됩니다.
월지 寅木에서는 寅午戌 火국의 생지가 되며 지살이 됩니다.
일지 未土에서는 寅午戌 火국의 쇠지이며 반안살이 됩니다.
시지 卯木에서는 寅午戌 火국의 욕지이며 년살이 됩니다.

년지 午火는 사회적 시각으로 사주를 바라보는 것입니다.
장성살은 사회적 활동을 열심히 하는 의미가 있으며 지살은 새로운
영역의 일을 개척한다는 의미가 있습니다.
반안살은 사회적 경험과 노하우를 활용하는 의미가 있고
년살은 삶의 재미를 느끼며 살아간다는 의미가 있습니다.

일지 未土를 기준으로 하면 亥卯未 木국이 되므로 지지의 십이운성과 십이신살을 작성하여보면

시	일	월	년	구분
卯	未	寅	午	지지
왕	묘	록	사	십이운성
장성살	화개살	망신살	육해살	십이신살

년지 午火에서는 亥卯未 木국의 사지가 되며 육해살이 됩니다.
월지 寅木에서는 亥卯未 木국의 록지가 되며 망신살이 됩니다.
일지 未土에서는 亥卯未 木국의 묘지이며 화개살이 됩니다.
시지 卯木에서는 亥卯未 木국의 왕지이며 장성살이 됩니다.

일지 未土는 개인적 시각으로 사주를 바라보는 것입니다.
육해살은 사회적 활동을 하는데 어려움이 많다는 의미이며 망신살은 경험
부족으로 인하여 시행착오을 많이 겪는다는 의미가 있습니다.
화개살은 정신적 세계를 구축하며 안돈한 삶을 살고자 하는 의미가 있으
며 장성살은 자신이 삶의 주체가 되고자 한다는 의미가 있습니다.

십이신살을 운의 관점에서 보는 방법도 있지만 전문가의 영역
이므로 별도로 공부하기로 합니다.

08 신살

🔵 신살이란

신살 이론은 오성술五星術에서 전래된 것이라고 합니다.
오성술은 하늘의 별자리의 변화를 살피어 길흉을 예측하는 술법으로 고대에는
국가의 흥망성쇠를 예견하는 중요한 수단이기도 하였습니다. 오성술은 년을 위
주로 하여 성신星辰을 대입하여 길흉을 판단하였습니다.

신살은 삼명학三命學에서 근원을 찾아보기도 합니다.
삼명학三命學은 자평학 이전의 술법으로 고대로부터 내려와 당나라에서 성행
하였으며, 구법명리의 간명법인 생년 위주의 삼명학三命學에서 비롯되었다고
도 합니다.

삼명학三命學이란 녹명신祿命神을 말합니다.
녹祿이란 천간이며 복록으로 귀貴이며
명命이란 지지이며 재물로서 부富이며
신身이란 년주의 납음으로 인간의 도리인 인륜人倫이라고 합니다.

신神은 복신福神을 뜻하고 살煞은 흉살凶煞을 뜻합니다.

복신은 길한 작용을 하며 흉살은 흉한 작용을 하는 것이 일반적입니다.

신살은 대체로 부정적인 작용이 더 많으므로 사람들이 꺼리기도 합니다.

신살 간명 근거

구법명리에서는 년주의 납음오행의 상생상극과 신살을 위주로 간명하였으나, 신법명리인 자평학에서는 일간을 위주로 십신의 생극제화에 중점을 두며 간명을 하고 있으며, 현대명리에서는 일부 학자들에 의하여 납음과 신살을 가미시켜 통변을 하고 있는 실정입니다.

신살의 근거는 연해자평(서대승 저)과 삼명통회(만민영 저)가 대표적이며 연해자평은 자평학 초기의 책으로 구법명리인 납음과 신살이 자연스레 이어진 것이며, 삼명통회는 여러 가지 잡다한 명리이론을 모은 백과사전이므로 구전으로 전하여져 오는 각종 신살들을 종합해 놓은 것입니다.

진소암의 명리약언에서는 신살은 일부를 제외하고는 허황된 이론들이라고 합니다. 간지 한자에 십여 개씩의 신살이 붙어있으니 어느 것이 복신이고 흉살인지 판단하기 어려우며, 술사들이 억지로 망령되이 만들어 붙인 것이라고 합니다.

신살의 대부분은 자평학 이전의 이론이며 적천수, 자평진전 등에서는 폄하하며 사용하지 아니하지만, 대부분의 명리학자들이 이전부터 사용하며 천여 년을 내려온 관법이므로 믿을 만하다며 현대의 개념에 맞게 합리화시켜 현재까지 자연스레 사용하는 편입니다.

② 신살의 종류

신살은 자평학 이전에 생긴 이론이며 현재에도 실전에 많이 사용하고 있습니다. 신살의 종류는 300여 가지가 되며 헤아리기조차 어려울 지경입니다.

신살은 일반적으로 십이신살과 복신福神, 흉살凶殺로 나누어집니다.
십이신살은 삼합을 위주로 각 지지와의 상호관계이며
복신은 길신이고, 흉살은 흉신입니다.

구분	신살
십이신살	겁살, 재살, 천살, 지살, 년살, 월살, 망신살 장성살, 반안살, 역마살, 육해살, 화개살
복신	천을귀인, 재고귀인, 태극귀인, 삼기귀인 천덕귀인, 월덕귀인, 학당귀인, 문창귀인
흉살	양인살, 원진살, 귀문살, 공망살, 백호살, 괴강살, 고신과숙살, 격각살, 상문조객살, 현침살

신살은 사주명식과의 관계가 중요합니다. 복신만이 길신이고 흉살은 흉신이라고 단정하며, '두통에는 게보린'이라는 등의 단식판단은 약물의 오남용과 같은 것이니 왜곡될 우려가 많은 것입니다.

그러므로 신살은 사주명식과의 관계를 살피고 희기를 판단하여 사용하여야 할 것이며, '백호살이 들었으니 피를 본다'는 등의 단식판단으로 겁주는 처방은 삼가야 할 것입니다.

여기에 소개되는 신살은 일반적으로 쓰이는 신살만을 소개합니다.

(1) 천을귀인天乙貴人

천간	甲庚戊	乙己	丙丁	壬癸	辛
천을귀인	丑未	子申	亥酉	卯巳	午寅

천을귀인은 나를 도와주는 신입니다.

천을귀인이 사주에 있으면 우선 인격이 훌륭하고 천성이 총명하다고 할 수 있습니다. 따라서 주위사람들의 도움을 많이 받는다고 보면 될 것입니다.

(2) 양인살羊刃煞

일간	甲	乙	丙	丁	戊	己	庚	辛	壬	癸
양인	卯	辰	午	未	午	未	酉	戌	子	丑

양인은 록지祿地 다음 지지입니다.

록지 다음이므로 겁재劫財와 비슷하나 매우 강한 겁재가 됩니다. 권력과 생사여탈권을 가지기도 하며 오히려 피해를 당하기도 합니다.

권력을 요하는 직업이나 직책을 수행한다고 보는 것입니다. 자기 주장이 강하고 리더십이 있으며 전문적인 지식과 기능을 가지고 있습니다.

(3) 원진살元嗔煞

子未	丑午	寅酉	卯申	辰亥	巳戌

원진이란 미워하는 마음, 증오하는 마음입니다.

누군가 나를 집요하고 은근하게 괴롭히기도 합니다.

사전적 의미로는 부부간에 까닭도 없이 서로 미워하는 한때의 기운이라고 하며, 궁합에서 서로 꺼리는 살이라고 합니다. 주로 부모형제와 부부불화, 자녀와의 불화 등이 있다고 합니다.

◆ 고전에서 원진에 대한 해석

자미원진	양의 배설물에 독소가 있어 쥐가 싫어한다.
축오원진	소는 말이 선비만 태우고 다니며 밭일을 하지 않는다고 미워한다.
인유원진	호랑이가 사냥을 할 때 닭의 울음소리가 방해가 된다고 싫어한다.
묘신원진	원숭이는 토끼의 빨간 눈이 자신의 엉덩이와 같은 색깔이라고 하며 싫어한다.
진해원진	용은 돼지의 코가 자신과 닮았다고 혐오한다.
사술원진	뱀이 허물을 벗을 때 개 짖는 소리가 방해가 되어 미워한다.

(4) 귀문살鬼門煞

子酉	丑午	寅未	卯申	辰亥	巳戌

정신세계와 관계가 있습니다.
스포츠, 예술, 연예, 기능 분야에서 두각을 나타내기도 합니다. 신들린 사람처럼 연기하는 모습들은 귀문의 작용이기도 합니다. 영리하지만 엉뚱한 데가 있어 4차원의 세계에서 온 사람 같기도 합니다.

대체로 정신불안, 우울증, 신경쇠약, 노이로제, 빙의, 정신분열 등의 증상을 겪을 수 있습니다. 의심이 많고 칠살이 왕하면 정신이 이상하게 되기도 합니다. 열등감으로 히스테리 증상이 나타나기도 합니다.

(5) 공망살空亡煞

오행대의에서 공망이란 것은 망亡은 없는 것이니 천간이 없는 것을 망亡이라 하고, 상대가 비어 있기 때문에 공空이라고 합니다.

甲子	乙丑	丙寅	丁卯	戊辰	己巳	庚午	辛未	壬申	癸酉	戌	亥
甲戌	乙亥	丙子	丁丑	戊寅	己卯	庚辰	辛巳	壬午	癸未	申	酉
甲申	乙酉	丙戌	丁亥	戊子	己丑	庚寅	辛卯	壬辰	癸巳	午	未
甲午	乙未	丙申	丁酉	戊戌	己亥	庚子	辛丑	壬寅	癸卯	辰	巳
甲辰	乙巳	丙午	丁未	戊申	己酉	庚戌	辛亥	壬子	癸丑	寅	卯
甲寅	乙卯	丙辰	丁巳	戊午	己未	庚申	辛酉	壬戌	癸亥	子	丑
										※공망	

↓

천간이 없는 지지가 공망입니다.

공망은 비워있기에 채우려고 노력합니다.

비워있는 것은 채워야 합니다. 채우기 위하여서는 많은 노력과 보상이 뒤따릅니다. 그러나 채워도 채워지지 아니하는 허무함이 있기에 부실함을 면하기 어렵습니다. 마치 구멍난 항아리에 물을 채우려 하는 것과 같습니다.

◆ 일간(日干)기준 기타 복신福神, 흉살凶煞 종류

길흉성	일간	갑(甲)	을(乙)	병(丙)	정(丁)	무(戊)	기(己)	경(庚)	신(辛)	임(壬)	계(癸)
복신	천을귀인(天乙貴人)	丑未	子申	亥酉	亥酉	丑未	子申	丑未	寅午	巳卯	巳卯
	태극귀인(太極貴人)	子午	子	卯	卯	辰戌	丑未	寅亥	寅亥	巳申	巳申
	복성귀인(福星貴人)	寅	丑亥	子戌	酉	申	未	午	巳	辰	卯
	천주귀인(天廚貴人)	巳	午	巳	午	申	酉	亥	子	寅	卯
	천관귀인(天官貴人)	酉	申	子	亥	卯	寅	午	巳	午	巳
	천복귀인(天福貴人)	未	辰	巳	酉	戌	卯	亥	申	寅	午
	문창귀인(文昌貴人)	巳	午	申	酉	申	酉	亥	子	寅	卯
	암록(暗祿)	亥	戌	申	未	申	未	巳	辰	寅	丑
	건록(建祿)	寅	卯	巳	午	巳	午	申	酉	亥	子
	금여록(金輿祿)	辰	巳	未	申	未	申	戌	亥	丑	寅
	관귀학관(官貴學館)	巳	巳	申	申	亥	亥	寅	寅	申	申
	문곡귀인(文曲貴人)	亥	子	寅	卯	寅	卯	巳	午	申	酉
	학당귀인(學堂貴人)	亥	午	寅	酉	寅	酉	巳	子	申	卯
	재고귀인(財庫貴人)	辰	辰	丑	丑	丑	丑	未	未	戌	戌
흉살	홍염(紅艶)	午	午	寅	未	辰	辰	戌	酉	子	申
	유하(流霞)	酉	戌	未	申	巳	午	辰	卯	亥	寅
	효신살(梟神煞)	子	亥	寅	卯	午	巳	辰戌	丑未	申	酉
	고란살(孤鸞煞)	寅	巳		巳	申			亥		
	비인살(飛刃煞)	酉	戌	子	丑	子	丑	卯	辰	午	未
	양인살(陽刃煞)	卯	辰	午	未	午	未	酉	戌	子	丑
	백호대살(白狐大煞)	辰	未	戌	丑	辰				戌	丑
	칠살(七煞)	庚	辛	壬	癸	甲	乙	丙	丁	戊	己
	음착살(陰錯煞)				丑未				卯酉		巳亥
	양착살(陽錯煞)		子午		寅申				辰戌		
	괴강살(魁罡煞)							辰戌		辰戌	

• 음착살(陰錯煞): 丑未, 卯酉, 巳亥는 일지(日支)와 시지(時支)에 나란히 있을 때 적용.

• 양착살(陽錯煞): 子午, 寅申, 辰戌는 일지(日支)와 시지(時支)에 나란히 있을 때 적용.

• 괴강살(魁罡煞): 일주(日柱)가 庚辰, 庚戌, 壬辰, 壬戌일 경우에 적용.

Summary

신살은 천간지지의 상호관계입니다.
신살은 구법명리의 소산이므로 오성술, 삼명학, 납음오행 등으로 천간과 천간, 천간과지지, 지지와 지지의 상호관계의 생극제화와 형충회합파해를 적용한 것입니다.

신살은 복신과 흉신으로 나눕니다.
복신福神은 길흉작용을 하며, 흉신凶神은 흉凶작용을 합니다.
하지만 복신도 때로는 흉작용을 하기도 하며, 흉신도 때로는 길작용을 하기도 하는 것이니 한가지로만 보아서는 아니될 것입니다.

신살의 남용으로 신살의 실효성을 잃어가고 있습니다.
신살의 오남용은 약물의 오남용과도 같습니다. 무리한 오남용으로 인하여 신살의 고유성과 실효성을 잃어가고 있는 실정입니다.

일부 신살은 생극제화와 형충회합의 이치에 적합하므로 사용하는데 무리가 없으나 이를 제대로 쓰지 아니하므로 문제가 생기는 것입니다.

모든 이론이 이치를 알고 쓰면 해로움이 없으나 이치를 모르고 쓰면 해로움이 생깁니다. 소금인지 설탕인지 구분해야 제 맛이 나기 때문입니다.

신살을 무조건 배격하기 보다는 이치를 알고 쓴다면 적절한 통변을 구사하는데 매우 유용한 수단이 되기도 합니다.

일부 술사들에 의하여 신살이 악용되기도 합니다.
자평명리학의 이치를 모르는 일부 술사들은 신살을 악용하여 내담자들을 겁주는 행위로 치부하는 경우가 있기도 합니다.

제7장
초보통변

初
步
通
辯

통변이란 사주팔자를 해석하여
삶의 길흉화복을 이야기하는 것입니다.

지금까지 앞에서 음양오행과 천간 지지를 익혔다면
자동차를 운전하는 장치의 이름을 익힌 것입니다.

천간 지지의 운용을 익혔다면
자동차를 운전하는 요령을 익힌 것이 됩니다.

이제 자동차의 시동을 걸고
초보운전자로서 시내 주행을 나가야 합니다.
이것을 초보 통변이라고 합니다.

자동차의 뒤에 붙이고 통변 운전을 하여 봅니다.

사주팔자는 자동차와 같습니다.
자동차는 운이라는 운전자가 시동을 걸어야
비로소 움직일 수 있습니다.

이 책에서는 자동차를 운전하는 방법을 공부할 것이며
자동차가 움직이는 원리와 이론은
전문분야에서 공부하도록 합니다.

01 통변의 주요 패턴

통변이란 대운과 세운에 의하여 사주팔자가 변화하고 움직이며 만드는 길흉화복의 스토리텔링입니다.

◆ 삶의 패턴 방식

명예추구형	재물추구형	명예 재물 동시추구형

◆ 직업 패턴 방식

직장형	사업형	전문가형

◆ 년령별 성별 주요 관심사

구분	10대	20대	30대	40대	50대	60대
남	적성	직업	직업 결혼	재물 명예	자아 실현	건강
여	적성	직업 결혼	재물 명예	자식	자아 실현	건강

개인에 따라 다소 달라질 수 있습니다.

❶ 삶의 패턴 방식

명예추구형	재물추구형	명예 재물 동시추구형

대부분의 사람들의 삶의 패턴은 대체적으로 명예추구형과 재물추구형으로 구분할 수 있습니다.

명예추구형은 조직에서 직위와 권한을 얻고자 노력하게 될 것이고 사람들에게 인기를 얻고자 노력하게 됩니다.

재물추구형은 사업이나 장사를 통하여 재물을 벌고자 노력할 것이고 투자나 투기 등으로 재물을 늘리고자 합니다.

명예와 재물을 동시에 추구하는 형은 인기와 권력을 통하여 재물을 축적하는 형으로 목적은 재물에 있다고 할 것입니다.

(1) 육신으로 보는 패턴 방식

명예추구형	재물추구형	명예 재물 동시추구형
관성, 인성	식상, 재성	인성, 비겁, 식상, 재성, 관성

명예추구형은 관성, 인성이 강한 편이고
재물추구형은 식상, 재성이 강한 편이고
재물과 명예 동시 추구형은 비겁, 인성, 식상이 강하거나 재성, 관성이 강한 편입니다.

재물과 명예를 추구하고자 한다면 일단 오행과 육신의 세력이 강하여야 하고 운에서 도와주어야 합니다.

사주의 세력이 약하면 에너지가 부족한 것이므로 무엇을 해도 지속하기 어렵습니다. 재물과 명예를 획득하려면 끈기와 인내심이 필요한데 기세가 부족하다는 것은 지속적으로 노력하지 못한다는 것입니다.

사주에 기세가 왕성하여 에너지가 많다고 하여도 역시 운에서 도와주지 않는다면 노력은 하였으나 결실을 보지 못하는 경우가 많습니다.

사주에 힘의 균형이 있고 운에서 도와준다면 누구나 부귀할 수 있습니다.

◆ 명예를 추구하는 사주

인성은 직위에 의한 권한과 자격입니다.
관성은 조직에 몸담고 조직을 위하여 일을 하는 것입니다.

인성과 관성에 힘이 있어야 명예를 취할 수 있습니다.
힘이 있다는 것은 우선 월지에서 투출하거나 월지에 통근하여야 하며
지지에 통근세력이 많아야 하는 것입니다.

인성과 관성에 힘이 있다면 권력에 대한 명예욕이 있는 것입니다.
직장에서 승진을 하고자 노력하는 형입니다.

식상이 있다면 대중의 인기를 얻고자 하는 명예욕이 있다고 합니다.
연예인이나 정치인들의 사주에서 자주 볼 수 있습니다.

◆ 재물을 추구하는 사주

식상은 생존욕구로서 생산에 관여합니다.
재성은 소유욕구로서 내 것으로 만들고자 합니다.

식상과 재성에 힘이 있어야 재물을 취할 수 있습니다.
식상은 생존욕구로서 먹을 것을 취하는 행동입니다. 사냥과 수렵은 식상에서
나옵니다. 농사 짓는 행위나 장사하는 행위는 모두 식상에 속합니다.
생산이나 유통이 여기에 해당된다고 보면 됩니다.

재성은 소유욕이며 안전욕구입니다. 식상활동을 하기 위한 터전으로 내 것으로
소유하여야 안심이 됩니다. 생산한 재물을 안전하게 보관하고자 하는 것이 재
성입니다. 내 영역에서 안전하게 생산하고자 하는 것도 재성입니다.
재성이 힘이 있어야 재물을 안전하게 소유할 수 있는 것입니다.

◆ 명예와 재물을 동시에 추구하는 사주

인성과 식상을 겸비한 비겁은 자신의 실력과 재능을 겸비하고 있는 것입니다.
재성을 안전하게 유지하고자 관성을 활용하게 됩니다.

인성은 자격이고 식상은 재능으로 능력이 있다고 합니다. 대개 전문가에게서
많이 보는 유형입니다. 이들은 재물과 명예를 동시에 추구하는 것이 일반적입
니다.

재성과 관성이 힘이 있다면 조직을 소유함으로써 재물을 안전하게 운용하려는
것입니다. 재벌기업 회장의 사주에서 자주 보는 형태입니다.

(2) 오행으로 보는 패턴 방식

木火土	土金水
급진적인 성장 화려한 인기	안정적

木火土는 밝음을 추구하므로 화려하고 급진적인 성장을 선호하며
土金水는 안정적인 면을 선호하게 됩니다.

명예를 선호하는 사주가
木火土이라면 화려한 직책과 급진적인 승진을 선호하는 편이며
土金水이라면 안정적인 조직생활을 선호하는 편입니다.

재물을 선호하는 사주가
木火土이라면 급진적인 성장을 통하여 재물을 벌어들일 것이며
土金水이라면 안정적인 사업을 통하여 재물을 벌어들일 것입니다.

명예와 재물을 동시에 선호하는 사주는
木火土의 세력이 강하면 화려한 인기를 추구하고 소비에 능할 것이며
土金水의 세력이 강하면 안정적인 조직과 재물을 선호할 것입니다.

사주에 세력이 균형을 이루고 있다면 일단 부귀의 조건은 갖추어져 있는 것입
니다. 그러나 운에서 도와주지 않는다면 허망한 것이 됩니다.
그러므로 운을 잘 살펴야 하는 것입니다.

(3) 세력으로 보는 패턴 방식

세력이 있다고 하는 것은 우선 월지에서 천간에 투출하여야 하고 지지에 통근처가 많아야 합니다.

월지에서 천간에 투출하여야 기세가 있다고 합니다.
월지 정기에서 투출한 천간이 가장 강하고
월지 여기와 중기에서 투출한 천간은 보통의 기세입니다.

○○○甲 ○○寅○	○○○甲 ○○亥○	○○○甲 ○○辰○
갑목甲木이 월지 寅木 정기에서 투출하여 기세가 강하다고 합니다.	갑목甲木이 월지 亥水 중기에서 투출하여 기세가 강하지 않다고 합니다.	갑목甲木이 월지 辰土 여기에서 투출하여 기세가 약하다고 합니다.

卯월의 甲木은 양인이라고 하여 겁재의 위협을 받고 있는 형태입니다.
그러므로 庚金편관으로 겁재 양인을 제압하여야 살 수 있습니다.

지지에 통근처가 많아야 세력이 있다고 합니다.
지지 정기에 통근한 천간이 세력이 강합니다.
이러한 지지가 두세 개 있다면 매우 강한 것이 됩니다.

○○甲○ 未辰寅卯	○○甲○ 未申午卯	○○甲○ 戌未申巳
갑목甲木이 지지에 모두 뿌리를 가지고 있으므로 세력이 강하다고 합니다.	갑목甲木이 지지에 미묘 未卯에 뿌리를 가지고 있어 세력이 있다고 합니다.	갑목甲木이 지지에 미토 未土에만 뿌리가 있으므로 세력이 약하다고 합니다.

(4) 운으로 보는 패턴 방식

사주가 좋아도 운 좋은 것만 못하다고 고서가 말하고 있습니다.
운이 배반하면 모든 것이 허망하게 됩니다.

운에서 도와주고 이끌어 주어야 합니다.
木火土의 사주인데
水운에 기초를 다지고 木火운에 발전하며
金水운에 결실을 거두며 안정을 취하게 됩니다.

土金水의 사주인데
火土운에 기초를 다지고 金水운에 안정되며
水木운에 안락하게 지내게 됩니다.

운에서 배반하면 허망하게 됩니다.
木火土의 사주인데
水운이 와야 기초를 다지는데 土운이나 金운이 온다면
제대로 기초를 다지지 못하여 발전하기 어렵습니다.

土金水의 사주인데
火土운이 와야 기초를 다지는데 木운이 온다면
제대로 기초를 다지지 못하여 발전하기 어렵습니다.

火土金의 사주인데
운에서 木火운이 와서 기초를 다져야 하는데
水金운이 온다면 허망한 것이 되므로 어렵게 됩니다.

◆ 고전에서 보는 부귀한 사주의 패턴

시		일		월		년		구분
辛		丁		癸		癸		천간
亥		卯		亥		卯		지지
乙	丙	丁	戊	己	庚	辛	壬	대운
卯	辰	巳	午	未	申	酉	戌	

◆ 적천수천미에서 명예가 높다고 소개한 사주입니다.

癸水편관이 두 개이고 월지 亥水에 통근하고 있어 기세가 강합니다.

지지에서 亥卯가 木국 인성을 만들어 癸水편관을 인성으로 화하니 안정적으로 명예를 추구하는 사주입니다.

辛酉 庚申운에 인성을 극하여 배반하므로 직위가 높지 않았으나 己未운에 亥卯未 木국이 완전하며 인성의 추진력이 강해지니 상서라는 높은 벼슬을 하였다고 합니다.

시		일		월		년		구분
壬		丙		丁		癸		천간
辰		午		巳		酉		지지
己	庚	辛	壬	癸	甲	乙	丙	대운
酉	戌	亥	子	丑	寅	卯	辰	

◆ 적천수천미에서 명예가 높다고 소개한 사주입니다.

丙丁火 비겁이 巳월에 태어나 火기의 기세가 매우 강합니다.

壬癸水 관성이 辰土에 통근하였으나 뿌리가 미약한데 지지에서 巳酉가 합을 하여 壬癸水를 생하여 도우니 세력이 강해졌습니다.

癸丑 水운에 水관성을 도우니 과거에 합격하고 벼슬길에 나아가니 명예가 높았다고 합니다.

시	일	월	년	구분
甲	丁	壬	丁	천간
辰	亥	子	丑	지지

甲	乙	丙	丁	戊	己	庚	辛	대운
辰	巳	午	未	申	酉	戌	亥	

◆ 적천수천미에서 명예가 없다고 소개한 사주입니다.

壬水정관이 월지에서 투출하고 지지에 모두 통근하여 기세가 매우 강합니다.

하지만 년간 丁火가 壬水와 합을 하니 壬水는 甲木인성을 생하고자 하는 마음이 없고 빈천하게 살아가는 명이라고 합니다.

운에서 木운이 와야 강한 壬水가 흐르며 발전을 하는데 金운이 왔으니 발전이 되지 아니하고 집안에서 공부만 하는 학자의 삶을 살았다고 합니다.

시	일	월	년	구분
辛	壬	丙	甲	천간
亥	寅	子	申	지지

甲	癸	壬	辛	庚	己	戊	丁	대운
申	未	午	巳	辰	卯	寅	丑	

◆ 적천수천미에서 부자로 소개한 사주입니다.

子월에 태어난 壬水일간이 지지에 세력도 있으니 기세가 매우 강합니다.

甲木식신은 寅亥에 통근하고 丙火재성은 寅木에 통근하여 각자 세력을 가지고 식신생재가 잘 이루어지고 있습니다.

사주에 丙火재성이 비록 약하지만 수생목 목생화가 잘 이루어지면서 생산을 하니 부자가 될 수밖에 없는 것입니다. 운이 木火운으로 흐르며 식신생재를 도우며 운의 천간에서 土金으로 결실을 맺고자 하는 의지를 만들어 주고 있는 것을 볼 수 있습니다.

시		일		월		년		구분
戊		癸		丙		壬		천간
午		亥		午		申		지지
甲	癸	壬	辛	庚	己	戊	丁	대운
寅	丑	子	亥	戌	酉	申	未	

◆ 적천수천미에서 부자로 소개된 사주입니다.

午월의 재성丙火가 시지에 午火를 하나 더 가지고 있으며 더구나 戊土정관의 기세 역시 강하니 사주에 火土의 기세가 매우 강합니다.

일간은 壬水가 함께 있고 亥水와 申金에 통근하였지만 火土기에 비하여는 다소 약하다고 할 수 있습니다.

운에서 金水운으로 약한 水기를 도와 서로 힘의 균형을 이루니 아름다운 결실을 맺는 사주로 부자가 될 수 있는 것입니다.

시		일		월		년		구분
辛		戊		戊		壬		천간
酉		戌		申		子		지지
丙	乙	甲	癸	壬	辛	庚	己	대운
辰	卯	寅	丑	子	亥	戌	酉	

◆ 적천수천미에서 가난한 자로 소개된 사주입니다.

申월에 申子합을 하고 壬水재성이 투출하여 기세가 매우 강합니다.

더구나 辛酉상관의 생을 받고 있어 재성은 더욱 강하므로 戊土일간과 비견이 감당하기 어려운 재다신약 사주입니다.

재다신약財多身弱이란 재성이 너무 많아서 일간이 감당하기 어려운 사주로서 재물로 인하여 고생하게 됩니다. 더구나 운에서 金水운에 재성이 흐르지 못하여 물이 썩어버리니 쓸모가 없는 것입니다. 운에서 木火운으로 흘렀다면 재물이 잘 유통되어 부자가 되었을 것입니다.

응용 Tip

시		일		월		년		구분
丁		己		丙		甲		천간
卯		未		寅		午		지지
71	61	51	41	31	21	11	1	
甲	癸	壬	辛	庚	己	戊	丁	대운
戌	酉	申	未	午	巳	辰	卯	

寅월에서 甲木과 丙火가 투출하고 丁火가 통근하고 있어 木火의 기세가 강합니다.

木운에 木火의 기세를 강하게 만들어주며 명예에 대한 욕망이 매우 강하게 나타납니다.

火운에 金의 기운이 나타나면서 명예에 대한 욕망이 사라지고 재물에 대한 욕망이 올라오기 시작합니다. 그러나 지지에 金水의 뿌리가 없으므로 실행력이 없이 욕망만 가득한 상태입니다.

金운에 金水가 운에서 힘을 발휘하지만 木火의 쉼터로서의 역할만 할 뿐이지 재물에 대한 실행력이 없으므로 재물을 점차 포기하고 안정을 꾀하고자 은둔의 삶을 살게 됩니다.

사주가 요구하는 것이 무엇인가를 먼저 살피고 운에서 사주를 제대로 이끄는 가를 본다면 재물과 명예가 어떻게 이루어지는 가를 볼 수 있는 것입니다.

사주에 재성이 있다고 부자가 되는 것은 아닙니다.
사주에 관성과 인성이 많다고 명예가 많다고 하지 않습니다.

사주는 음양과 오행으로 구성되어 있습니다.
음양과 오행이 조화가 되어야 실질적인 결실을 맺게 됩니다.

재물을 선호하는 형	명예를 선호하는 형
비겁과 재성의 세력균형	관성과 식상의 세력균형
재성과 관성의 세력균형	관성과 인성의 세력균형
재성과 인성의 세력균형	비겁과 관성의 세력균형

비겁과 재성과 인성의 세력이 균형을 이루어야 부자가 될 수 있습니다.
관성과 식상과 인성의 세력이 균형을 이루어야 명예가 드높아집니다.

서로 상대하는 세력이 비슷하여야 발전할 수 있습니다.
세력이 없으면 에너지가 부족하여 추진력이 떨어지고 부귀하기
어렵습니다.

❷ 직업의 패턴 방식

직장형	사업형	전문가형

직장형은 국가나 기업의 조직에서 일을 하는 것이고 사업형은 사업이나 장사를 하는 것이고 전문가형은 자격이나 권력으로 실력을 발휘하는 것입니다.

(1) 직장형으로 보는 직업의 패턴 방식

직장형은 명예를 추구하는 형이 일반적입니다.
조직에 들어가 조직을 위하여 일을 하고 승진을 통하여
자신의 권한을 확대하며 명예를 높이는 것을 최선으로
여깁니다. 그러므로 급여로 받는 재물에는 큰 관심이 없
으며 직위가 올라가면 년봉이 올라가는 것으로 만족하
기 마련입니다. 일반적으로 명예추구형의 육신을 따르
며 木火의 발전운을 따르게 됩니다.

(2) 사업형으로 보는 직업의 패턴 방식

사업형은 재물을 추구하는 형이 일반적입니다.
사업이나 장사를 통하여 재물을 벌어들이는 것을 최선으
로 여깁니다. 그러므로 조직의 승진이나 인기에는 관심이
없으며 돈만 벌면 된다고생각하는 편입니다.
일반적으로 재물추구형의 육신을 따르며 金水의 수렴운
을 따르게 됩니다.

(3) 전문가형으로 보는 직업의 패턴 방식

전문가형은 명예와 재물을 동시에 추구하는 형입니다. 정치인이나 연예인 또는 의사나 변호사 등의 전문직이나 인기강사나 방송언론인들의 사주에서 자주 보이는 방식입니다.

이들은 명예와 재물을 동시에 추구하므로 인기를 누리며 커다란 부를 성취하기도 하지만 실력이 있어야 가능하므로 소수의 인원만이 누릴 수 있는 행복이기도 합니다.

일반적으로 명예와 재물을 동시에 추구하는 육신을 따르며 운에서 도와주고 이끌어 주는 운에 발전하게 됩니다.

사주에 힘이 있어야 발전하게 됩니다.
사주에 힘이 없으면 운에서라도 도와주어야 합니다.
사주에 힘이 있어도 운에서 도와주지 않으면 허망하게 됩니다.
사주에 힘이 없으면 운에서 도와주어도 크게 발전하지는 못합니다.

직장형이 명예를 추구하는 것이 일반적이지만 드물게 재물을 선호하기도 합니다. 직장생활을 하면서 재물을 선호하게 되면 승진은 오로지 년봉을 위한 바램이 될 것이고 승진을 하여도 년봉에 변화가 없으면 년봉따라 직장을 옮기는 철새가 될 것입니다.

사업형이 재물을 추구하는 것이 일반적이지만 드물게 명예를 선호하기도 합니다. 사업을 하면서 명예를 선호하게 되면 재물을 벌어들이기 보다는 폼나고 멋있는 사업을 하려고 할 것입니다. 큰돈을 벌기도 하지만 소비성향이 있으므로 재물을 모으기는 어렵다고 할 것입니다.

❸ 직업적 능력

적성이 사주팔자에 제대로 갖추어져 있어도 실행 가능성이 있는가를 보아야 합니다. 실행 가능성이 능력이기 때문입니다.

성공하는 사람들의 특징은 실행 가능성이 있는 목표를 세우고 자신감을 갖고 실천하였기 때문입니다. 목표를 세웠다고 할지라도 할 수 있다는 자신감이 없고 실천력이 없다면 뜬 구름만 잡으므로 성공하기 어렵습니다.

◆ 능력은 기세의 유무로 판단합니다.

기氣	세勢
자신감	실천력

기는 기운으로 하고자 하는 자신감이며 세는 세력으로 하고자 하는 실행력입니다. 기세는 성공의 밑거름입니다.

사주팔자에 기세가 있으면 능력이 있다고 합니다.
부귀한 팔자는 기세가 강한 것이 특징입니다. 능력은 일간의 신강 신약으로 판단하는 것이 아닙니다. 신강 신약은 일간을 중심으로 한 억부의 관법이지 기세의 관법은 아닙니다. 신강하다고 성공하고 신약하다고 성공하지 못하는 것이 아닙니다. 신약한 명조일지라도 성공한 삶이 많다는 것으로도 증명이 됩니다.

기세가 있다고 하는 것은 에너지가 있다는 것입니다.
에너지는 할 수 있는 자신감과 능력이므로 삶을 살아가는 원동력이 되는 것입니다. 기세가 있는 사주와 기세가 없는 사주의 삶은 다르다는 것을 인식하여야 합니다.

기세의 유무는 투출과 통근으로 결정합니다.
월지에서 투출하였다면 기세가 강하다고 합니다.
월지에 통근하였다면 역시 기세가 강하다고 합니다.

◆ 천간이 지지에 통근처가 많다면 기세가 강하다고 합니다.

시	일	월	년	구분
丁	己	丙	甲	천간
卯	未	寅	午	지지

천간	甲	丙	己	丁
투출	寅중 정기 卯중 여기	寅중 중기 午중 여기	午중 중기 未중 정기	午중 정기 未중 여기
통근	寅卯未	寅午未	未午寅	午未寅

기세의 크기 甲 > 丙 > 己 > 丁

천간의 기세의 크기를 살펴보면 월지 인목寅木에서 투출하고 세 지지에 통근한 갑목甲木이 가장 크고 병화丙火가 다음입니다.

기토己土는 일지에 통근하고 정화丁火는 멀리있는 년지에 통근하였으므로 기토己土가 정화丁火보다 기세가 크다고 합니다.
기세가 강하여야 능력이 있다고 하는 것입니다.
기세는 사주에서 다른 기세와 균형을 이루어야 합니다.
균형을 이루지 못한 것을 태과불급이라고 합니다.
태과불급을 조절하지 못하면 어려운 삶을 살게 마련입니다.

④ 년령별 성별 주요 관심사

◆ 통변의 주요 과제는 년령별로 관심사가 다르기에 가중치가 다릅니다.

구분	10대	20대	30대	40대	50대	60대
남	적성	직업	직업 결혼	재물 명예	자아 실현	건강
여	적성	직업 결혼	재물 명예	자식	자아 실현	건강

일반적으로 년령별로 주요관심사가 다르고 성별로 주요관심사가 다르므로 년령별 성별에 따른 통변을 하지만 여성의 사회화로 성별구분이 점차 없어 지기도 합니다.

10대에 50대나 60대의 관심사를 다룬다면 우물에서 숭늉을 찾는 것과 마찬가지입니다.

10대에는 적성을 찾아 주어야 발전을 하게 됩니다.
적성은 삶을 살아가는 능력입니다. 능력은 직업을 통하여 제대로 발휘하여야 부귀하여지는 것입니다.

사주에서 명예를 선호하는데 재물을 취하겠다고 한다면 삶의 목적이 잘못되어 고생을 하게 됩니다. 재물을 선호하는 사주인데 명예를 취하라고 한다면 역시 삶의 목적이 잘못되어 고생을 하게 됩니다.

부모는 자식의 적성을 제대로 파악하여 자신의 길로 갈 수 있도록 지도하여야 할 것입니다. 부모의 바램대로 자식을 내몬다면 자식은 불행한 삶을 살게 됩니다.

20대에는 자신의 직업을 찾고 배우자를 찾아야 합니다.
직업은 평생 수행하여야 하는 과제입니다. 자신의 적성을 제대로 찾았다면 직업은 행복한 삶이 될 것이지만 적성이 맞지 아니한다면 직업은 어렵고 힘든 삶의 과정이 될 수 밖에 없는 것입니다.

또한 자식을 낳고 가정을 꾸리기 위하여 자신이 원하는 배우자를 선택하여야 합니다. 자신이 원하는 배우자가 아니라면 일시적 충동에 의하여 결혼을 한다고 하여도 쉽게 이혼할 수 있기 때문입니다.

30대와 40대에는 재물과 명예를 추구하게 됩니다.
명예를 선호하는 사람은 직위와 권한을 높이려고 노력할 것이며
재물을 선호하는 사람은 재물을 축적하느라 노력할 것입니다.

자신이 원하는 것을 성취하려고 노력하는 시기이므로 사회와 가정을 모두 챙겨야 하는 어려움이 있기 마련입니다. 두 마리 토끼를 잡기 어려운 것과 마찬가지입니다.

50대와 60대 이상은 건강과 자아실현을 추구하게 됩니다.
나이가 들면서 몸은 쇠약해지기 때문에 건강을 추구하는 것은 당연합니다.
특히 사회적 성공을 거둔 사람일수록 건강은 필수이기 때문입니다.
젊을 때 이룬 것을 마무리하는 때 역시 이 시기입니다. 자신을 돌아보며 결실을 준비하는 것입니다.

자아실현은 인생의 완성입니다. 젊은 시절에 왕성한 활동으로 꽃을 피웠다면 결실을 맺기 쉬울 것이나 꽃을 피우지 못하였다면 결실은 어려울 것입니다.

꽃을 피우는 시기는 젊을 때가 가장 좋습니다.

02 연애와 결혼

연애와 결혼은 삶의 행복을 결정하는 중요한 것입니다.
나에게 맞는 조건의 상대를 선택하여야 행복하여 지는 것입니다.
어떠한 상대가 나와 조건이 맞을까요?

◆ 연애와 결혼의 조건

재물 명예	직업	성격	건강

◆ 사주의 기세가 균형을 이루어야 조건이 좋아집니다.

구분	양호	불량
재물 명예	기세가 강하고 운에서 도와준다	기세가 약하고 운에서 배반한다
직업	기세가 강하다	기세가 약하다
성격	균형되어 조화롭다	태과불급이 심하다
건강	균형되어 조화롭다	태과불급이 심하다

◆ 이상형의 배우자

남	여
엄마 같은 부인	아들 같은 남편
딸 같은 부인	아빠 같은 남편
친구 같은 부인	친구 같은 남편

① 연애와 결혼의 조건

재물 명예	직업	성격	건강

행복한 결혼생활을 하기 위하여 상대를 선택하는 과정이 연애입니다.
사주에서 어떠한 상대를 선택하여야 하는가를 보는 것이 궁합입니다.

(1) 재물과 명예

재물과 명예에 대한 선호도는 앞에서 살펴보았습니다.
내가 선호하는 것이 무엇이고 상대가 선호하는 것이 무엇
인지를 우선 살펴야 할 것입니다.
나는 재물을 선호하는데 상대는 명예를 선호한다면 서로
간에 갈등이 생길 것은 뻔한 이치입니다. 나는 명예를 선호
하는데 상대는 재물을 선호한다면 상대를 보는 눈이 곱지
만은 않을 것입니다.

내가 명예를 선호하는 사람을 만나고 싶다면 화려한 명예를 선호하는가 아니면
안정적인 명예를 선호하는가를 우선 점검해 보아야 할 것입니다. 자신이 원하
는 타입을 선택하여야 후회가 없는 법입니다.

사주에 木火土의 기세가 강하고 운이 水金으로 강하게 흐른다면 화려한 명예를
추구하지만 결국 안정된 삶을 살 수 있다고 봅니다.

사주에 木火土의 기세가 약하고 운이 木火로 흐른다면 화려한 명예를 추구하지
만 만족한 삶을 살기 어렵습니다.
재물과 명예의 선호도는 삶의 방식을 결정하는 중요한 요소입니다.

(2) 직업

직장형	사업형	전문가형

직업의 적성이 무엇인가를 살피고 제대로 직업을 선택하였는가를 살펴보아야 합니다. 직업은 삶의 만족도에 중요한 요소가 됩니다.

사주에 직장형인데 사업을 한다고 한다면 어려움이 많을 것입니다. 직장형은 조직에서 능력을 발휘합니다.

사주에 사업형인데 직장생활을 한다면 적응하기 어렵습니다. 직장내의 상사나 부하들과 갈등이 많을 것이고 능률도 오르지 않기 때문입니다.

사주에 전문가형인데 자신의 일을 하지 않으면 능력을 발휘하지 못합니다. 아까운 재능을 낭비하는 것입니다.

누구나 자신의 적성이 있고 자신의 적성에 따라 직업을 선택하여야 하는 것입니다. 그래야 삶의 만족도가 커지는 것입니다.

상대가 자신의 적성대로 직업을 선택하였다면 가정을 유지할 수 있는 능력이 있는 것입니다. 그러하지 아니하다면 불안한 삶을 살게 되므로 가정도 불안해 집니다.

요즈음은 전문가를 선호하는 편이지만 전문가로서의 자질이 있어야 합니다. 누구나 전문가가 되지는 아니합니다. 전문가의 사주는 기세가 왕성하고 운에서 잘 이끌어주어야 성공합니다.

(3) 성격과 건강

사주의 오행이 조화로우면 성격이 원만하고 건강도 좋다고 합니다. 사주의 오행이 태과불급되어 치우쳐 있으면 성격도 모나고 건강도 좋지 않다고 합니다.

태과불급이란 어느 한쪽으로 치우친 것입니다.
태과太過는 많다는 것이며 불급不及은 적다는 것입니다.

火가 태과불급하면 성격이 불같이 급하고 화를 잘 내며 심장병이 오기 쉽습니다. 이는 火는 예의를 숭상하므로 자신은 마땅히 존경을 받아야 하는데 존경받지 못한다고 생각하면 화가 나는 것입니다.

水가 태과불급하면 성격이 느리지만 한번 화가 나면 걷잡을 수 없을 정도이며 신장 방광에 병이 오기 쉽습니다. 이는 水는 지혜를 숭상하는데 자신이 어리석다는 느낌을 받으면 홍수처럼 밀어붙이기 때문입니다.

木이 태과불급하면 시작은 매우 빠르며 돌발적인 경우가 많게 되며 간병이 오기 쉽습니다. 이는 木은 인의를 숭상하므로 사랑을 받지 못한다고 느끼면 분노가 치밀어 오르기 때문입니다.

金이 태과불급하면 냉정하거나 우울하여지므로 폐병이 오기 쉽습니다.
이는 金은 의리를 숭상하는데 불의를 처단하지 못하면 자책하기 때문입니다.

土가 태과불급하면 믿지를 못하고 안절부절하게 되므로 위장병이 오기 쉽습니다. 이는 土는 신의를 숭상하는데 배신을 당하면 불안해지기 때문입니다.
오행의 성정은 인의예지신仁義禮智信입니다.

❷ 이상형의 배우자와의 궁합

남	여
엄마 같은 부인	아들 같은 남편
딸 같은 부인	아빠 같은 남편
친구 같은 부인	친구 같은 남편

부모 같은 배우자를 원하는 사주는 인성이 강합니다.
자식 같은 배우자를 원하는 사주는 식상이 강합니다.
친구 같은 배우자를 원하는 사주는 비겁이 강합니다.

부모 같은 배우자를 원하는 사람은 배우자의 관심과 보호를 받고 싶은 것입니다. 그런데 자식 같은 배우자를 만난다면 자식을 모셔야 하는 상황이니 괴롭고 힘들다고 합니다.
자식 같은 배우자를 원하는 사람은 자식을 바라보는 마음으로 사랑스럽고 귀엽게 바라보고 싶은 것입니다. 그런데 부모같은 배우자를 만난다면 부모 같이 잔소리를 하는 배우자에게서 도망가고 싶은 것입니다.

친구 같은 배우자를 원하는 사람은 서로 사랑하며 어깨동무하고 같이 술 한잔하면서 심금을 털어 놓고 싶어 하는 것입니다. 그런데 부모자식 같다면 친구 같은 정서는 찾아보기 어렵습니다.
배우자가 서로 갈등을 일으키고 헤어지는 이유는 서로의 이상이 맞지 아니하기 때문입니다. 서로가 서로를 이해할 수 없기에 그러합니다.

궁합은 상대가 가정을 유지할 수 있는 능력이 있는가를 보는 것이며 상대가 나의 이상형인가를 보는 것입니다.

시		일		월		년		구분
丁		己		丙		甲		천간
卯		未		寅		午		지지
71	61	51	41	31	21	11	1	
甲	癸	壬	辛	庚	己	戊	丁	대운
戌	酉	申	未	午	巳	辰	卯	

1 재물과 명예

寅월에서 투출한 甲木이 정관이고 丙火가 인성이므로 명예를 추구하는 형입니다. 운이 木火로 흐르므로 명예를 위한 삶을 살고자 하며 재물은 명예를 취하면 자연적으로 따라올 것이라고 믿는 형입니다.

적성은 명예를 선호하므로 남들이 인정하는 국가나 기업의 임직원으로 승진을 목표로 일하는 곳이 최선입니다.

재물하고는 거리가 멀어 사업이나 장사 수완은 없으며 주위에서 이러한 일을 시킨다면 급한 성격에 제대로 하지도 못하고 화려한 분위기를 연출하여 빚만 지게 되거나 흥미가 없으므로 투자를 전혀 하지 않게 됩니다.

2 직업

조직에서 승진을 하며 권한을 확대하고 화려한 직책을 갖는 것을 행복으로 여깁니다. 따라서 국가나 기업의 조직에 취업하여 조직의 일원으로 최고직으로 승진하기를 바라는 형입니다. 명함으로 자신을 표현하기를 좋아합니다.

❸ 성격과 건강

木火土의 기운이 왕성하므로 성격은 급하고 시작이 빠른 편입니다. 金水기가 전혀 없으니 여유로움은 찾아 볼 수 없으며 항상 화려한 세상만 원하는 형입니다.

빠른 생각과 활동을 하지만 세상에 자신의 뜻대로 되지 아니하고 지체되므로 항상 가슴에 불만이 쌓여있고 스트레스로 건강을 해치게 됩니다. 심혈관 질환과 신방광 질환, 소화기 질환으로 고생하게 됩니다.

❹ 이상형의 배우자와 궁합

인성이 강하므로 부모와도 같은 배우자를 이상형으로 생각합니다.
부모와도 같이 자신을 챙겨주고 보호하고 자신의 뒷바라지를 하여주는
배우자를 원하게 됩니다.
배우자가 자식과도 같은 역할을 하고 싶다면 오히려 자식을 보살펴주고
사랑하여 주어야 하므로 배우자와 멀어지게 됩니다.
친구 같은 배우자는 일지에 未土가 있으므로 서로 사랑하며 낭만적인
분위기를 연출하기 좋아하고 함께 여행을 다니기를 좋아합니다.
최선의 배우자는 부모 같은 배우자이며 친구 같은 배우자도 좋습니다.

종합적으로 사주에 木火土의 정관, 인성의 기세가 강하므로 재물보다는 명예를 추구하며 사업이나 장사보다는 국가나 기업의 임직원의 직업을 선호하고 부모 같은 배우자를 만나 안락한 가정생활을 원하며 성격이 급하고 시작이 빠르므로 성급한 의사결정으로 곤란한 지경을 겪고 이로 인하여 스트레스로 건강을 해치기도 합니다.

궁합을 본다는 것은 이상적인 상대와 행복한 결혼생활을 하고자 하는 것입니다.

상대가 가정을 유지할 능력이 우선 있어야 할 것이며 상대에게 바라는 이상형이어야 할 것입니다.

실질적인 궁합은
사주에서 제시하는 재물과 명예관, 직업관, 성격, 건강으로 가정을 유지할 능력이 있는가를 보는 것입니다.

내가 바라는 배우자상 이어야 행복한 결혼 생활이 유지되는 것이니 사주에서 바라는 배우자상과 상대의 배우자상이 일치하여야 하는 것입니다.

남	여
엄마 같은 부인	아들 같은 남편
딸 같은 부인	아빠 같은 남편
친구 같은 부인	친구 같은 남편

부모 같은 배우자를 원하는 사주는 인성이 강합니다.
자식 같은 배우자를 원하는 사주는 식상이 강합니다.
친구 같은 배우자를 원하는 사주는 비겁이 강합니다.

서로의 이상형이 맞아야 천생연분의 궁합이라고 합니다.

03 대운 세운의 통변

사주팔자는 자동차와 같습니다.

대운은 자동차가 다니는 계절이고 환경이며 세운은 자동차에게 일어나는 사건과 같습니다.

대운은 자동차가 다니는 도로이므로 사주팔자의 환경입니다.

사주팔자는 세운에 의하여 움직이며 길흉화복을 만듭니다.

◆ 사주는 운의 의하여 변화합니다.

대운	세운
계절과 환경	사건

사주팔자는 자체적으로 움직이지 아니합니다.

대운은 사주팔자를 변화시키는 환경요인으로 작용하고

세운은 사주팔자의 길흉화복을 만들게 되므로 움직인다고 합니다.

대운은 세월의 흐름에 따라 사주팔자가 변화하는 환경입니다. 세운은 생극제화와 형충회합에 의하여 사주팔자를 움직여 길흉화복을 만들어 냅니다.

통변을 하고자 한다면

대운의 환경에 의하여 사주팔자가 변화하는 모습을 보고 세운으로 사주체가 움직이는 현상으로 길흉화복을 보는 것입니다.

1 대운 보는 법

대운은 세월에 따라 사주체가 변화하는 모습입니다.
사주는 대운이라는 세월을 지나며 소년기, 청년기, 장년기, 노년기로 변화하는
모습입니다. - 세월따라 늙어가는 모습이 됩니다.

8대운	7대운	6대운	5대운	4대운	3대운	2대운	1대운	생월
노년기		장년기		청년기		소년기		유년

태어난 달은 유년의 시기입니다.
1, 2대운은 소년기로서 부모에 의하여 길러지고 교육받는 환경입니다.
3, 4대운은 청년기로서 사회에서 활동하는 시기입니다.
5, 6대운은 장년기로서 사회에서 결실을 맺는 시기입니다.
7, 8대운은 노년기로서 은퇴하여 자아를 실현하는 시기입니다.

◆ 대운은 10년으로 보아야 전체를 볼 수 있습니다.

甲寅	甲辰	甲午	甲申	甲戌	甲子
봄	봄	여름	가을	가을	겨울

대운을 10년으로 보아야 하는 이유는 대운은 계절이기 때문입니다.
봄의 甲木하고 여름의 甲木이 다릅니다. 계절에 의하여 변화하기 때문입니다.

사주를 돕거나 이끌면 부귀합니다.
사주에서 선호하고 있는 오행이나 육신을 대운에서 도와주거나 이끌어준다면
크게 발전할 수 있습니다.

시		일		월		년		구분
辛		丁		癸		癸		천간
亥		卯		亥		卯		지지
乙	丙	丁	戊	己	庚	辛	壬	대운
卯	辰	巳	午	未	申	酉	戌	

水가 강한 사주입니다. 金운에 水를 더욱 강하게 만들어 주므로 水가 태과하여 발전하지 못합니다. 己未운에 亥卯未 木국으로 유통시켜주니 발전하게 됩니다. 운에서 이끌어 주는 것입니다.

태과불급을 조절하는 작용이 사주에 있으면 사주의 품질이 좋은 사주이며 운에서 이를 조절하여 주면 금상첨화가 되는 것입니다.

사주의 기후 환경을 조절하면 부귀하여집니다.
사주가 木火기로 구성되면 金水운으로 흐르면 편안하여 질 것이고 사주가 金水기로 구성되면 木火운으로 흐르면 발전하게 된다는 것을 말하고 있습니다.

시		일		월		년		구분
辛		壬		丙		甲		천간
亥		寅		子		申		지지
甲	癸	壬	辛	庚	己	戊	丁	대운
申	未	午	巳	辰	卯	寅	丑	

사주에 水가 태과합니다. 木火운으로 흐르며 발전하게 됩니다.

木火가 동남방의 양지에서 번창하면 음지에서 안정이 필요하며
金水가 서북방의 음지에서 번성하면 양지에서 빛이 난다고 합니다.

- 적천수 간지총론에서

시		일		월		년		구분
丁		己		丙		甲		천간
卯		未		寅		午		지지
71	61	51	41	31	21	11	1	
甲	癸	壬	辛	庚	己	戊	丁	대운
戌	酉	申	未	午	巳	辰	卯	
가을		여름				봄		

사주가 木火土로 구성되어 있습니다.

甲木이 월지에서 투출하고 卯未에 통근하여 기세가 있다고 합니다.

丙火가 월지에서 투출하여 午未에 통근하니 기세가 있다고 합니다.

己土가 午寅未에 통근하니 세력이 있다고 합니다.

丁火가 午寅未에 통근하니 세력이 있다고 합니다.

木火土의 사주가 세력이 있으면

봄 여름 木火운에는 발전할 수 있지만

가을 겨울 金水운에 안정을 찾고 평온해지는 것입니다.

사주에 金水의 세력이 없어 여름에 庚辛金이 들어왔지만 결실을 맺기 어렵습니다. 결실을 맺고 싶으면 가을운에 庚辛金이 들어와야 하는 것입니다.

사주에 힘이 있어야 운에서 도와줄 수 있습니다.

운에서 강하게 이끌어 주어야 발전할 수 있습니다.

❷ 세운 보는 법

세운은 생극제화와 형충회합으로 득실상황과 길흉화복을 생성합니다.

◆ 세운은 매년의 길흉화복입니다.

생극제화	사주체를 움직여 득실상황 연출
형충회합	사주체가 겪는 길흉화복의 생성

천간은 생극제화로 사주체를 움직이며 지지는 형충회합으로 사주체를 움직이게 합니다. 천간은 욕구이며 지지는 실행입니다.

◆ 천간의 생극제화는 득실의 상황입니다.

생화	생生은 세운의 생을 받는 것 - 득 화化는 세운을 생하는 것 - 실
극제	극剋은 세운의 극을 받는 것 - 실 제制는 세운을 극하는 것 - 득

◆ 지지의 형충회합은 세력의 재편성입니다.

형충	세운의 형충은 기존 세력의 변화
회합	세운의 회합은 세력의 증강

세운 지지의 형충회합은 사주의 지지 세력을 변화시키며 길흉화복을 만들어냅니다.

시		일		월		년		구분
丁		己		丙		甲		천간
卯		未		寅		午		지지
71	61	51	41	31	21	11	1	
甲	癸	壬	辛	庚	己	戊	丁	대운
戌	酉	申	未	午	巳	辰	卯	

◆ 戊戌년의 운세

득	甲木이 戊土를 극하여 소유하니 득의 국면이 전개될 것입니다. 甲木은 정관으로 조직이고 戊土는 戌未형으로 경쟁력이 조정되는 양상이니 사회적 조직의 경쟁력을 조절하게 됩니다. 다만 戊土는 대운 癸水와 합하여 안정을 취하려고 합니다.
실	丙丁火 인성이 지지에 寅午戌이 완성되지만 戊土가 오므로 인성의 마무리가 진행되어지며 권한이 축소될 것이니 다소 실의 국면으로 이어지지만 성취감을 맛보게 됩니다.

寅巳申삼형은 양적인 에너지가 증폭되는 것이고
丑戌未삼형은 음적인 에너지가 증폭되는 것입니다.
사주가 강하다면 삼형살로 인하여 오히려 발전하지만
사주가 약하다면 삼형살에 휩쓸리어 흉작용이 많게 됩니다.

대운은 계절의 변화입니다.

봄에 태어나 순행하면 여름 가을 겨울의 계절로 세월이 흐르는 것입니다.
여름에 태어나 역행하면 봄 겨울 가을 여름의 계절로 세월이 흐르는 것입니다.

사주팔자가 어느 계절로 운행하는가를 살피는 것이 대운을 보는 방법입니다.

木의 기세가 강하여 적성과 직업으로 쓰고 있는데
여름 가을로 세월이 흐르면 발전하지만
겨울 가을로 세월이 흐르면 발전하기 어렵습니다.

세운은 사건의 발생으로 인한 득실입니다.

세운의 천간의 생극으로 인하여 사주를 움직이며 사건을 만들고 득실을
가져오게 하며 길흉화복을 만드는 것입니다.

득	천간이 세운의 생을 받으면 득하는 것입니다.
실	천간이 세운의 극을 받으면 실하는 것입니다.

세운의 지지로 인하여 형충회합이 작용하며 기존 세력을 변화
시키며 세력의 변화를 가져오며 길흉이 발생하는 것입니다.

04 근묘화실根苗花實 통변

기본개념

시	일	월	년
실實 열매	화花 꽃	묘苗 싹	근根 뿌리
노년기	장년기	청년기	소년기
61세 이후	41 - 60세	21 - 40세	20세 이전

세부학습

근묘화실은 20년 주기를 갖습니다.

소년기는 20세 이전의 시기이며

청년기는 40세 이전의 시기이며

장년기는 60세 이전의 시기이며

노년기는 60세 이후의 시기로서 20년의 주기를 갖습니다.

◆ 근묘화실은 육친궁과 함께 연계하여 봅니다.

시	일	월	년
실實 열매	화花 꽃	묘苗 싹	근根 뿌리
노년기	장년기	청년기	소년기
자식궁	부부궁	부모형제궁	조상궁

근묘화실은 인생의 성장 과정입니다.

근根은 소년기로서 부모의 보살핌으로 유아기에 길러지며 학생기에는 공부하는 시기입니다. 부모에게 전적으로 의지하는 시기입니다.

묘苗는 청년기로서 부모로부터 독립하여 사회에서 활동하는 시기입니다. 결혼을 하고 자신의 가정을 유지하며 사회적 성취를 위한 열정으로 성장하는 시기입니다.

화花는 장년기로서 사회의 중추적 역할을 하며 꽃을 피우는 시기입니다. 직장인은 중견 간부로서 막중한 책임과 의무를 가지고 있으며, 사업인은 견실한 사업체를 키우며 성장시켜 나가는 것입니다.

실實은 노년기로서 자신이 목표한 바의 결실을 맺고 명예를 빛내는 시기이며, 후배들을 양성하고 자신의 인생 경험과 노하우를 전수하고 사회에서 은퇴하여 노후생활을 하는 시기입니다.

근묘화실은 육친궁으로 통변하기도 합니다.
근은 년주에서 조상의 덕과 뿌리를 보여주고
묘는 월주에서 부모, 형제와 나의 직업적인 환경을 보여주고
화는 일주에서 나와 배우자의 가정 환경을 보여주며
실은 시주에서 자식의 성장과 나의 노후 환경을 보여 줍니다

년주로 소년기의 삶을 봅니다.
년주의 세력이 강하다면 조상의 가업이 튼실하였다는 것이며, 조부나 부모의 가산이 넉넉하여 도움을 받고 자랐으며, 인성의 도움이 있다면 학업에 충실하였다고 통변합니다.

년주의 세력이 약하다면 부모의 도움이 없었고 어려운 어린 시절을 보냈다고 판단합니다. 인성의 도움이 없다면 학업에 장애가 많았다고 통변합니다.

월주로 청년기의 삶을 봅니다.

월주의 환경은 삶에서 가장 중요한 것으로서, 월주의 세력이 강하다면 부모의 가업을 물려받아 경제적으로 안정되고, 직업적인 소양을 갖추어 사회생활을 시작하는데 커다란 문제점이 없이 적응한다는 것입니다. 부모 형제와도 화목하게 잘 지낸다고 보면 됩니다.

월주의 세력이 약하다면 부모 형제 덕이 없고, 사회생활에 장애가 많으며 만사가 제대로 이루어지지 않아 고생을 하기도 하고, 자신의 삶을 스스로 개척해야 하는 자수성가의 길을 갈 수 있다고도 봅니다. 또한 부모 형제와는 갈등이 많았음을 예측하기도 합니다.

일주로 장년기의 삶을 봅니다.

일주는 장년기의 삶으로서 삶에서 가장 바쁘고 주된 업무를 하는 시기입니다. 그러므로 일주의 세력이 강하다면 사회적인 중추로서의 역할을 하게 되며, 또한 가정과 배우자의 자리로서 좋은 배우자를 만나서 부부관계도 별 문제 없이 화목한 가정을 이룬다고 봅니다.

일주의 세력이 약하다면 사회적인 역할에 부정적 요소가 많다는 것이며, 자신의 할 일을 제대로 하지 못하고, 또한 가정에서도 악연의 배우자를 만난 것이니 부부관계도 갈등이 많아 이별하기도 합니다.

시주로 말년의 삶을 봅니다.

시주는 말년의 삶을 보는 것으로 퇴직을 하고 노후 생활을 하는 시기입니다. 시주의 세력이 강하다면 노년의 삶은 편안하다고 봅니다. 자식도 잘 자라 부모에게 효도하고 자신도 부귀 영달한다고 봅니다.

시주의 세력이 약하다면 늦게까지 일해야 하거나 무위도식하여야 하므로, 노년의 삶은 편안하다고 할 수 없습니다. 자식도 말썽만 부리고 자식으로 인하여 근심걱정이 끊이지 않습니다.

◆ 근묘화실의 육친궁

시	일	월	년
실實 열매	화花 꽃	묘苗 싹	근根 뿌리
노년기	장년기	청년기	소년기
자식궁	부부궁	부모형제궁	조상궁
식상	비견	관성	인성

년주는 조상궁으로 교육적인 인성의 성분이 있습니다.
월주는 부모형제궁으로 가정적인 관성의 성분이 있습니다.
일주는 부부궁으로 함께 동거 동락하는 비견의 성분이 있습니다.
시주는 자식궁으로 내가 길러야 하는 식상의 성분이 있습니다.

응용 Tip

시	일	월	년	구분
편인	일간	정인	정관	십신
丁	己	丙	甲	천간
卯	未	寅	午	지지
편관	비견	정관	편인	십신

년주는 나의 뿌리로서 조상과 근본이며 소년기에 해당됩니다.
년간에 甲木 정관이 편인위에 있으며 午火 편인에서 투출한 월간 丙火 정인을
생하여 이끌어 주므로 조상 덕이 있다고 하는 것이며 조상 덕으로 나의 소년기
는 교육환경이 올바르고 바른 법도를 공부할 수 있는 여건도 마련이 되었다고
봅니다.

월주는 내가 자라는 환경이고 청년기에 해당합니다.
년간 甲木이 월간 丙火를 생하여 도와주므로 부모는 조상의 덕으로 나를 키우고
돌보아주게 됩니다. 정관의 세력이 강하니 모범적인 집안이고 지지에도 寅午합
을 하고 있어 조상의 뜻을 잘 계승하는 집안이라고 합니다.

정관의 세력이 강하니 나의 직업적 환경이 되는 것이니, 정관은 국가 공무원이
나 기업체의 임직원으로 활약을 할 수 있습니다.

일주는 나의 가정이고 장년기입니다.
일지 未土는 비견으로서 나의 배우자 자리에 해당하는 것이니
인성의 도움을 받으므로 자상하고도 엄한 모친과도 같은 배우자로서의 역할을
원하게 될 것이며 배우자 자리에 비견이 있으므로 친구와 같은 배우자를 원하
게 됩니다.

시주는 나의 자식이고 노년기입니다.
편인 丁火가 시간에 있고 편관 卯木이 시지에 있습니다.
자식성에 편관이 있어 제자리에 위치하고 있으니 자식의 역할을 할 것이며 丁火
인성이 이끌어주니 효도하는 자식이 될 것입니다.
또한 시간 丁火 편인은 정신적인 불꽃으로 영적인 생활을 즐기며 자신의 지식을
자식과 같은 후배들에게 아낌없이 퍼주는 등대역할을 할 것입니다.

05 신살 통변

기본개념

십이신살	겁살, 재살, 천살, 지살, 년살, 월살, 망신살, 장성살, 반안살, 역마살, 육해살, 화개살
복신	천을귀인
흉살	양인살, 원진살, 귀문살, 공망살

◆ 지지의 십이운성(십이신살) 조견표

십이운성	절	태	양	생	욕	대	록	왕	쇠	병	사	묘
십이신살	겁살	재살	천살	지살	년살	월살	망신살	장성살	반안살	역마살	육해살	화개살
寅午戌 火局	亥	子	丑	寅	卯	辰	巳	午	未	申	酉	戌
亥卯未 木局	申	酉	戌	亥	子	丑	寅	卯	辰	巳	午	未
申子辰 水局	巳	午	未	申	酉	戌	亥	子	丑	寅	卯	辰
巳酉丑 金局	寅	卯	辰	巳	午	未	申	酉	戌	亥	子	丑

※ 십이신살의 운용은 제6장 지지의 십이운성을 참조바랍니다.

① 천을귀인天乙貴人

일간	甲	乙	丙	丁	戊	己	庚	辛	壬	癸
천을귀인	未	申	酉	亥	丑	子	丑	寅	卯	巳
	丑	子	亥	酉	未	申	未	午	巳	卯

천을귀인은 일간을 기준으로 보며

사주에 있으면 우선 인격이 훌륭하고 천성이 총명하고 운에서 들어온다면 복을 가지고 온다고 합니다. 흉한 일을 막아주고 길한 일을 주니 복을 가지고 온다고 하는 것입니다.

시	일	월	년	구분
丁	己	丙	甲	천간
卯	未	寅	午	지지

己土일간에게는 子水와 申金이 천을귀인인데 사주에 없으니 운에서 오기만을 기다려야 합니다. 壬申대운에 귀인을 얻을 것이니 사주의 탁한 기운을 설기하여 주어 좋을 것입니다.

甲戊庚의 천을귀인 未土를 일지에 가지고 있으니 甲戊庚을 가진 사람들이 호의를 가지고 올 것이므로 이들에게 도움이 되는 일을 한다면 이들이 나를 도와줄 것입니다.

❷ 양인살羊刃煞

일간	甲	乙	丙	丁	戊	己	庚	辛	壬	癸
양인	卯	辰	午	未	午	未	酉	戌	子	丑

양인살은 일간을 기준으로 보지만 년, 월, 시, 천간도 같이 봅니다.
양인은 록의 다음 단계이므로 록에서 공을 이루었으면 자리를 넘겨주고 물러나는 것이 마땅하다고 합니다.

양인이란 제물로 바치는 양을 죽이는 칼을 쓸 수 있는 권력자이기도 합니다. 그러므로 양인을 잘 쓰면 전문가로서 능력을 발휘하게 됩니다.

응용 Tip

시	일	월	년	구분
丁	己	丙	甲	천간
卯	未	寅	午	지지

己土일간에게 未土양인은 전문가의 별이지만 자신만 고집하지 아니하고 권한이양을 통하여 함께 어울리는 언행을 하여야 할 것입니다.

丙火인성에게는 년지에 양인 午火가 있으므로 甲木정관을 통하여 전문지식을 쓸 수 있도록 배려하여야 할 것입니다.

甲木정관에게는 시지에 양인 卯木이 있으므로 자신의 노하우를 시간 丁火가 쓸 수 있도록 배려하여야 할 것입니다.

❸ 원진살元嗔煞

| 子未 | 丑午 | 寅酉 | 卯申 | 辰亥 | 巳戌 |

연월일시의 지지를 모두 봅니다.

사주에 원진이 있으면 누군가 나를 집요하고 은근하게 괴롭힌다고 합니다.

부부간에 까닭도 없이 서로 미워하는 기운이라고 하며, 궁합에서 서로 꺼리는 살이라고 합니다.

응용 Tip

시	일	월	년	구분
丁	己	丙	甲	천간
卯	未	寅	午	지지

사주에는 원진의 관계가 없지만 운에서 원진의 작용을 만들 수 있습니다.

세운에서 丑土가 온다면 丑午원진으로 부모와의 갈등이 있을 수 있으며 酉金이 온다면 寅酉원진으로 형제와의 갈등이 있을 수 있는 것입니다.

子水가 온다면 子未원진으로 부부와의 갈등이 예고되며

申金이 온다면 卯申원진으로 자식과의 갈등이 예고된다고 할 수 있습니다.

④ 귀문살鬼門煞

子酉	丑午	寅未	卯申	辰亥	巳戌

연월일시의 지지를 모두 봅니다.
까다로운 전문가들의 사주에서 흔히 발견하는 신살이기도 합니다. 대체로 정신불안, 우울증, 신경쇠약, 노이로제, 빙의, 정신분열 등의 증상을 겪을 수 있습니다.

원진살과 귀문살은 닮은 점이 많습니다.
丑午, 卯申, 辰亥, 巳戌은 원진살과 귀문살이 같으며
寅酉, 子未원진은 寅未, 子酉귀문이 다를 뿐입니다.
따라서 원진살과 귀문살은 동시에 발생하기 마련입니다.

응용 Tip

시	일	월	년	구분
丁	己	丙	甲	천간
卯	未	寅	午	지지

사주 내에서 원진, 귀문살은 보이지 아니하지만
운에서 丑土가 온다면 丑午원진과 귀문살이 동하게 되며 대외적으로 정신적으로 혼란스러운 일들이 생기기도 합니다.
운에서 未土가 온다면 寅未귀문살이 동하며 직업적인 일에서 골치 아픈 일이 생기기도 합니다.
운에서 酉金이 온다면 寅酉원진살이 동하며 주위 사람들과 갈등이 생기거나 부모와의 갈등이 생기기도 합니다.

운에서 子水가 온다면 子未원진살이 동하고 寅木이 온다면 寅未귀문살이 동하여 부부간에 미워하며 정신적으로 피곤한 일이 생기기도 합니다.

운에서 申金이 온다면 卯申원진살과 귀문살이 동하며 자식에게 어려운 일이 생기거나 자식과의 갈등이 생기기도 합니다.

5 공망살空亡煞

甲子	乙丑	丙寅	丁卯	戊辰	己巳	庚午	辛未	壬申	癸酉	戌	亥
甲戌	乙亥	丙子	丁丑	戊寅	己卯	庚辰	辛巳	壬午	癸未	申	酉
甲申	乙酉	丙戌	丁亥	戊子	己丑	庚寅	辛卯	壬辰	癸巳	午	未
甲午	乙未	丙申	丁酉	戊戌	己亥	庚子	辛丑	壬寅	癸卯	辰	巳
甲辰	乙巳	丙午	丁未	戊申	己酉	庚戌	辛亥	壬子	癸丑	寅	卯
甲寅	乙卯	丙辰	丁巳	戊午	己未	庚申	辛酉	壬戌	癸亥	子	丑
										공망	

연월일시의 지지를 모두 봅니다.

비워있는 것은 채워야 합니다. 채우기 위하여서는 많은 노력과 보상이 뒤따릅니다. 그러나 채워도 채워지지 아니하는 허무함이 있기에 부실함을 면하기 어렵습니다. 마치 구멍 난 항아리에 물을 채우려 하는 것과 같습니다.

비겁 공망은 친구나 형제들의 사랑과 관심을 받지 못한다고 합니다.

식상 공망은 열심히 하여도 인정을 받지 못한다고 합니다.

재성 공망은 아무리 돈을 벌어도 쌓이지 아니한다고 합니다.

관성 공망은 직업적인 만족을 하지 못한다고 합니다.

인성 공망은 학문적인 성취를 이루지 못한다고 합니다.

시	일	월	년	구분
丁	己	丙	甲	천간
卯	未	寅	午	지지

甲午년의 공망은 辰巳입니다.

사주에 辰巳가 없으므로 구덩이가 없습니다.

그러므로 辰巳에 집착하는 일은 없습니다. 다만 운에서 辰巳가 온다면 공망운이므로 그 해에는 좋은 일도 나쁜 일도 없이 평탄할 것입니다.

년운은 직업적 요소가 많으므로 辰운에는 경쟁적인 일에 불리하므로 자중하며 가만히 있는 것이 최선이며 巳운에는 문서와 직위에 대한 집착을 내려놔야 할 것입니다.

己未일의 공망은 子丑입니다.

사주에 子丑이 없으므로 구덩이가 없습니다. 그러므로 子丑에 집착하는 일은 없습니다. 다만 운에서 子丑이 온다면 공망운이므로 운에서 오는 길흉은 반감이 되고 평안하게 됩니다.

일주는 개인적 요소가 많으므로 子운에는 소유욕을 내려놓고 남에게 베푸는 자세를 가져야 할 것이며 丑운에는 가족들에게 베풀면서 마음을 화합하여야 할 것입니다.

공망운은 비워지는 것이므로 비움의 철학을 실천하여야 할 것입니다. 가운데가 비어있는 도너츠를 먹으며 여유로움을 가지는 것도 방편이 되기도 합니다.

06 통변서 작성

통변서 양식을 작성하며 사주통변을 한다면 한눈에 사주를 파악할 수 있습니다.

통변의 주요 과제를 파악하면

직업적성	재물	명예	건강	궁합	가족

삶의 패턴을 그릴 수 있으며 길흉화복을 예측할 수 있다.
걸림돌과 디딤돌을 구별하여 멈출 때와 갈 때를 알 수 있으므로
삶의 고통을 줄이고 즐거움과 행복을 즐길 수 있는 것입니다.

통 변 서				통변일시 2018년 3월 4일 15시								
성명	무공	생년월일		(양) 1954년 3월 4일 07시 00 분 (남)								

사주명식				대 운								
시	일	월	년	71	61	51	41	31	21	11	1	0.8
丁卯	己未	丙寅	甲午	甲戌	癸酉	壬申	辛未	庚午	己巳	戊辰	丁卯	丙寅
				노년기		장년기		청년기		소년기		유년

직업 적성	寅月에서 투출한 甲木이 정관이고 丙火가 인성이므로 명예를 추구하는 형입니다. 운이 木火로 흐르므로 명예를 추구하는 삶을 산다면 운에서 도와줄 것입니다. 적성은 명예를 선호하므로 남들이 인정하는 국가나 기업의 임직원으로 승진을 목표로 일하는 곳이 최선입니다.
수행 능력	木火土의 기세가 비슷하여 세력의 균형이 있으니 정관과 인성으로 기업이나 국가의 조직에서 승진을 선호하는 직업적 수행능력이 있습니다. 다만 辛未대운에 丙辛합으로 인성의 동력이 제한을 받으니 퇴직하게 될 것입니다.
건강	木火土의 기세가 균등하여 비교적 건강하나 金水기가 없어 조열하니 심혈관과 생식기 그리고 소화기 질병에 조심하여야 할 것입니다.
연애 결혼	친구 같은 부인과 함께 마음을 터놓고 삶을 즐기면서도 인성의 세력이 강하여 부인에게 어머니처럼 의지하는 결혼생활을 하여야 행복할 것입니다.
가족 관계	부모형제궁이 寅午합이고 관성과 인성이 있으므로 부모의 사랑이 지극하고 부모를 자식처럼 돌보아야 하며 부부자식궁이 卯未합이고 비견과 인성이 있으므로 친구 같은 부인과 함께 자식을 돌보아야 하는 의무가 있다고 할 것입니다.

대운분석	청소년기	청소년 시절의 대운은 木火운으로 사주의 강한 木火土세력을 도우니 빠른 성장을 할 것입니다. 庚午대운은 결실을 맺고자 열심히 노력하는 운이며
	장년기	辛未대운은 丙辛합으로 인하여 인성이 기반되므로 승진에 차질이 생기고 퇴직하는 운이 될 것입니다. 壬申대운에 사회적 명예욕을 접고 丁壬합으로 새로운 이상을 실현시키고자 정신적 수행을 시작하였다면
	노년기	癸酉대운에는 이를 구체화하고 사주명리에 대한 연구를 보다 깊게 하여 자아를 실현시키고자 할 것입니다. 甲戌대운은 인성의 마무리를 짓는 시기이므로 명예를 결산하고 자신을 위한 자아실현을 완성하는 시기입니다. 乙亥대운 이후는 노년의 휴식기에 들어갑니다.
癸酉 대운 세운 분석	丁酉	대운의 癸水가 丁火를 극하지만 癸水가 세력이 없어 극을 하지 못하므로 시지 丁卯와 卯酉충으로 활성화되니 집필활동에 전념하게 됩니다.
	戊戌	대운 癸水와 戊癸합으로 기반이 되어 묶이나 癸水의 세력이 없으므로 戊土의 세력이 사주에 영향을 미칩니다. 寅午戌 火기가 마무리되는 해이므로 甲木정관이 조직의 역할을 새롭게 이끌어 냅니다. 세운이 화개살을 대동하니 寅午가 보존되며 火기 인성을 보호하게 됩니다. 또한 卯戌합으로 인성 丁火를 보호하므로 인성을 편하게 쓰며 집필을 계속 합니다.
	己亥	己土는 癸水를 극하지만 亥卯未 木국이 활성화되며 년간 甲木을 생하여 주니 조직을 활성화시키려고 합니다. 카페 조직을 활성화하여 강의와 상담이 활발해 질 것입니다.

자신의 사주로 통변서를 작성해 봅니다.

통 변 서				통변일시 년 월 일 시					
성명		생년월일		(음) 년 월 일 시 (남,여)					
사주명식				대 운					
시	일	월	년						
					노년기	장년기	청년기	소년기	유년
직업 적성									
수행 능력									
건강									
연애 결혼									
가족 관계									

대운 분석	청 소 년 기	
	장 년 기	
	노 년 기	
癸酉 대운 세운 분석	丁 酉	
	戊 戌	
	己 亥	

사주명리를 공부하는 방법

통변은 사주팔자를 운전하는 것입니다.
자동차를 운전하는데 자동차를 만드는 기술과 원리는 몰라도
운전을 할 수 있습니다.

사주팔자를 공부하는 방법은
첫째로 학자로서 원리를 연구하고 개발하는 것이며
둘째로 사주명리상담가로서 사주를 통변하여 삶의 대안을 제시하는 것이며
셋째로 일반 통변으로서 자신의 사주를 통변하여 실생활에 응용하는 것입니다.

이 책에서는 세 번째의 일반통변을 위한 공부 방법을 제시하여 사주를
초보 운전할 수 있도록 지도하였습니다.
사주명리상담가가 되기 위하여서는 용신과 전문적인 통변을 고전을 통하여
세부적으로 공부하여야 할 것입니다.

제2권은 용신편이 될 것이며 제3권은 상담전문가 통변편이 될 것입니다.

부록
사주명리의
역사

四
柱
命
理
歷
史

01 역학易學의 발전

역학의 역사는 삼황오제로부터 비롯되었다고 합니다.

삼황三皇이란 복희씨伏羲氏·신농씨神農氏·여와씨女媧氏를 말하며 이들을 천지인 삼황이라고도 합니다.

오제五帝는 황제헌원黃帝軒轅·전욱고양顓頊高陽·제곡고신帝嚳高辛·제요방훈帝堯放勳:陶唐氏·제순중화帝舜重華를 말하며, 동서남북과 중앙의 오방신五方神을 지칭하기도 합니다.

복희씨가 황하에서 하도를 발견하고 오행과 팔괘를 만들었으며, 황제는 천하의 명의名醫인 기백岐伯과의 음양오행과 오운육기五運六氣에 대한 문답으로 한의학 교과서인 황제내경의 시초가 되었다고 합니다.

이후 하夏나라, 상商나라, 주周나라가 기원전 2천년부터 기원전 770년 까지 이어져오며, 육십갑자로 만세력이 만들어지고 주역이 만들어지게 됩니다. 전국시대에는 진시황이 통일하는 기원전 221년 까지 각종 오성술과 점성술이 발달하고, 전국시대 제나라 추연騶衍이 제창한 음양오행설로 제왕의 운명과 인간사 길흉화복을 점쳤다고 합니다.

역학은 당나라 시대에 원천강, 이허중 등에 의하여 구궁九宮 및 당사주로 발전하였으며, 지금으로부터 천년전 송대에 이르러 서자평에 의하여 일간을 위주로 간명하는 현대 명리학으로 발전하며 지금에 이르르게 됩니다.

명리학은 송나라 이후 천년동안 급속한 발전을 이루며 수많은 저서가 전해져오며 사람의 운명과 길흉화복을 간명하는 술법으로 발전하게 됩니다.

02 역학易學의 종류

역학은 천문, 지리, 음양오행의 자연학입니다. 천문과 지리의 형상과 음양오행에 의하여 시간과 공간이 변화하는 자연 현상을 인간의 삶에 대입하여 연구하는 학문을 역학이라고 합니다. 선조들은 일찌기 천문과 지리의 자연현상을 연구하여 오성학五星學과 풍수학을 발전시키고, 하도와 낙서로 팔괘와 육십사괘 그리고 구궁도로써 점술학을 발전시키고, 음양오행을 역법曆法으로 구체화시킨 사주팔자를 인간의 삶에 적용시켜 사주명리학으로 발전시키게 됩니다.

역학은 천지인의 삼명三命으로 인간의 운명을 살피는 학문입니다.
천학天學은 하늘의 별자리의 변화를 살피는 것이고, 고대로부터 점성술占星術로 발전되어 왔습니다. 점성술이란 하늘의 별들의 위치를 기반으로 국가나 집단의 운명을 점쳐 오던 것을 점차 민간으로 내려오면서 개인의 운명을 점치는 것으로 발전되었습니다. 태을수太乙數, 철판신수鐵板神數, 자미두수紫微斗數 등이 이에 해당한다고 합니다.

지학地學은 땅의 형상과 구조로 바람과 물의 변화에 의한 길흉화복을 살피는 것으로, 기문둔갑奇門遁甲, 풍수지리학風水地理學, 가상학家相學, 방위학方位學 등이 이에 해당합니다.

인학人學은 팔괘를 응용한 점법과 사주팔자로 인간의 운명을 감정하는 사주명리로 나누어지나, 점법과 사주팔자의 결합으로 점차 발전되어 혼용하는 기법이 소개되고 있습니다. 주역점周易占, 육효점六爻占, 매화역수梅花易數, 단시점斷時占, 육임六壬, 파자점破字占, 황극책수조수皇極策數組數, 계의신결稽疑神訣, 월령도月令圖, 당사주唐四柱, 기문사주학奇門四柱學, 자평명리학子平命理學, 성명학姓名學 등이 이에 해당합니다.

03 역학의 주요 인물

전국시대戰國時代 (BC770~BC221)		낙록자珞琭子, 귀곡자鬼谷子
한대漢代 (BC206~AD220)		사마계주司馬季主, 동중서董仲舒, 동방삭東方朔 엄군평嚴君平
삼국시대三國時代 (220~280)		제갈공명諸葛孔明, 관로管輅
진대晉代 (265~420)		갈홍葛洪, 곽박郭璞
남북조南北朝 (386~589)		위령魏寧, 도홍경陶弘景
당대唐代 (618~907)		원천강袁天罡, 일행一行, 이필李泌, 이허중李虛中
오대五代 (907~960)		진희이陳希夷, 서자평徐子平
송대宋代 (960~1279)		주렴계周濂溪, 소강절 康節, 서대승徐大升
명대明代 (1368~1644)		유백온劉伯溫, 만육오萬育吾, 장남張楠
청대淸代 (1636~1912)		진소암陳素菴, 심효첨沈孝瞻, 임철초任鐵樵
근현대 近現代	중국 대만	서낙오徐樂吾, 원수산袁樹珊, 위천리韋千里 오약평吳若萍, 양상윤梁湘潤, 화제관주花堤館主 하건충何建忠
	일본	아부태산阿部泰山
	한국	서경덕徐敬德, 이지함李之菡, 남사고南師古, 이석영李錫暎 박재완朴在玩, 박재현朴宰顯

04 주요 역학 저서

복희씨가 하도를 용마에서 발견하고 선천팔괘를 만들며 음양오행이 세상에 전파되기 시작하였으며 이후 수많은 고인들에 의하여 역학은 발전되었습니다.

명리학 저서들은 대부분 입으로 전하여져 오던 것을 문서화하였지만, 깊이 감추어져 좀처럼 나타나지 아니하였으며, 명나라 시대에 저술한 영락대전과 청나라 시대에 집대성한 사고전서에 대부분 수록되어 있다고 합니다.

주요 서적들로는
이허중명서(귀곡자, 이허중), 옥조정진경(곽박), 낙록자부주(석담영), 낙록자삼명소식부주(서자평), 성학대전(만민영), 삼명통회(만민영), 옥수진경(채원정), 오행대의(소길), 하락진수(진박), 적천수(경도), 연해자평(서대승), 신봉통고(장남), 궁통보감(여춘대, 서락오주), 명리약언(진소암), 명리탐원(원수산), 자평진전(심효첨), 명학강의(위천리) 등이 전해져오고 있습니다.

이허중명서李虛中命書

이허중명서는 전국시대 귀곡자鬼谷子가 저술하였으며, 귀곡자유문서鬼谷子遺文書라고도 하고, 당나라 이허중李虛中(762-813)이 주석하여 전해지고 있습니다.

모두 상, 중, 하 세권으로 이루어져 있으며 육십갑자六十甲子와 납음오행納音五行 등 고법사주의 중요한 개념들을 서술하였으며 년주를 위주로 연월일의 생극제화와 왕상휴수의 이론으로 길흉화복을 간명하였습니다.

삼원이란 천간이 록이고 지지가 명이며 납음이 몸이니, 각각 쇠왕의 입지를 나눈 것이라고 합니다. 천간은 권력과 명예를 주로하며 의식의 기반이 되고, 지지는 주로 재물의 축적과 득실로 영화로움과 가난함의 근본이 되고, 납음은 주로 재능으로 인륜의 근원이라고 합니다.

연해자평淵海子平

사주팔자에서 생일을 중심으로 팔자와의 관계를 해석하는 관법은 서자평이라는 인물에 의하여 창안되었고, 동일 인물로 간주하는 서대승에 의하여 연해자평이 출간되면서 전파가 되었다고 합니다.

연해자평淵海子平은 송나라의 서대승이 저술하였다는 사주학 고전으로 자평학의 기준이 되며 오늘날 자평학의 가장 상위 경전經典이라고 할 수 있습니다. 서대승과 서자평은 다른 인물이라는 설과 동일 인물이라는 설이 있습니다.

연해淵海와 연원淵源을 합본한 것이 연해자평이며, 연해淵海는 서대승이 저술하였지만 연원淵源은 당시 전해지는 비결집입니다. 연해자평에는 구법명리의 신살과 납음오행이 상당 부분 들어가 있지만, 일주 위주의 사주명리 추명술을 발전시킨 것이 특징입니다.

낙록자삼명소식부주珞琭子三命消息賦註

서자평徐子平은 자평명리학의 시조라고 할 수 있으며 낙록자삼명소식부주珞琭子三命消息賦註, 옥조신응진경주玉照神應眞經註, 명통부明通賦 등의 저서가 있습니다.

낙록자삼명소식부주는 전국시대 낙록자의 저술인데, 서자평이 일간 위주의 자평학 관점에서 주석을 하며, 신법 사주학의 이론 체계를 주장하여 이를 기점으로 고법 사주학과 신법 사주학으로 나누어지게 됩니다. 이후 서자평의 신법 사주학 이론은 이후 현대 사주학의 근간 이론이 되고 있습니다.

적천수滴天髓

경도京圖가 저술한 적천수滴天髓는 유백온劉伯溫이 주註를 달고, 청나라 임철 초任鐵樵가 해설한 적천수천미滴天髓闡微를 원수산袁樹珊이 간행하였습니다. 작자미상이라고 하며 실제 저자는 유백온이라는 설이 있습니다. 유백온은 명나 라 태조 주원장朱元璋의 개국공신으로 저서로는 기문둔갑비급대전奇門遁甲秘 笈大典이 있습니다.

적천수는 형상기국론이 위주이며 신살을 부정하고 있는 것이 특징입니다. 진소 암이 해설하여 적천수집요滴天髓輯要를 저술하고, 근대에는 서락오가 임철초 의 적천수천미滴天隨闡微에 주석을 달아 적천수징의滴天隨徵義를 발간하고, 자 신이 해설한 적천수보주滴天隨補註를 발간하였습니다.

명리정종命理正宗

장남張楠이 저술한 신봉통고神峯通考를 펴낸 책이 명리정종命理正宗이라고 합 니다. 연해자평의 학설을 대체적으로 수용하면서 동정설動靜說, 개두설蓋頭說, 병약설病弱說등 독특한 이론을 전개하며, 연해자평 격국이론의 충실한 계승자 로서 명리 이론을 한 단계 끌어올렸다고 할 수 있습니다.

동정설動靜說은 운을 보는 방법이며, 개두설蓋頭說은 대운의 천간과 지지의 관 계를 보는 이론이며, 병약설病弱說은 병이 있을 때 이를 제거하는 운이 약이 된 다는 이론입니다. 명리정종은 연해자평에 비하여 구체적으로 사주를 풀이하며, 길흉을 판단하는 방법을 구체적으로 논술하고 있다는 점에서 의의가 있다고 할 것입니다.

삼명통회三命通會

만민영萬民英은 삼명통회三命通會를 저술하였으며, 삼명통회는 명리학과 관련 된 수집 가능한 모든 자료들을 총 망라한 방대한 분량의 백과사전이라 할 수 있 습니다.

책명을 삼명통회라 함은 고법 삼명학과 신법 자평학에 두루 통달하여야 함을 말하고 있습니다.

삼명통회에는 음양오행과 간지의 기원에서부터 고법 사주학과 신법 사주학, 오성학 등 다양한 자료가 실려 있으며, 3천 여명의 실제 사주를 예를 들어 설명하는데 특징이 있습니다. 오로지 하나의 용신用神을 잡아야 한다며 용신은 사주를 추명하는데 절대적인 요소라고 주장하고 있습니다.

명리약언命理約言

진소암陣素庵은 명리약언命理約言을 저술하였으며, 이후 위천리韋千里가 1933년에 출판한 정선명리약언精選命理約言으로 알려지게 됩니다. 억부抑扶와 강약強弱 이론을 제시하고 격국格局과 용신用神 등을 체계적으로 설명한 주요 서적입니다. 진소암은 적천수집요滴天隨輯要를 저술하기도 하였습니다.

자평진전子平眞詮

자평진전子平眞詮은 청나라 심효첨沈孝瞻이 저술하였습니다. 자평진전은 원래 자평수록子平手錄이었으나 장군안章君安이 자평진전子平眞詮으로 바꾸었다고 합니다.

용신은 오직 월령에서 구한다는 개념으로 순용順用과 역용逆用의 격국의 이론을 제시하고 있습니다. 월령 위주의 격국론을 체계적으로 정리하였다는 평가를 받고 있습니다.

명리탐원命理探原

원수산袁樹珊은 명리탐원命理探原을 저술하였고, 명보命譜, 대육임탐원大六壬探原, 선길탐원善吉探原 등을 저술하였으며 임철초의 적천수천미를 출간하였습니다.

궁통보감窮通寶鑑

궁통보감窮通寶鑑은 난강망欄江網 혹은 조화원약造化元鑰이라고도 하며 저자는 알려져 있지 아니하나, 대체로 청나라 여춘대余春臺의 저서라고 알려져 있으며 서낙오徐樂吾가 편저하여 출판하였습니다. 궁통보감은 사계절의 변화를 중시하며 일간의 계절에 대한 적응력으로 사주체의 부귀빈천을 판별하였다고 할 수 있습니다.

근대 주요 인물과 저술

서낙오徐樂吾는 대만 사람으로 1886년에 출생하였으며, 명리심원命理尋源, 잡격일람雜格一覽, 자평진전평주子平眞詮評註, 적천수징의滴天隨徵義, 적천수보주滴天隨補註, 궁통보감窮通寶鑑, 자평수언子平粹言, 자평일득子平一得, 조화원약평주造化元鑰評註를 출판하였습니다.

위천리韋千里는 1911년 절강성에서 출생하였으며, 진소암의 명리약언을 주석한 정선명리약언을 출판하고, 명학강의命學講議, 천리명고千里命稿, 천리명초千里命鈔, 팔자제요八字提要, 고고집呱呱集 등을 저술하였습니다.

이외에도 오약평의 명리신론命理新論, 화제관주의 명학신의命學新義, 하건충의 팔자심리학八字心理學이 유명합니다.

- 한국 명리학의 역사적 연구, 구중회, 국학자료원, 2017에서 발췌

05 우리나라의 명리학 발전

① 조선시대의 사주명리학

명리학을 관장하는 부서는 고려시대부터 있었습니다.
서운관은 고려대에 명리학을 관장하는 부서이었으며 조선 시대에 들어서며
세조 12년에 관상감으로 바뀌게 됩니다.

관상감의 관리는 당상관으로 정3품보다 높았다고 합니다. 관리직은 추길관,
수신관, 별선관, 총민, 학생 등의 체계가 있었다고 하며, 특히 맹인을 채용하는
명과맹의 제도가 있었다고 합니다.

조선시대의 명과학은 사주명리가의 과거시험입니다.
궁궐에서 왕실의 사주팔자를 감명하는 직책을 과거시험으로 선발하였답니다.
시험과목은 원천강袁天罡, 서자평徐子平, 응천가應天歌, 범위수範圍數 등이 있
었으며 조정의 지시로 책이 편찬되었다고 합니다.

원천강袁天綱
현재 국립도서관에 소장되어 있는 원천강은 조선시대 숙종 연간(1675-1720)에
원천강오성삼명지남袁天罡五星三命指南이란 책명으로 발간되어 명과학 교재
로 활용되었다고 합니다. 오성五星은 오행을 말하고 삼명三命은 인간의 운명이
고 지남指南은 가르침이란 뜻입니다.

원천강의 저자는 당나라 원천강袁天罡(581-649)이라고도 하고 조선 사람이라
고도 합니다.

원천강은 10권 2책으로 구성되어 있으며, 발단류發端類, 귀신류貴神類, 합류合類, 인류印類, 관살류關殺類, 공망류空亡類, 시단류詩斷類, 관귀류官貴類, 행운류行運類, 명격류命格類로 구성되어 있습니다.

서자평徐子平

조선시대 명과학 과목의 하나로서 책명은 자평연원이며 저자는 서대승이라고 합니다. 자평이 삼명에 대한 통변의 연원을 살핀 것으로 천간통변도와 지지조화도가 있으며 정진론正眞論, 희기편喜忌篇, 계선편繼善篇과 간명입식看命立式 그리고 18격국을 제시하고 있습니다.

간명입식으로는 정관, 편관, 정재, 편재, 잡기, 월귀, 공록, 공귀, 금신, 일인, 양인, 인수, 상관, 월덕, 괴강, 시묘가 있으며

18격국으로는 정관격, 잡기재관격, 월상편관격, 시편재격, 시상일위귀격, 비천록마격, 도충격, 을사서귀격, 합록격, 자요사격, 축요사격, 임기용배격, 정란차격, 귀록격, 육음조양격, 형합격, 공록공귀격, 인수격, 잡기 인수격 등이 있습니다.

응천가應天歌

조선시대 명과학 과목의 하나로서 영조의 지시로 편찬되었다고 합니다.
저자는 송나라 곽정郭程으로 총 4권이며, 인간의 사주명과四柱命課를 7언시로 풀이한 것입니다.

범위수範圍數

조선시대 명과학 과목의 하나로서 역시 영조의 지시로 편찬되었다고 합니다.
진단陳搏이 원저자이며 소강절이 증감하고 명나라 조영趙迎이 정리하여 출판하였다고 하며, 범위수는 하도와 낙서를 바탕으로 천간에 선천수와 후천수를 배합하여 보는 방법으로 오늘날까지도 명리학의 기초자료가 되었다고 합니다.

이외에도 화담 서경덕의 홍연진결, 이지함의 토정비결, 남사고의 격암유록 등이 전해져 내려오고 있습니다.

❷ 현대 명리학 발전

(1) 과도기적 시기의 명리학

조선 말기 이후 1960년 전반부를 과도기라고 합니다. 일제에 강점에 의한 신분해체와 민족적 불안에 대한 길흉적 처방으로 백방길흉서, 월영도, 당화주역 등이 발간되었다고 합니다.

백방길흉서百方吉凶書

백방길흉자해는 박준표가 지은 것을 신명서림 편집부에서 1923년 간행하였다고 합니다. 명심록과 택일문으로 구성되어 있으며, 명심록에는 오행점, 즉성법, 토정비결, 해몽전서, 육갑법, 궁합, 생기복덕 등이 있고, 택일문에는 남녀본명생기법, 월가 길신과 흉신, 고초일, 십악대패일, 복단일, 12성 길흉법, 칠살 등으로되어 있다고 합니다.

백방길흉비결은 김동진이 덕흥서림에서 1925년에 출판하고, 백방비결은 이면우가 대산서림에서 1927년에 출판하였답니다. 이같은 백방길흉서들은 대부분관상감의 천기대요와 홍만선의 산림경제의 내용을 대본하고 이후 지식을 보강한 것이라고 합니다.

월영도月影圖

월령도의 저자는 알려져 있지 아니하나, 1980년대부터 토정비결을 지은 이지함(1517-1578)이 저자라고 알려져 있습니다.

일제강점기에 신분철폐와 관련되어 성씨를 알아맞히는 것이 일차적인 임무라고 합니다. 적어도 천민이 갑자기 신분상승하면서 일어나는 사회적 평균화 과정이라고 합니다.

당화주역唐畵周易

주역을 대상으로 그림으로 보여주는 책이라고 합니다. 초년운, 중년운, 말년운으로 구성되고 문맹자들을 위하여 그림으로 그린 주역괘로 풀이하였다고 합니다. 최병두가 1919년 회동서관에서 출판하고, 세창서관 편집부에서 1952년에 화주역 사주자해 길흉판단을 출판하고, 최근에는 한중수가 1982년에 명문당에서 당화주역을 출판하였다고 합니다.

(2) 현대 명리학

과도기가 지나고 1960년 전반기부터 새로운 성격의 오늘날의 명리학이 성립되었다고 합니다. 수많은 서적이 서점에 가득 나오고 있으며 명리학 발전을 위하여 제도권 등에서 학위과정을 신설하는 등 다각적인 노력을 하고 있습니다.

사주정설

백영관이 1963년도에 오영문화사에서 사주정설을 출판하였습니다. 이후 삼신서적과 명문당에서 거듭 출판되면서 최장수의 출판서적이 되었습니다. 지금도 서점에서 사주정설을 볼 수 있습니다.

입문, 원리, 응용으로 구분되어 있으며, 입문편에는 사주정하는 법, 오행, 제합 및 제살 등으로, 원리편에는 육신, 12운성, 용신 및 격국, 간명비법 등으로, 응용편은 육친, 빈부, 관록, 직업 및 출신, 수요 및 질병, 성격, 여명, 행운과 실제 감명으로 구성되었습니다.

팔자대전

김우재가 1963년도에 창원사에서 팔자대전을 출판하고, 1983년부터 명문당에서 1994년까지 발행된 장수서적입니다. 김우재는 이외에도 50여종의 역학관련 서적을 출판하였다고 합니다.

사주명리학전집

신성생이 1965년도에 지명관에서 출판하였고, 이후 신육천이란 필명으로 2003년까지 계속 출판되었습니다. 아부태산의 일본명리학 저작을 근간으로 번안한 것으로 일본식 간명법과 천고비전, 육임학을 소개하고 있습니다.

명리요강

박재완朴在玩(1903-1992)은 도계陶溪라고 하며, 대구에서 출생하고 중국에서 왕보王甫에게 명리학을 사사받았다고 합니다. 위천리韋千里의 명학강의를 번역하고 도계실관을 추가하여 명리요강으로 간행하였으며, 위천리의 팔자제요를 번역하여 명리사전을 저술하였습니다. 명리실관命理實觀은 박제완이 기록한 실제 감정 사주를 모아 편찬한 것입니다. 용신은 반드시 명주에게 물어보고 실상을 파악하여 정하는 것을 원칙으로 삼고 동정론에 의한 운보는 법을 정립하였다고 합니다.

사주첩경

이석영李錫暎(1920-1983)은 자강自彊이라고도 하며, 평안북도에서 출생하여 명리학자인 조부의 영향으로 명리에 일찍이 눈을 떴으며, 1952년에 월남하여 생계수단으로 명리상담을 하였다고 합니다. 중국의 원전과 실관의 경험을 바탕으로 작성된 것이 사주첩경四柱捷徑입니다. 사주첩경은 모두 6권으로 격국과 용신론, 신살론, 육친론, 직업론, 추명가로 구성되어 있습니다.

박도사

박재현朴宰顯(1935-2000)은 제산霽山이라고 하며 부산 박도사로 유명합니다. 경남 함양에서 출생하였으며 지리산, 가야산 등지에서 수련하였다고 하며, 박정희 대통령과의 인연이 특별하고 삼성그룹의 자문역할을 하였다고 합니다. 별도의 저서는 없는 것으로 알려져 있으며 함양 덕운정사에서 제자들을 양성하였다고 합니다.

명리사전

- 박재완의 명리사전 - 동양출판사 1978
- 신육천의 사주명리학사전 - 갑을당 1986
- 조성우, 한중수의 역학대사전 - 명문당 1994
- 김승동의 역사상사전 - 부산대출판부 1998
- 박주현의 낭월사주용어사전 - 동학사 2002

⬡ 마치며 사주명리를 삶에 응용하는 법

사주명리를 공부하는 것은 삶에 응용하고자 하는 것입니다.
자신의 사주팔자를 통변하는 것은 삶에서 걸림돌을 제거하고 디딤돌을 찾아 보다 나은 삶을 살 수 있는 길을 찾는 것입니다.

걸림돌은 삶을 어렵게 하는 요소입니다. 자신이 추구하는 것을 방해하거나 빼앗아가는 조직이나 사람들에 의하여 생기기도 하며 자신의 적성인 그릇의 모양새와 크기를 모르고 무모하게 덤비기 때문에 생기기도 하는 것입니다.

디딤돌은 삶에 활력을 불어넣어주는 것으로 환경을 정비하고 자신의 능력을 점검하여 새로운 삶을 나아가게 하는 요인인 것입니다. 걸림돌을 빼내고 디딤돌을 넣는 것은 자신의 의지에 달려있습니다. 자신의 능력을 알고 하고자하는 의지가 있어야 실행할 수 있는 것입니다.

걸림돌은 기신忌神이라고 하며 디딤돌을 희신喜神이라고 합니다.

사주 네 기둥에 있는 글자는 모두 여덟 글자입니다.
천간 4글자 지지 4글자… 이것이 전부입니다.
그리고 대운과 세운을 대입하여 해석하는 것입니다.

사주팔자가 가지고 있는 그릇을 판단하는 것은 일정한 패턴이 있습니다.
패턴을 인식하는 것은 직업과 적성을 파악하는데 매우 유용한 것입니다.

명예를 추구하는 사주팔자인데 재물을 추구한다면 삶은 벌써 엉뚱한 방향으로 흘러가는 것입니다. 하는 일마다 실패하기 일쑤이며 어쩌다 성공하였다고 할지라도 쉽게 잃어버리는 경우가 허다합니다.

시	일	월	년
丁	己	丙	甲
卯	未	寅	午

재물과 명예는 직업과 적성을 판단하는 주요기준입니다.
월지 寅木에서 투출한 甲木정관은 적성을 나타내는 것입니다.
정관이란 조직에서 법과 규정에 의하여 업무를 수행하는 것입니다.
적성이 있다고 하여도 이를 수행할 능력이 있어야 하는 것입니다.
이를 역량力量이라고 합니다.
甲木정관은 월지에서 투출하여 기세가 있다고 하며
역량이 있다고 하는 것입니다.

丙火인성이 월지에서 투출하여 월간에 있으며 甲木정관이 丙火인성을 생하여
주므로 조직에서 승진하여 명예를 획득하는 것이 적성을 활용하는 것입니다.

사주팔자와 지장간에조차 金水의 기운은 보이지 아니하므로 재물에 욕심을 부
린다면 오히려 재물로 인하여 곤욕을 치르게 될 것입니다.

사주에 없는 것은 능력이 없다는 것입니다.
金水 식상과 재성의 기세가 사주에 없으므로 생산하여 재물을 모으는 능력이
없는 것입니다. 그러므로 재물을 탐하는 것은 오히려 재앙을 가져다주는 것입
니다.

이권 관계의 직위에 있으면서 관련 업체로부터 추석 떡값을 받았다가 수사 대
상이 되었고 혼쭐이 난 적이 있습니다. 재성이 없는 사주는 재물을 탐해서는 안
됩니다.

육친궁은 가족과 관계성을 파악하는 주요기준입니다.

년월지는 사회성을 나타내면서 부모형제와의 관계성을 나타내기도 합니다.
木火의 양간으로 구성되고 지지에서 寅午합으로 인하여 火기가 강하므로 매우
양적입니다. 나의 사회적 발전을 위하여 부모형제의 노력은 눈물이 날 정도로
헌신적이고 희생적이라고 할 수 있습니다.

일시지는 내가 구성하는 가족과의 관계이므로 처와 자식과의 관계입니다. 火土
의 음간과 卯未합으로 인하여 매우 음적이라고 할 수 있습니다. 사회활동은 왕
성하지만 상대적으로 가정생활은 폐쇄적이고 이기적이므로 가족들이 고생하
였습니다.

개운을 하고자 한다면 부모형제에게 감사하며 돌보아야 하며 처자에게 밝은 모
습을 보여야 할 것입니다.

시	일	월	년
丁	己	丙	甲
卯	未	寅	午

사주에서 木火土의 기세가 강하고 金水는 전혀 없습니다.
이러한 경우에는 木火土가 희신이고 金水가 기신이 됩니다.

金水가 걸림돌이 되는 것이고 木火土가 디딤돌이 되는 것입니다.
木火土의 기세는 사주가 가고자 하는 방향이므로 운에서 도와주어야 발전하게
됩니다. 그러므로 木火土가 희신이며 디딤돌이라고 하는 것입니다. 반대로 金水
는 전혀 없는 기운이므로 운에서 온다면 오히려 걸림돌이 되어 장애가 발생하
게 됩니다.

대운은 사주팔자의 환경입니다.

시	일	월	년
丁	己	丙	甲
卯	未	寅	午

5대운		4대운		3대운		2대운		1대운		
91	81	71	61	51	41	31	21	11	1	0.8
丙	乙	甲	癸	壬	辛	庚	己	戊	丁	丙
子	亥	戌	酉	申	未	午	巳	辰	卯	寅
겨울		가을				여름		봄		

대운은 사주체를 변화시키고 세운은 사주팔자를 움직이게 하며 길흉화복을 만들어냅니다. 사주의 통변은 이것을 읽는 것입니다.

봄에 태어나 여름과 가을 그리고 겨울의 운으로 흐릅니다. 사주팔자가 대운의 계절을 거치면서 삶의 환경이 달라지는 것입니다. 봄과 여름에는 열심히 일을 하여야 할 때이며 가을에는 결실을 거두고 겨울에는 휴식을 취하여야 합니다.

봄과 여름에 일하지 아니하고 결실만 찾는다면 우물에서 숭늉을 찾는 격으로 어려움만 가중되고 제대로된 삶의 행복을 느낄 수 없는 것입니다.
가을에 결실을 거두어야 하는데 결실을 거둘 생각은 하지 아니하고 엉뚱한 일을 한다면 결실을 거두지 못하고 고생만 하게 되는 것입니다.

운에서 때를 알고 행동하여야 삶의 보람이 있는 것입니다.
木火운에 열심히 일하고 金水운에는 결실을 거두며 편안히 쉬어야 하는 것입니다.

세운은 사주팔자를 움직이게 하며 길흉화복을 만듭니다.

시	일	월	년	대운	세운
丁	己	丙	甲	癸	戊
卯	未	寅	午	酉	戌

세운은 당해년도에 발생하는 사건과도 같습니다.
사주팔자가 자동차라면 대운은 사주팔자가 가는 도로와도 같으며 세운은 도로
에서 발생하는 사건과도 같습니다.

사주팔자는 봄에 태어나 木火의 기운을 가지고 조직에서 열심히 일을 하여 명예
를 밝게 빛내고 결실을 거둔 후에는 사회의 빛이 되라고 주문하고 있습니다.

사주팔자가 가을이라는 대운의 길을 가고 있습니다.
결실을 거두는 중요한 시기입니다. 평생 경작한 것이 튼실하게 영글었는가를
점검하고 다듬어서 정리하여야 하는 시기입니다.
천간에 癸水가 와있으므로 자칫하면 결실이 비에 젖을 수도 있습니다.
결실을 거두기 전에 비로 인하여 썩을 수도 있는 것입니다.

무술년의 세운입니다.
戊土가 癸水와 합하여 비를 막아주고 있습니다. 癸水는 걸림돌이므로 戊土가 제
거하여 주니 고마운 존재입니다. 이를 겁재라고 하여 무조건 혐오한다면 주위
의 도움을 거절하고 오히려 의심과 질시의 눈으로 쳐다보게 됩니다.

戊土가 戊土를 타고 왔습니다. 사주와 함께 寅午戌 합을 만들어 丙火태양을 강하
게 만들어 결실을 튼실하게 하여줍니다. 결실을 거두어 세상에 내놓고 모두에
게 나누어 주어야 할 일을 마치는 것입니다.